大学生信息素质初级教程

袁　润　沙振江　主编

江苏大学出版社
JIANGSU UNIVERSITY PRESS
镇江

图书在版编目(CIP)数据

大学生信息素质初级教程 / 袁润,沙振江主编.——
镇江:江苏大学出版社,2013.4
ISBN 978-7-81130-466-4

Ⅰ.①大… Ⅱ.①袁… ②沙… Ⅲ.①信息技术—素
质教育—高等学校—教材 Ⅳ.①G202

中国版本图书馆 CIP 数据核字(2013)第 065765 号

大学生信息素质初级教程

主　　编/袁　润　沙振江
责任编辑/徐红星　段学庆
出版发行/江苏大学出版社
地　　址/江苏省镇江市梦溪园巷 30 号(邮编:212003)
电　　话/0511-84446464(传真)
网　　址/http://press.ujs.edu.cn
排　　版/镇江文苑制版印刷有限责任公司
印　　刷/丹阳市兴华印刷厂
经　　销/江苏省新华书店
开　　本/787 mm×960 mm　1/16
印　　张/14
字　　数/270 千字
版　　次/2013 年 4 月第 1 版　2013 年 4 月第 1 次印刷
书　　号/ISBN 978-7-81130-466-4
定　　价/22.00 元

如有印装质量问题请与本社营销部联系(电话:0511-84440882)

总序

Preface

　　我们已经站在以知识和信息的生产、分配和使用为标志的知识经济时代的门槛之上。处在这样一个知识信息快速增长、快速演化的新环境，要想顺应潮流，抓住机遇，赢得挑战，实现发展，一个重要的前提和基础就是具有良好的信息素质。因此，大力开展信息素质教育，应当引起全社会的关注。高等学校作为高素质人才的培养基地，理所当然应成为信息素质教育的主导力量。高校图书馆是大学的文献信息中心，具有得天独厚的文献信息资源优势和信息人才优势，在高校信息素质教育中责无旁贷地将成为举足轻重的主要承担者。

　　高校信息素质教育是一项科学性很强的工作，有自身内在的特点和规律。同时，信息素质教育开展时间不算太长，有许多问题需要我们进行认真研究和积极探索。加强教材建设，编写出与时俱进，符合实际需要的、全新的、高质量的信息素质教育读本，是一件十分有意义的事，也是广大信息素质教育工作者的热切呼唤。值得欣喜的是，在这种期待之中，《高校信息素质教育丛书》令人耳目一新地陆续与读者见面。幸蒙编者厚爱，萦绕在心头的一点感受得以借该丛书付梓之际一吐为快，权且作序。

　　实践告诉我们，要使信息素质教育达到预期的效果，教育者必须具有一定的教育智慧和前瞻性的先进教育理念，并且能够巧妙运用科学的教育方法和教育艺术，正确把握和调控信息素质教育的方向、时机和节奏。《高校信息素质教育丛书》的编者深谙此理,不是简单地、就事论事地看待信息素质教育,而是从系统论出发,将大学生入馆教育、信息检索与利用课程等不同教育阶段和教育方式纳入信息素质教育系统工程,着力构建由浅入深、互为衔接的教育体系,并创制与不同教育阶段、不同学科方向的受教育者相对应的系列教材,适应了受教育者的个性化学习需求。本书编者长期从事高校图书馆工作,具有一定的管理、服务和教学工作经验,对大学生信息素质教育工作关注和研究已久,从本丛书可清晰地看出其定位准确,匠心独运之处。我觉得本书的编者做了一件开创性的工作。

衷心祝愿本丛书在推进高校信息素质教育的过程中发挥应有的功能作用。

郑建明

2007 年 8 月

前言 Foreword

如今，我们处在一个信息高速发展的时代。信息是人们学习、工作、研究和生活等各方面须臾不可或缺的。从这个意义上说，离开信息我们将寸步难行。但是，应该清醒地看到，并不是所有的信息都具有如此神奇、积极的特性。一些虚假、负面的信息一刻也没有停止过对人们的干扰和诱惑，形成了一个个信息的陷阱。即便面对的都是正面、科学、有用的信息，也还存在着如何事半功倍地寻找和利用信息的问题。因此，一个人具有良好的信息素质，从某种意义上就意味着跨越了横亘在通向成功道路上的第一道坎。这就对信息素质教育工作提出了严峻的挑战。

大学生信息素质是其综合素质的重要组成部分，大学生信息素质教育是高校素质教育系统工程不可分割的子系统。高校图书馆在这个子系统中又处于得天独厚、无法替代的重要位置。如何使信息素质教育取得实效，培养大学生真正具备符合时代要求的信息素质，是高校图书馆亟须深入研究的课题。

大学生信息素质教育并不是一蹴而就的，而是一个从低到高、由浅入深的长期过程。必须坚持循序渐进的原则，运用科学的方法，方能达到预期的目的。正是基于这种认识，本书着眼于大学生信息素质教育"起好步，开好头"的出发点，重点关注高校图书馆如何将入馆教育与信息素质教育有机地结合起来，为下一步在更高层次上推进信息素质教育奠定良好的基础。全书的结构布局和内容取舍,都是围绕这个焦点和中心安排的。

本书由袁润、沙振江策划统稿。第1章1~6节、第2章由沙振江编写;第1章第7节、第5章第4节、第6章2~3节及案例5由袁润编写;第3章由蒋邗江编写;第4章由田丽丽编写;第5章1~3节及案例4由李明娟编写;第6章第1节和第4节由方雯编写;第7章由王玉华编写。方雯承担部分附录的整理工作,李明娟参与了书稿的整合工作。

南京大学信息管理系教授、博士生导师郑建明先生在百忙之中欣然为本丛书作序,在此深表谢忱!

编　者

2007 年 7 月

目 录
Contents ········

1 绪 论

1.1 信息素质的含义

"信息素质"(Information Literacy)一词,是由美国信息产业协会(IA)主席保罗·泽考斯基(Paul Zurkowsri)在1974年提出的。他提出信息素质是利用大量的信息工具及原始信息源使问题得以解决的技术和技能[1]。其内涵随着时间的推移和科技的发展不断得到充实和丰富。随着人们对这个问题认识的不断深入,信息素质的含义也一直在发展之中。尽管各种观点的表述有所不同,但对于信息素质的基本内涵已趋于形成共识,即指:有能力从各种不同信息源(图书馆、国际互联网等)获取、评估和使用信息。具体来讲,信息素质主要包括信息意识、信息能力、信息道德、信息知识、信息观念、信息心理等方面,而信息意识、信息能力、信息道德又是其中的主要方面。

1.2 信息素质教育的主要内容

信息素质教育是以培养人的信息意识、信息能力和信息道德等为宗旨的教育。它不仅包括传统的图书用户教育,还包括计算机运用技术、网络运用技术和信息检索技术的教育以及信息意识、信息观念、信息法规等方面的教育。它并不是一种纯粹的技能教育,而是要培养学生具有适应信息社会的知识结构、继续学习能力、创新能力和批判性思维能力等。对于大学生来说,在跨入信息时代以后,信息素质更是其整体素质的一部分,是未来信息社会生活必备的基本能力之一。

1.2.1 信息意识

信息意识是指人的头脑对信息及其规律的既抽象又概括的认识。信息意识是信息素质的灵魂。信息意识主要表现为对信息具有高度的敏感性和积极的主动性。一个人的信息意识强,就能通过蛛丝马迹,捕捉到任何有价值的信息。信息意识的教育,主要就是培养大学生具有正确的信息观念、强烈的信息需求和持久的信息注意力。高校要注重培养大学生善于观察的习惯，除了关注自己的专业学科以及交叉学科外，还要及时发现和掌握最新动态，以便迅速、准确而全面地获取和利用所需信息，这是创新人才的必备意识之一。

1.2.2　信息能力

信息能力主要是指能够得心应手地运用有效的方法，迅速、准确而全面地获取所需信息的能力。它具体包括对信息的认知能力、获取能力、处理能力和利用能力等多种能力。大学生信息能力教育也就是培养其查询信息和利用信息的能力。通过信息能力教育，促使大学生在网络信息环境下快速、主动认知所需信息，灵活运用信息技术，及时、有效地获取所需信息，并对所获取的信息进行综合评价，从中提炼和加工有价值的信息，创造新的有用信息。

1.2.3　信息道德

信息道德是指调节、制约信息的生产者、传播者和使用者三者之间道德规范的总和。信息道德教育包括信息法律法规、责任和义务、知识产权等内容。其目的就是引导大学生严格遵守各项信息法律、法规与政策，自觉遵守健康向上的信息伦理与道德准则，规范自身的行为活动，不制造和传播虚假信息，能自觉抵制有害信息。良好的信息道德素质是推进信息化社会健康有序运行的重要保障。

1.3　大学生信息素质教育的意义[2]

1.3.1　时代发展的现实要求

计算机技术、通信技术和网络技术的飞速发展，特别是因特网在全球的迅猛发展，标志着人类社会已经进入一个全新的发展阶段——网络化、信息化社会。信息已成为这个社会赖以生存和发展的重要资源，成为促使社会、经济和科学技术发生变革的主导要素。信息正以几何级数速度骤增，引发了"知识爆炸"，使人们在进行学习、工作、生活和科学研究时，都面临着信息选择的现实问题。通过网络、媒体、图书馆、社会、学校等提供、传播和交流的信息，其形式各式各样，有文本、图像、视听、数字等，它们都是未经过滤和筛选的，这就给人们评价、理解和利用信息带来了新的挑战。信息在质上具有不确定性，在量上具有无限扩展性，激增的信息并没有让人增加有效利用信息的能力，因此准确而迅速地获取所需要的信息和有效地分析、评价、利用信息的能力，就成为信息时代人们生存立足的必备技能。信息时代的高等教育完全不同于传统的高等教育，两者最根本的区别是从以教师为中心，以面授教育为主的传统教学模式,转变为以学生为中心,学生自主学习的模式,例如远程教育,师生不见面,教与学照样进行,而信息素质正是学生在现代教育模式中必须掌握的基本素质和能力。因此,开展大学生信息素质教育是时代发展的需要。

1.3.2 终身学习的需要

全社会现已普遍形成这样的共识:唯有终身学习,才能培养完善的人;只有具备信息素质的人,才能实现终身学习,成为知识经济时代所需要的学习型、创新型高素质人才。

终身学习是信息社会对人才的基本要求。首先,知识本身具有老化性。大学生在校期间所学的知识会很快老化而失效,况且目前知识老化速度又在日趋加快。与此同时,科学技术转化为生产力的速度却在日趋加快,使发明到应用的周期不断缩短。因此,以学历为目标的高等教育不再是人们的终点教育,取而代之的是以培养大学生终身学习的能力为各国高等学校的中心任务。其中,信息素质是大学生离开学校走向社会后,得以进行终身学习的基本能力。

信息素质教育的内容之一,就是教会学生掌握知识,了解信息的组织机理;教会学生如何积累资料,如何利用各种文献,如何利用现代技术搜索、查询、组织各种电子资源和网络信息;教会学生如何评价、管理和利用信息,使学生具有独立学习和终身学习所必备的技能和素质。因此信息素质教育是人们终身学习能力培养的需要。

1.3.3 创新能力培养的需要

培养学生的创新能力,就必须让学生主动地思考问题,独立自主地进行研究、探索、讨论、交流,在这种全新、宽松的学习氛围和环境中,学生必须具备较高的信息素质。信息素质较强的学生,能增加自我设计学习的机会,并在独立思考、咨询问题中与老师、同学加强交流,提高自己。在自主学习的过程中,提高其使用各种信息源、各种信息工具的能力。

当大学生离开学校从事科研工作时,良好的信息素质将有助于他们及时了解国内外最新的专业研究动态和科研成果,与国内外专家学者及同行进行交流,合理地制定自己的研究计划和科研进程,既可以少走弯路、快出成果,又能避免不必要的重复研究,多出原创性科研成果。

当大学生离开学校从事市场经营或企业管理工作时,良好的信息素质教育将有助于他们及时、准确地掌握市场动态,了解消费者的需求,以便及时地抓住商机,研制、生产、经营市场急需的商品,制定正确的营销策略去占领和开拓市场,使企业在市场竞争中立于不败之地。

1.4 高校图书馆在信息素质教育中的优势[3]

高校图书馆作为学校教育的延伸和素质教育的基地,不仅具有丰富的馆藏文献资源和网络信息资源,具备各种先进的检索设备和现代信息技术手段,还配备了具有高信息素质、熟悉信息语言的信息管理人才。这些都使高校图书馆在大学生信息素质教育中占有明显的优势,理所应当地担负起大学生信息素质教育的重任。

1.4.1 资源优势

作为学校的知识和文献信息资源中心,高校图书馆向大学生展示的是无边无际的知识和信息的海洋。现代化的高校图书馆不仅拥有丰富的书刊实体文献,还有各种电子出版物及其他网络信息资源。图书馆网络化的实现,数字信息资源的收藏,多媒体阅览室和视听室等现代化设施的完善,让学生不仅能利用到信息量庞大的学术资源,还能看到动态的、图文并茂的声像资料。更重要的是,高校图书馆的经费较有保障,信息来源渠道较为广泛,具有开展信息素质教育的良好物质基础。

1.4.2 人才优势

一般高校图书馆均有一批素质较高的信息工作人员,拥有一定的信息加工、信息服务经验,能够开展定题服务、个性化服务等深层次的信息服务及用户教育和培训。另外,从国内外有关信息素质教育的各种研究报告以及论著来看,目前从事信息素质教育研究的多为高校图书馆员或图书馆系、情报学系、信息管理系的师生,其他领域人员对信息素质教育涉猎相对较少,研究水平也相对较低,这说明高校图书馆学者具有开展信息素质教育的学术能力。

1.4.3 设备和环境优势

目前全国各高校图书馆都在进行数字化、网络化建设,电子阅览室、多媒体室等设备齐全,为大学生信息素质教育提供了良好的信息技术环境。另外,图书馆良好的阅览环境、浓厚的学习氛围以及人性化的管理方式,也为大学生信息素质的提高创造了条件。

1.5 高校图书馆开展信息素质教育的途径

1.5.1 入馆教育

高校图书馆是学生进行信息素质教育的重要场所。因此,从大学生初到图书馆就必须抓紧进行,从信息素质教育系统工程的角度加以对待。要将入馆教育视为信息素质教育的起始点和初级阶段,而不能仅仅看作是对如何办理书刊借阅手续和必须遵守的规章制度的泛泛介绍。应该充分认识到,这个阶段的教育进行得如何,直接决定大学生整个在校期间信息素质教育乃至终身教育的质量和水平。

1.5.2 课程教育

文献检索课是高校进行信息素质教育的主要形式,目的是培养大学生的信息意识,使学生了解各专业及相关文献信息的基本知识,学会常用检索工具与参考工具书的使用方法,掌握利用计算机、网络等现代信息技术获取相关信息的基本技能。在使学生掌握检索技能的基础上,培养其自学能力、信息利用能力,为今后的工作、学习和科学研究奠定扎实的基础。

1.5.3 多种形式的信息素质教育活动

针对大学生的性格特点,开展不拘一格、形式多样的信息素质教育活动,不仅有益于增强大学生的信息意识,激发他们的活力和想像力,还可让大学生对图书馆的馆藏资源、网络信息资源及信息利用的最新方法等有充分的了解。活动形式可以有:开展知识竞赛活动;图书馆员负责选择、收集、加工、存储信息,并提供某学科、专业或某主题的相关信息服务;不定期开展信息检索与利用的培训讲座;开展不同方式的信息交流及信息导航等活动,有针对性地解答和疏导学生的各种疑难困惑等。

1.6 大学生信息素质教育初级阶段的目标和任务

高校图书馆的新生入馆教育是信息素质教育的初级阶段。那么,这个阶段的主要目标和任务是什么呢?我们认为主要是:让每一个初次接触图书馆的新生读者都能够系统、全面地了解图书馆的性质、职能、发展脉络和走向,以及高校图书馆在人才培养中的地位和作用;熟悉高校图书馆信息服务的基本形式和内容;掌握信息分类加工的基本方法;了解信息目录的功用。计算机在高校图书馆中的应用以及大学生读者应当具备的道德修养和应当遵守的行为规范，与其信息素质的形成之间有着十分紧密的内在联系，是进一步强化和提高其信息素质的基础。这是高校图书馆高起点、高效率地开展入馆教育工作所应达到的基本目标，自然也应该成为大学生信息素质教育初级阶段的主要目标和任务。本书的编写，正是基于这种认识，试图在完成上述目标和任务的同时，与后续信息素质教育实现有机的衔接。

1.7 大学生信息素质要求及能力标准

信息素质是大学生终身学习的基础，适用于所有学科、所有学习环境、所有教育形式，因此高等教育应以培养大学生信息素质为己任，高校图书馆更是责无旁贷。欧美各国均将信息能力与阅读、写作、数学并列为当今大学生必备的基本能力，我国教育部也在 20 世纪 80 年代要求各高等院校开设文献检索课程，而且该课程如同外语、数学一样，是各学科大学生的必修课程。事实证明，此举具有深远的战略意义，这一决策的实施，为大学生在现代社会取得成功打下了良好的基础。

美国大学与研究图书馆协会（American College and Research Libraries，ACRL）的《高等教育信息素质能力标准》（Information Literacy Competency Standards for Higher Education）提供了个人信息素质能力的架构。这个标准涵盖了大学各个年级的需求，我们可以借鉴这些绩效指标作为我们开展信息素质教育课程的评估参考，如表 1-1 所示。

表 1-1 高等教育信息素质能力标准一览[4]

能 力 标 准	绩 效 指 标
一、能确认信息需求本质与范围	1. 界定信息需求。 2. 知道辨识不同类型与媒体形式的信息资源。 3. 考虑取得所需信息的成本和效益。 4. 重新评估所需信息的特性与范围。
二、能有效地获取所需信息	1. 选择最适当的研究方法和信息检索系统，以取得所需信息。 2. 建构有效的检索策略。 3. 利用网上或亲访等各种不同方法，取得所需信息。 4. 必要时，重新界定检索策略。 5. 摘录、记录、管理信息资源。
三、能批判地评估信息资源，并将其纳入自己的知识库与价值体系	1. 从所搜集的信息整合中，概要陈述主要概念。 2. 建立适当的准则，以评估信息与资源。 3. 综合重要概念，以建构新观念。 4. 将新旧知识加以比较，以得知其价值、矛盾或独特之处。 5. 判断新知识对个人价值系统的影响，并调和其间差异。 6. 经由与他人和专家学者的互动，以验证诠释所得信息。 7. 判断是否要修正最初的查询疑问。

续表

能力标准	绩效指标
四、能有效使用信息以达到个人或团体的特定目标	1. 利用新信息和原有信息,以提高绩效。 2. 修正创作过程。 3. 有效地与他人分享创作成果。
五、能了解信息使用的经济、法律与社会问题,并合理合法使用信息	1. 了解与信息、信息科技相关的伦理、法律与社会经济课题。 2. 遵循信息获得和使用的相关法律、法规、政策和各种约束。 3. 呈现创作成果并适时向信息来源致谢。

思 考 题

1. 信息素质主要包括哪些方面的内容?
2. 信息素质教育有哪些意义?
3. 高校图书馆在大学生信息素质教育中有哪些优势?
4. 高校图书馆开展信息素质教育的主要途径有哪些?
5. 怎样理解大学生信息素质教育的初级阶段?
6. 大学生信息素质教育初级阶段的主要目标和任务是什么?
7. 如何理解大学生信息素质评价标准?

参 考 文 献

[1] 张东,关家麟. 加强信息素质教育的若干思考. 中国信息导报,2006(12):12 – 15.

[2] 夏蕾,臧其梅. 论我国大学生信息素质教育的意义. 教育信息化,2003(11):21 – 22.

[3] 王振妘. 网络环境下大学生信息素质教育模式的构建. 图书馆工作与研究,2007(2):104 – 106.

[4] 黄丽红. 我国高校大学生信息素质评价标准研究. 农业图书情报学刊,2006(8):143 – 146.

2 高校图书馆概述

　　高校图书馆在大学生学习生涯乃至整个人生长河中,具有举足轻重的作用。大学生正确人生观、价值观的形成,学业的精进,文化底蕴的积累等,无不与高校图书馆有着千丝万缕的内在联系。

　　高校图书馆是每一个大学生不可或缺的良师益友。尤其是作为大学生综合素质中重要的基础性素质——信息素质的教育与强化,更是须臾离不开高校图书馆。高校图书馆处于高校文献信息的中心地位,不仅是信息收集、加工、传递中心,还是大学生信息素质培训的教学、研究基地,责无旁贷地承载着信息素质教育的职能。刚刚进入大学的新生读者要想使自己的信息意识、信息能力和信息道德等信息素质不断提高,就有必要从一个广阔的视角,由表及里、由近到远地对高校图书馆给予足够的了解和关注,了解它的由来,了解它的发展,关注它的未来,关注它的走向。

　　本章将带着大学生读者穿越时空,站在一个历史和现实交融的大背景下鸟瞰图书馆,进而在溯本探源、面向未来的基点上,对高校图书馆有一个轮廓性认识和总体性把握,为在大学期间接受到良好的信息素质教育奠定坚实的基础。

2.1　图书馆的性质与职能

　　图书馆是一个属概念,外延很广。高校图书馆是图书馆的种概念,是图书馆各种类型中的一个分支。图书馆包含了高校图书馆的所有属性,反过来,高校图书馆基本上也具备了图书馆这个属概念的基本属性。因此,很有必要了解图书馆的机构性质和职能等问题。

2.1.1　图书馆的性质

　　在人类历史发展的进程中,社会为了有效地保障和促进知识信息交流,逐步形成了一系列的社会机构,从事这种交流的组织、协调和控制。图书馆就是其中的一个重要机构,它是人类社会生活发展到一定阶段的产物。

　　1) 何谓图书馆[1]

　　"图书馆"一词,本源于拉丁文"Libraria",含义为"藏书之所"。《英国百科全书》这样解释："图书馆的意思是很多书收藏在一起,这些书是为了阅读、研究或参考用的。"我国的《辞海》则解释为:"图书馆是搜集、整理、收藏和流通图书资料,以供读者进行学习和参考研究的文化机构……是重要的宣传、教育阵地。"

以上解释尽管不尽相同,但基本一致的意思是:图书馆是收藏书刊资料的地方;图书馆收藏的书刊资料是供人们借阅使用的。

世界上的文明古国,如中国、埃及、巴比伦、希腊、罗马都是图书馆的发源地。据报道,伊拉克考古学家1986年发现一座公元前10世纪的巴比伦王国图书馆,内有大量苏美尔和阿卡德文字的泥版文稿。据文献记载和考古发现,在公元前7世纪中叶,亚述帝国就建有尼尼微王宫图书馆,其中保存有大量的泥版文书,内容包括宗教铭文、文学作品、天文、医学等,大都是模拟巴比伦的原作。公元前6世纪,希腊在雅典城建立了第一个图书馆。公元前4世纪,埃及建立了亚历山大里亚图书馆,是当时埃及的学术中心,共有藏书70万卷,几乎包括了所有古代埃及的著作和一部分东方的典籍。

我国藏书事业的发祥期要追溯到更远的时代。早在公元前13世纪的殷代,王室就有了保存甲骨文的地方和管理人员,这是我国最早的图书馆的雏形。到周朝已有藏书的机构——"藏室",而老子就是"守藏室之史"。秦朝的阿房宫曾设立藏书机构,并设有固定的官员——"柱下史"负责管理。到了汉代,由于大规模地收集、整理图书,国家藏书空前丰富,修建了藏书的馆舍——"天禄阁",并编成我国最早的藏书目录——《七略》。此时我国国家图书馆已经初具规模。

综上可见,最初形式的图书馆就是一个文献的集合体。文献是图书馆产生的前提条件,而文献交流的发展,又推动了人类文明的进步,加速了知识的不断积累和增殖,促使出版、发行、收藏、保管、传播、利用文献的社会机构相应产生。图书馆就是这样一种机构,它随着文献的产生而出现,又随着文献信息交流方式的变化而不断发展。图书馆保存和积累了人类古往今来极其丰富的文献典籍,成为人类的知识宝库和智力资源中心,是广大读者的良师益友和终身学习的场所。它以文献交流和传递科学情报的功能,深刻地影响着人们的经济生活、文化生活和科学研究活动,对人类的精神文明以及物质文明建设起到了巨大的推动作用。从本质上来说,图书馆实际上就是通过收集、整理、加工、传递和利用文献信息,为一定社会的政治、经济服务,属于上层建筑的范畴。

2)图书馆的基本性质[2]

(1)教育性 教育性是图书馆最基本的性质。大学图书馆是为学校教学服务的。一切以教学为中心开展工作,是大学图书馆全部工作的出发点,并贯穿于全部工作过程和各个工作环节。它的一切工作都体现在为学校教学服务之中。学生学习、教师备课和科研都离不开图书馆。图书馆是学校教学活动的重要场所。教师利用图书馆丰富的书刊文献资料充实、更新自己的知识。学生们除了在课堂上获取知识外,还需要利用图书馆丰富自己的知识,排疑解难,巩固和加深课堂所学知识。

大学图书馆是对学生进行思想教育的阵地。利用图书资料向学生传播先进的科学文化知识及马列主义、毛泽东思想、邓小平理论和"三个代表"重要思想,使学生不断地接受新思想、新知识,从而使其树立远大的理想和高尚的情操。这是对大学生进行思想教育的重要手段之一,是其他教学方式所不能替代的。

(2)科学性 就图书馆的工作而言,无论是文献资料的搜集整理,还是服务工作的组织管理,以及现代化技术的应用等,都具有很强的科学性。大学图书馆直接担负着为学校的科学研究服务的任务,更是具有明显的科学性。它不仅为科学研究提供文献信息,属于科学研究的前期劳动,而且科学研究的全过程都离不开文献信息工作。在图书馆书刊采编、流通、阅览、信息咨询服务等各个环节,也都制定了科学的工作规范,否则,就不能充分发挥图书馆应有的作用。这也是其科学性的重要体现。

(3)服务性 图书馆一切工作的出发点和归宿都是读者。其中心工作就是为读者提供优质、高效的服务,图书馆通过对文献信息资源的收集、整理、加工,然后利用各种方式、各种手段,将精挑细选的文献信息呈现在广大读者面前。而大学图书馆的服务性则通过满足教学、科研人员和学生的文献信息需求得以体现。

图书馆工作的好坏,直接影响着读者对文献信息的利用,进而影响学习和工作。因此,图书馆工作人员基本职业道德的核心,就是以全心全意为读者服务的精神和兢兢业业、踏踏实实、埋头苦干的工作作风,心系读者,想读者之所想,急读者之所急。因此,不断提高服务质量,提高服务技能,熟悉业务知识,了解读者需要,为学校教学、科研提供优质服务,成为读者的良师益友,是图书馆工作人员矢志追求的重要目标。

2.1.2 图书馆的职能[3]

图书馆以丰富的文献信息资源服务于社会,促进社会的发展和进步。尤其是在瞬息万变的信息社会,人们对信息、知识的需求越来越迫切,图书馆作为人类智力资源中心和文献信息交流的重要枢纽,其强大的社会职能益发引起人们的广泛关注。

1)文献流整序职能

文献的产生,具有连续性和无序性两种特征。文献流是源源不断涌现的,这是指文献产生的连续性。文献的流向,从个体上看是自觉的、有目的的,但从整体上看则是不自觉的、无目的的、分散的、多头的,有时甚至是失控的,这就导致了文献的无序状态,主要表现为:社会文献的生产数量越来越大,增长速度越来越快;社会文献的类型复杂,形式多样;现代社会文献的时效性加强;文献的传播速度加快;

文献的内容复杂多变,交叉重复;文献所用语种扩大。这些因素都直接影响着文献无序状态的加深,使文献的流向更加分散。分散的一种图书、一种善本、一种期刊或一篇论文虽然有着一定的能量,但只有当它成为一个文献集合体的一部分时,才能充分发挥其潜在的能量。因此,文献经过图书馆整序而形成的作用是不可低估的。

图书馆的整序职能,通常是由对馆藏文献的分类、编目、典藏等手段来实现的。整序的实质就是组织和控制。如果没有整序的职能,图书馆的性质就无法体现,图书馆也就失去了存在的价值。

2)信息传递职能

（1）传递馆藏文献信息

图书馆通过编制的各种目录、题录等检索工具,向读者及时揭示、报道最新馆藏文献信息,以最快的速度将采集到的图书、期刊、光盘、数据库等文献信息传递到读者手中,使读者能够在第一时间内直接获取相关馆藏文献信息。

（2）传递导向性文献信息

图书馆通过文摘、索引、综述、述评、书评等形式,向读者推荐内容健康向上,知识性、科学性、趣味性兼具的各种好书、好刊、好文章,开展导读活动,形成和坚持正确的舆论导向。既满足读者的各种信息需求,又符合时代潮流和科学精神,符合社会发展的总体趋势。

3)社会教育职能

教育是一种以传授文化知识为核心的社会活动。狭义的教育,专指学校教育;广义的教育,则包括家庭教育在内的各种社会教育。图书馆历来就是一种重要的教育机构,古代的皇家图书馆和有名的图书馆,不仅是藏书万卷的场所,也是培养封建吏材的地方。在现代社会的教育活动中,图书馆教育有着更为广泛的意义。

图书馆作为一种基本的教育机构,还具有更广泛的社会意义。图书馆向社会所有成员敞开大门,是社会教育和学习的中心,是无墙的学校,是人们进行终身教育的重要基地。在高等学校里,图书馆是基本的教育设施,它被誉为"大学的心脏"、"学校的第二课堂",直接承担着培养人才的重任。

图书馆这种社会教育的职能,主要是通过为广大读者提供丰富的馆藏资源,开展各种活动来实现的。图书是老师,书中所记录的系统知识是教育的内容,人们通过自学阅读,从中受到教育。而图书馆丰富的文献馆藏,又为组织社会大众学习开辟了广阔的天地。开展各种文化活动、咨询活动,可强化图书馆的教育职能。

开发智力资源,也是图书馆社会教育职能的重要体现。智力资源的开发有两层含义:一是开发馆藏文献资源。馆藏文献在同一时间里并不都能被读者全部利用,有许多文献长期放置在书架上无人问津,造成智力资源的浪费。图书馆及时、准确地揭示馆藏文献信息的内容,激活馆藏文献资源,提高文献信息利用率,表面看是开发了文献资源,实际上文献资源是可以转化为智力资源的。二是开发读者的智力资源。图书馆通过各种创造性劳动,开展丰富多彩的培训、讲座等活动,开发读者的智力,培养读者利用信息的能力和科学思维的能力。

4)丰富文化生活职能

健康的文化娱乐活动是人类社会生活不可缺少的组成部分。人们除工作和睡眠以外,业余生活占三分之一时间。如何支配和利用这三分之一,对一个人的道德修养、文化素质、精神状态及身体健康等都有密切的关系。利用图书馆是人们文化生活的重要组成部分,而且其方式灵活多样,因而更能引起人们的兴趣,更能全面地满足读者的精神文化需要。

图书馆是一所社会大学校,拥有丰富的文献信息资源,既有各学科的专著,也有众多的科普读物、文艺名著、报纸杂志等。人们可以从图书馆借阅自己感兴趣的书刊,也可以到图书馆翻翻报刊,看看图书,享受读书之乐。尤其是现代的图书馆,不仅收藏传统的印刷品和开展一般的图书流通借阅,还配备有唱片、录音、录像、幻灯、电影、电视等声像设备和资料,举办各种活动,使人们扩大眼界,增长见闻,获取美感享受,丰富精神生活。

5)搜集和保存人类文化遗产职能

图书馆作为保存民族文化财富的机构,担负着保存人类文化典籍的任务。世界上一些历史悠久的大型图书馆,都是保存人类文化遗产的宝库。很多国家专门制定了保护文化遗产的政策法令和图书出版物的呈缴本制度。因此,搜集和保存人类的图书、文化遗产,是图书馆不可推卸的社会责任。当今社会,图书馆要搜集、保存各种文化传播载体和人类创造的一切知识形态。随着人类社会的发展,图书馆搜集人类文化遗产的范围必将进一步扩大。

搜集和保存人类文化遗产的职能,是图书馆其他职能的基础。现代图书馆的保存职能,更多地体现在对文献的利用上,因为保存的目的是为了更好地利用。

？？ 图书馆的发展历程

2.2.1 古代图书馆[4]

1)古代图书馆的萌芽阶段

远古人类,为了基本的生存需要,靠言语的媒介将自己的思想表达出来,传递给他人;人们在生产、生活中积累起经验,将它编成故事、歌谣,口耳相传以至久远,是为"传说";随着时间的推移,地域的辽阔,"传说"这种"无载体的文献"变得越来越不可信了,于是古人"见鸟兽蹄远之迹,知分理之可相别异也,初造书契"。将自然物画成"象形画"来记事,这是人类智慧的重要进展。有了这些图画字,就要将它们写刻在一定材料上才能保存、流传。于是甲骨文、金石文等源源不断地出现了。《尚书》云:"惟殷先人,有册有典。"《殷墟书契前编》中的"典"字,有的像绳索贯穿着许多竹木片或龟甲而成为一册之形,有的像双手捧册之形,有典藏、保管之意。这说明这些典籍不是凌乱的堆积,而是依事物内容有顺序地编连成册,形成了周人的"图书档案"。而堆放这些甲骨典籍的地方,正可以看作是古代藏书楼的萌芽了。

据《史记》载,老子是周代的"守藏室之史",藏室是周朝中央政府的藏书处,这样说来,老子做过类似今天图书馆馆长的官职了。春秋战国时期,社会经济得到发展,儒道墨百家争鸣,私人著述空前繁荣,书籍也随之增多。湖北曾侯乙墓出土的战国初期简以及藏在曲阜孔子壁中的竹简,正说明了当时的情况。到了秦朝,秦始皇做了两件大事:一是统一文字,二是焚书。焚书自然不利于他的统治,然而在这场文化浩劫的同时,他还在咸阳的阿房宫中建立了自己的藏书机构,并设"柱下史"来掌管。汉高祖令萧何接管了秦的这部分藏书,建"石渠阁"以贮之。武帝、成帝时,广征书籍,修筑馆舍。政府的"太常,太史博士之藏",皇宫的"延阁、广内、秘室之藏"总量达35 000多卷,这也是我国历史上第一次明确记载国家图书馆的藏书情况。司马迁的《史记》,就曾充分利用过这些藏书。汉成帝令刘向父子整理藏书,编成我国第一部国家藏书总目录——《七略》,奠定我国目录学的基础。东汉光武帝迁都洛阳时,用2 000辆车载书,建"石室"、"兰台"贮之,又建"东观"、"仁寿阁"专收新书。明帝令班固在兰台著《汉书》,其中《艺文志》开创了我国史志目录的先河。

2)古代图书馆的发展阶段

从三国到隋唐五代,是我国古代图书馆事业的发展时期。魏、蜀、吴均设有国家藏书楼,以"秘书令"、"中书郎"掌管。晋武帝时,令秘书监荀勖编制出西晋的藏书目录《中经新簿》,著录图书29 949卷,将群籍分为甲乙丙丁四部,从而为我国古代图书用四部分类开辟了道路。隋代的藏书机构普及到政府的各个重要部门,当时西京"嘉则殿"就藏书37万卷之多。到了唐代,政治经济文化的进一步发展,促进了图书馆事业的兴盛,藏书机构也日益完善,如"崇文馆"、"弘文馆"等都是当时著名的藏书处。贞观年间,秘书监魏征主持修纂《隋书·经籍志》,著录图书56 881卷,成为我国古代目录学及考查古代书籍的重要文献。

宋代以后,图书馆事业进入了繁荣时期。造纸术的广泛推行,使雕版印刷术蓬勃发展起来,宋代又发明了活字印刷术,为书籍的大量生产创造了广阔天地。在宋代,不仅有官方的"史馆"、"昭文馆"、"集贤院"等,私人藏书和书院藏书也渐至兴盛,如著名的白鹿洞书院、岳麓书院、应天书院和嵩阳书院。明代时,政府藏书机构文渊阁藏书达43 200册,其中有江苏毛晋的汲古阁,浙江范钦的天一阁等,著名藏书家 427 人。清代学术更加繁荣,著述众多,著名藏书家有 479 人。在藏书理论与技术方面的研究也取得了很大成果,如藏书家孙庆增的《藏书纪要》是我国第一部藏书技术的专著。乾隆时修成的《四库全书》,收书 3 461 种,79 337 卷,手抄 7 部,分贮南北七阁,成为我国古代编书等方面的典范。

3)古代图书馆的主要特征

古代图书馆的主要特征表现在以下几方面:一是作为图书馆的物质基础——书籍,其载体从纯属于自然物质且笨重、昂贵的甲骨、金石、竹木、缣帛,发展到人工合成的较廉价的纸张,加之印刷术的推广应用,使书籍大量生产成为可能,图书馆的藏书也随之经历了由少到多的历史进程;二是图书馆的功能在当时主要是搜集、整理、贮存图书,并为封建统治者服务,广大知识分子和人民群众一般无缘与之接触;三是古代图书馆事业的兴衰,书籍的聚散,都与封建王朝的更替、兴衰有直接的关系;四是古代图书馆的表现形态为藏书楼,或称"阁""库""院""观""殿"等,相对处于静止和封闭状态,侧重收藏,而不在利用。

古代的图书馆(藏书楼)尽管在图书的收藏与利用上表现出种种弊端,但客观地说,在几千年的封建社会中,它也为后世积累和保存了大量的文化典籍,对国家文化的持续发展作出了巨大的贡献。同时经过长期的实践,也积累和创造了搜集、整理图书的宝贵经验和方法,为现代图书馆事业的发展起到了一定的借鉴作用。

总之,古代图书馆发端于有史料、有文献的奴隶社会,建立和发展于封建社会。无论中国还是外国,古代图书馆的主要特征是以藏书为主,仅供王公贵族等少数人使用,所以人们喜欢将它称为藏书楼。

2.2.2　近代图书馆

1)近代图书馆的形成[1]

近代图书馆指 17 世纪后期至第二次世界大战结束这一时期的图书馆,又称为第二代图书馆。近代图书馆的主要标志是公共图书馆(Public Library)的出现,其特点是藏用兼顾,以用为主。这个时期西方图书馆得到了迅速的发展,较早的有 1657 年建立的丹麦皇家图书馆,1661 年建立的德国柏林皇家图书馆,1753 年建立的英国伦敦不列颠博物院图书馆,1800 年建立的美国华盛顿国会图书馆。英国于 1850 年颁布了建立公共图书馆的法令,并于 1852 年在曼彻斯特建立了第一所公共图书馆。18 世纪末的法国资产阶级革命,推动了西方各国图书馆的蓬勃发展。西方许多国家扩大了图书馆的普及性,图书馆总数迅速增加,到二次世界大战前夕,西方各国图书馆都已经相当发达了。

1840 年鸦片战争后,西方向社会开放图书馆的做法也传到中国,封建藏书楼逐渐解体,为公共服务的图书馆不断出现,并得到发展。

近代图书馆的特点是从私有化转向社会化,由封闭收藏转向对社会开放,并逐渐形成了采访、分类、编目、外借、咨询等一系列科学的工作方法。

2）中国近代图书馆的兴起和发展[3]

1840 年鸦片战争爆发，帝国主义的炮舰轰开了中国最后一个封建王朝闭关自守的大门，中国开始沦为半殖民地半封建社会。帝国主义的入侵，一方面给中国人民带来了深重的灾难，另一方面也促使了中国人民的警醒。在广大知识分子中，维新变法，富国图强，学习西方的文化、科学技术等各种思潮日渐兴起。从此，沿袭了几千年的封建藏书楼也随之逐渐没落、解体，继之是以向社会公众开放为标志的近代图书馆的兴起。1879 年，浙江徐树兰仿效西方图书馆章程建立了"古越藏书楼"（今绍兴鲁迅图书馆），藏书 23 218 册，于 1904 年向社会开放。这是中国第一个具有公共性质的图书馆。同年，湖南省图书馆和湖北省图书馆相继成立，成为我国以"图书馆"命名最早的公共图书馆。1906 年，清政府颁布"新政"，规定在京师及各省会设立图书馆。1910 年，我国国家图书馆——北京图书馆的前身京师图书馆筹备成立，并于 1912 年对外开放。此后，福建、辽宁、吉林、无锡、苏州、温州等省市相继成立图书馆，并对外开放。同时，通俗图书馆、阅报处、阅书处大量涌现。至1918 年，全国已有通俗图书馆 286 所，巡回文库 259 个，阅书报处 1 825 个。

此外，我国民族资产阶级和外国人也开办了许多图书馆。前者如上海商务印书馆的东方图书馆、申报流通图书馆等，这些图书馆虽然有一定的局限性，但它们在促进图书馆为一般群众服务，传播进步书刊和民主思想等方面起到了良好作用。后者如上海徐家汇天主堂藏书楼、南京金陵大学图书馆、燕京大学图书馆、美国新闻处图书馆等，这些图书馆中有的是为奴化中国人民的思想，为帝国主义的侵略服务；有的图书馆在收集、保存中外书刊资料，促进中外文化交流上也起到了一定作用。至 1930 年，全国各类型图书馆达到 2 935 所。

在 1927 年后的国民党统治时期，我国图书馆数量最多的是 1936 年，全国共有图书馆 5 196 所，藏书 2 600 多万册。由于国民党的黑暗统治，图书馆事业发展十分缓慢。

中国共产党在领导中国人民的革命斗争中，十分重视发挥图书馆的积极作用。早在 1920 年，毛泽东同志即亲手创办了"文化书社"、"青年图书馆"等。周恩来同志在留学法国期间也办过留法支部图书馆。李大钊同志任北京大学图书馆主任期间，另建立了一个以专门收集和研究马克思主义书籍为使命的图书馆。1921 年"五一"节，共产党员应修人等自筹经费办起了"上海通信图书馆"。在其"创立誓言"中提出"没有图书馆以便于群众，则书报仅能流通于掠夺阶级"的进步主张。1938 年，共产党人许德良等在上海又办起"蚂蚁图书馆"，宣传进步书刊，启发读者追求光明，与国民党的白色恐怖进行了不屈不挠的斗争。

这个时期虽然财政极其困难，但在共产党的直接领导下，还是建立了真正的人民图书馆事业。如在瑞金有中央苏维埃图书馆，在延安有中山图书馆、鲁迅图书馆、绥德子洲图书馆等。随着中国人民解放事业的胜利,广大解放区的图书馆得到了新的发展,对旧中国时期图书馆进行改造,并另建起一批新的图书馆。前者如哈尔滨市立图书馆、山东省立图书馆、西安市图书馆,后者如东北图书馆、长春市图书馆、冀中群众图书馆等。解放区图书馆的不断发展和壮大,不但为全国解放战争的胜利作出了应有的贡献,而且为全面发展新中国的图书馆事业积累了经验。

中国近代图书馆,完成了由私人占有向社会转化,由封闭式的藏书楼向民众开放的历史性变革。图书馆的藏书不再仅仅是为皇家贵人所享用,更重要的是也为人民大众提供服务,而且藏与用并重,以用为主,复本多,流通量大,这就是它不同于古代藏书楼的显著特征。另外,中国近代图书馆的萌芽,还有赖于当时一批仁人志士对西方图书馆的学习和借鉴。而促进图书馆发生根本性变化的,还是这一时期在中国共产党领导下的进步人士对图书馆事业的支持和重视。这些图书馆从办馆的宗旨上就带有明确的倾向性和目的性,即为无产阶级的解放事业服务,为广大人民群众服务,这也是图书馆的性质与社会职能在近代图书馆史中留下的浓重一笔。

2.2.3 现代图书馆

1）现代图书馆的主要特征[1]

现代图书馆指第二次世界大战结束至今的图书馆,又称第三代图书馆。二战结束后,科学技术迅猛发展,现代化技术设备广泛应用,特别是电子计算机的出现并在图书馆得到应用,使图书馆的面貌发生了深刻的变化。世界各国的图书馆逐步实现现代化。现代化图书馆的特征主要有:其一,以电子计算机的应用为标志,取代存储和获取信息的手工操作方式,大大提高了工作效率,实现了信息处理自动化。其二,缩微技术、声像技术、网络技术和通信技术的应用,使文件载体类型发生了很大变化。除传统的印刷型文件外,出现了缩微品、录音带、录像带、磁盘、光盘、数据库、电子邮件等非印刷型文件。其三,现代信息技术的应用,使图书馆知识信息加工逐渐深化、标准化,读者服务工作更加主动化、多样化。其四,图书馆组织向网络化、国际化方向发展,实现最大范围的文献资源共享。其五,图书馆由传统的知识宝库变为知识喷泉,成为信息传递枢纽、信息交流中心和信息研究中心。

2）我国现代图书馆的建设和发展[3]

1949 年新中国成立后,图书馆事业进入了崭新的建设和发展阶段,成为广大人民群众当家作主、提高文化科学知识和建设社会主义事业的一个重要标志。建国 50 多年来,我国图书馆事业虽然几经曲折,但从总体上说,仍在不断前进。其发展过程大致可分为四个阶段:

（1）起步阶段（1949—1956 年）

建国初期,我国图书馆事业基础非常薄弱。全国仅有各类图书馆 391 所,总藏书量 2 689 万册,不但数量少,而且发展不平衡,布局不尽合理,多集中在沿海和铁路沿线的大中城市。党和政府为改变这种落后状况,做了极大的努力,采取了一系列有效的措施。一是整顿和改造工作。在将旧中国的图书馆收归国有的基础上,调整藏书结构,充实马列著作,改革不合理的规章制度,整顿干部队伍,拨正了图书馆事业直接为社会主义建设服务的方向。二是各类型图书馆得到很大发展。如中科院系统图书馆 1949 年仅 17 所,1955 年发展到 56 所,1957 年达到 101 所,藏书达 550 万册;工会系统图书馆 1956 年达 17 486 所;农村图书馆(室)1956 年达到 18 万多个。三是图书馆服务工作有了很大起色。据公共图书馆 1954 年的不完全统计,全年共有读者 1 065 万人次,流动图书馆和集体外借单位共 1.9 万个,出借图书 1 065 万册,编制各种推荐、参考书目 953 种。四是图书馆馆际协调、协作工作开始起步,图书馆学理论研究也得到一定的发展。

(2)摸索阶段(1957—1965 年)

1957 年 9 月,国务院批准《全国图书馆协调方案》,先后在北京、上海建立了全国性中心图书馆委员会和湖北、辽宁等九个地区中心图书馆,将分散在各系统的主要图书馆,以协作和协调方式组织起来,分工采集国外资料,编制联合目录,开展馆际互借,加强了图书馆为科研服务的作用。1958 年,由于"左"倾错误的严重泛滥,图书馆事业也出现了很大混乱。1958 年,人民公社图书馆(室)很快发展到 47 万个,1959 年骤然降到 28 万个,后来真正巩固发展的为数很少。图书馆的各项业务工作发展也不平衡,如强调了图书馆服务的普及性,却忽视业务的提高;强调提高图书流通率,却忽视了文献的收集、整理、保藏;强调"开门办馆、送书上门",却忽视了馆内基础业务工作的建设。1962—1966 年,党中央提出"调整、巩固、充实、提高"八字方针后,图书馆事业才开始复苏,出现了继续前进的局面。

(3)停滞阶段(1966—1976 年)

长达十年的"文化大革命",由于林彪、"四人帮"的倒行逆施,我国的图书馆事业遭受了一场空前的浩劫和摧残。曾几何时,否定新中国成立 17 年来图书馆的社会主义性质,污蔑图书馆是"黑线专政",是"修正主义、资本主义的文化乐园"。许多图书馆长期关闭以至撤消,县以上公共图书馆减少了三分之一。大量图书被当作"封资修"而强令封存,有些地方将古籍、珍贵书刊送造纸厂化浆,有些地方图书大批被盗,外文书刊被迫停购,造成了社会上的严重书荒。图书馆的一些专业人员被长期批判,有的被下放或遣散。图书馆内部工作秩序长期处于无政府状态,正常工作无法开展。

(4)上升阶段(1976 年至今)

我国图书馆事业经历了十年动乱的曲折,蒙受的损失是巨大的。但随着"四人帮"被粉碎,特别是党的十一届三中全会将全党工作重心转移到社会主义经济建设上来,国家施行经济体制改革和对外开放政策,这给图书馆事业的发展带来了勃勃生机。其一，颁布了一系列改进、发展图书馆事业的文件。其二，落实了党的干部政策，调动了图书馆工作人员的积极性。其三，图书馆教育事业和图书馆学研究得到了很大发展。其四，整顿图书馆的各项工作，清理了馆藏，健全了目录体系，制定完善了规章制度，提高了服务质量。其五，图书馆现代化建设的研究和实践得到加强，如电子计算机技术、静电复印技术、缩微复制技术在图书馆中的应用等。此外，我国图书馆界与国外同行的交往日益增多，扩大了国际上的影响。

2.2.4　未来图书馆

当今世界，新技术革命方兴未艾，对图书馆发展理念、发展模式、工作方式和手段等各个方面都提出了严峻的挑战，同时又提供了前所未有的发展机遇。古老的图书馆事业在新技术革命的大潮中，必将经受洗礼，并开创新的发展天地，以崭新的面貌出现在读者面前。

1）承载功能多元化[4]

从古至今，图书馆的基本功能都是通过对各种文献信息载体的保存来储存人类文明的。只要图书馆存在一天，这个功能就不会消失。但是，在信息时代，如果仅仅满足于此，而不去开拓新的功能，图书馆就将失去生命力和竞争力。如传播信息与知识就是未来图书馆应有的一个重要功能，图书馆不仅要注重文献信息的典藏，还必须在资源服务上做好文章。这里的服务，包括保持传统的服务功能和在新信息环境下拓展新服务的功能两方面。既要继续做好传统文献服务工作，又要开展电子文献、数字文献服务；既要搞好传统的参考服务、导读服务和专业检索服务，又要开发建设图书馆网站，进行网上导航服务；既要保持实体馆藏的服务，又要竭尽所能，努力拓展网上信息传播空间。由上可见，未来图书馆的功能将由单一化走向多样化，由静止化走向动态化，由保守型走向开拓型。

2）信息资源多元化[4]

随着信息技术的发展，信息媒体快速演进，电子图书、电子报刊和融文字、声音、图像及动画于一体的多媒体资料等电子型文献大量涌现。非印刷型文献媒体对图书馆的覆盖速度及其影响力日益提高。网络的发展，更使电子文献的使用效率得到提高，资源得到共享。与此同时，电子文献的出现和增长势头，并未阻止印刷型文献的持续增长。

电子文献和纸质印刷型文献各有特点，由此决定了它们有着很强的兼容性和互补性。在21世纪，大部分图书馆将处于传统图书馆和新形态图书馆的兼容形态，因此电子文献将与纸质印刷型文献长期共存，共同造福于用户。

3）检索手段多元化[4]

检索手段的状况直接影响用户信息需求的满足程度。在传统图书馆里，文献信息检索以手工为主，主要依赖卡片式与书本式的目录、索引和文摘等检索工具。

而在网络环境下,各种便捷的文献信息检索工具应运而生,极大地拓宽了检索途径,扩大了检索范围,提高了检索成功率,缩短了用户与所需信息资源之间的距离,最大限度地实现了信息资源的价值。但由于经济条件的限制,图书馆自动化、网络化程度因地而异;同时,由于部分用户(尤其是一些老年用户)的计算机运用能力不强和长期形成的检索习惯,造成了他们对传统手工检索工具的偏爱。这就决定了在一定的时间和一定的地区内,手工检索和网络检索工具的使用将同时并存,互为补充。

4) 运行机制多元化[4]

无论图书馆发展到何种阶段,公益性都将是其毋庸置疑的重要特征之一,这正是图书馆得以在社会发展的长河里绵延存续,在读者心目中经久不衰的物质基础和心理诱因。传统的印刷型文献实行常规借阅服务,应坚持无偿性原则,并打破各种限制,充分提高其利用率。在已经实现传统图书馆和新形态图书馆功能兼容的图书馆,可将公益性服务向部分现代化服务领域延伸,如免费提供计算机书目索引查询服务等。在已建立综合性网站的图书馆,可提供免费电子邮件、免费挂接个人主页等服务项目。

在保持图书馆公益性服务的同时,为了给图书馆发展增添更大的活力,一些图书馆也尝试进行一定的有偿服务,如科技查新、相关网络信息服务、相关软件开发等,此外还包含与图书馆有一定关联的产业,如销售图书、文房四宝、音像制品以及复印等。此外,一些图书馆还创办了附属产业,即向其他商品提供文化附加值和以图书馆文化环境作依托,甚至跨越图书馆文化从事某些经营活动,如开办音乐茶座、歌舞厅、演艺厅、服饰业、广告设计、图书馆文化旅游等。如此多维、立体、交叉的图书馆服务格局,反映出图书馆运行机制的多元化发展动向和新格局。

5) 服务方式主动化[3]

传统图书馆的服务方式基本上是被动的,读者非要"迈进"图书馆的大门,否则就不能利用图书馆,其获取资料信息的速度是相当慢的。然而,当人们迈进信息化社会的时候,人们就越加珍惜自己的时间。美国图书馆学情报学专家S·D·尼尔教授曾作过这样的推断,到2010年将会有许多信息公司活跃于社会,这些公司收集了各知识门类中大量的情报信息并提供人们利用,而图书馆则面临与信息公司竞争的问题。因此,图书馆要在未来信息社会中保持并提高自己的地位,出路只有一条,那就是积极地参与信息供应的竞争,变被动服务为主动服务。

6) 图书、情报、档案工作一体化[3]

图书、情报、档案工作有着很强的相近性。在古代,图书与档案融为一体,图书馆与档案馆同为一体。情报是人类社会的一种信息现象,与图书馆也同出一源。只是后来由于社会发展的需要,图书、情报、档案进行了细化和分流,并形成了各自独立发展的格局。但随着信息化社会的到来,三者之间出现了许多内容交叉现象。

由于这三者同属于信息领域,随着时代的发展,社会生产和科学研究对知识信息检索利用的全面性和系统性要求进一步提高,因此图书、情报、档案一体化将成为未来的发展趋势。

2.3 高校图书馆与大学生成才

2.3.1 高校图书馆的产生和发展[1]

1) 大学的形成

"大学"一词来自拉丁文"Universias",有"联合组成"或"总合"的意思。初期的大学是中世纪在欧洲各城市自然形成的。当时,许多求知欲旺盛的学生不顾长途跋涉,追随某一博学导师,这样逐渐有相当数量的老师和学生固定在一起,并渐渐按照学术范围联合组成院系。这些大学最初受教会的控制,主要讲授神学、法学、医学。到了公元十四十五世纪,文艺复兴运动兴起,学术风气空前活跃,大学的发展与文艺复兴相得益彰,大学的课程也逐渐摆脱了宗教的束缚。

中世纪有名的大学有波伦亚大学、巴黎大学。巴黎大学是由神学院发展起来的,大约在 1150 年建立。巴黎大学建立后,英国的牛津大学(1168 年)、剑桥大学(1415 年)相继成立,德国也成立了卡罗利努姆学院(1366 年)。到了 16 世纪初,欧洲大陆已有 70 多所大学,这时的大学成为与教权、王权并立的三大支柱。

我国自办的新式大学始于 1895 年创立的天津西学堂的头等学堂,1897 年创办的南洋公学师范院,1898 年创办的京师大学堂(北京大学的前身),以及 1902 年创办的山西大学堂。

2) 西方大学图书馆的产生和发展

西方国家早期的大学没有图书馆。教授一般都有自己的藏书,学生不是向老师借书,就是向书商买书。随着大学规模的不断扩大,同一院系的学生组织起来共同使用一批书,有时还得到毕业生或赞助人的赠书。这样,大学图书馆就慢慢建立起来了。

大学图书馆初期的藏书大部分来自捐赠,如巴黎大学的索邦学院图书馆(1257 年),就是在教父索邦捐献自己藏书的基础上建立起来的。而后,德国、意大利、英国、西班牙的许多学者也陆续捐款、赠书,还有许多作家把自己著作的原稿交给这个学院的图书馆保存(这种做法以后成为惯例)。于是索邦学院图书馆成为巴黎大学最重要的图书馆。同样,牛津大学图书馆早期也是由捐书而成的。英国著名私人藏书家理查德·伯里(1287—1345 年),将自己丰富的私人藏书委托给牛津大学图书馆保存和使用,为此人们把他视为"大学图书馆的先驱"。又如当代规模最大的大学图书馆——美国哈佛大学图书馆(建于 1638 年),最初是在一位年轻的英国牧师约翰·哈佛捐献了 400 册书的基础上建立起来的,人们为了纪念约翰·哈佛的慷慨捐赠,以哈佛的名字为学校命名。除了捐赠外,大学图书馆还靠个人捐款、国家或学术团体的资助来增加藏书。所以,初期的大学图书馆规模都不大。直到 15 世纪末、16 世纪初,印刷书籍大量出现后,西方国家的大学图书馆才开始较快地成长壮大起来。

二次世界大战以后,由于科学技术的迅猛发展,文献复制技术和计算机技术的广泛应用,西方大学图书馆发生了巨大变化,产生了许多世界一流的大学图书馆,如美国的哈佛、耶鲁、哥伦比亚、斯坦福、芝加哥等大学图书馆,英国的牛津、剑桥大学图书馆等。

3) 我国高校图书馆的产生和发展

我国学校最早使用"图书馆"这一名称的是北京通艺学堂,它于 1897 年初设立图书馆并制定了章程。辛亥革命前后,西方科学文化开始传入我国,对当时文化教育的发展起到很大的推动作用。这一时期,比较有名的大学图书馆有:1902 年建立的京师大学堂藏书楼(北京大学图书馆的前身),1908 年建立的上海沪江大学图书馆和武昌文华大学文华公书林,1909 年建立的北方交通大学图书馆,1910 年建立的华西协和大学图书馆,1911 年建立的清华学堂图书馆和南京金陵大学图书馆,1912 年建立的北京医科专门学校图书馆,1914 年建立的上海圣约翰大学罗氏图书馆,1915 年建立的北京达成学堂图书馆、南京高等师范学校图书馆和金陵女子文理学院图书馆,1916 年建立的私立福建协和大学图书馆,1917 年建立的北京高等师范学校图书馆和武昌高等师范学校图书馆,1918 年建立的上海交通大学图书馆和上海南洋大学图书馆等。

建国后,我国的大学图书馆事业虽然经历了曲折坎坷的道路,但在党和政府的重视与支持下,仍然得到了迅速的发展。1987 年,国家教委颁发了《普通高等学校图书馆规程》,对大学图书馆的性质、任务、业务工作、领导体制和组织机构、人员组成以及经费、馆舍和设备等作出了明确规定,对大学图书馆的发展起到了极大的推动和规范作用。特别是进入 20 世纪 90 年代以来,随着科学技术的发展,以电子计算机为核心的包括缩微、声像、信息、数字、网络、光盘、多媒体等技术在内的用以搜集、加工、存储和传递知识信息的先进技术手段在大学图书馆得到广泛应用,使大学图书馆现代化建设水平有了很大发展。中国教育科研计算机网络(CERNET)的建成,为大学图书馆的全面自动化提供了机遇。大学图书馆正成为一个开放的知识信息系统。

截至 2006 年,我国高校图书馆在图书馆数量、发展规模、文献信息资源建设、科学管理、现代信息技术应用、服务能力等各个方面,均处于历史最好时期。

2.3.2　高校图书馆在高等教育中的地位

现代化的大学图书馆、高水平的教学队伍和先进的实验设备被公认为是现代化大学的三大支柱。大学图书馆在一流大学的建设和发展进程中具有无法替代的重要地位和作用。

1）高校文献信息中心

教育部2002年2月21日颁发的《普通高等学校图书馆规程（修订）》中规定高等学校图书馆是"学校的文献情报中心"。

文献信息资源是大学办学的基础性条件。学生学习，教师进行教学与科学研究，不可能做无米之炊，必须广泛利用各种书、刊、报、数据库等形式的文献信息，以获取知识，掌握前沿信息，并在此基础上进行创新。高校图书馆在学校的大力支持下，经济投入不断加大，通过长期的文献信息资源建设，文献信息资源规模日益扩大，文献信息载体日益丰富，文献信息服务功能日益强大，整个学校文献信息中心的地位非图书馆莫属。

这种地位不仅在以纸质文献为馆藏主体的传统高校图书馆是如此，即使在信息技术高度发达的现代高校图书馆也将如此。因为，一方面网络化、虚拟化、数字化信息资源不可能完全代替纸质印刷型文献资源，数字图书馆也不可能完全代替传统的实体图书馆；另一方面，就现代信息技术在图书馆的应用而言，高校图书馆在整个高校中仍将是建设的重点，网络化、虚拟化、数字化文献信息资源以及数字图书馆的建设和发展，将进一步充实、强化高校图书馆文献信息中心的内涵和外延。

2）学校信息化和社会信息化的重要基地

教育部《普通高等学校图书馆规程（修订）》中规定高校图书馆是"学校信息化和社会信息化的重要基地"。

教育信息化是整个社会信息化发展水平的一个重要标志。教育信息化在很大程度上就是教育资源、教育信息的网络化和数字化。作为高校文献信息资源建设的中心，图书馆网络建设和数字图书馆建设，牵涉到学校的方方面面，毫无疑问，也是学校信息化建设的重要组成部分。而图书馆网络建设工程，对于社会信息化工程也能够起到一定的辐射和带动作用。数字图书馆通过与社会用户的连通，可以使文献信息资源的效应最大化，对地方的社会进步、科技创新和经济发展产生积极的推动作用。

3）为教学和科研服务的学术性机构

教育部《普通高等学校图书馆规程（修订）》中规定高校图书馆是"为教学和科学研究服务的学术性机构……高等学校图书馆的工作是学校教学和科学研究工作

的重要组成部分"。

高校图书馆存在的价值就是为学校的教学和科研提供文献信息服务和保障。因此,服务性是它生存和发展的根基。忽视和削弱服务性,就意味着失去了图书馆存在和发展的生机和活力。但是,高校图书馆的服务不是一般意义上的后勤服务,是一种专业性、学术性很强的服务。从服务内容、服务手段到服务方法,都有图书馆学、情报学等学科理论作为坚实的基础,具有学术性质。因此,高校图书馆既不是一个独立的教学机构或学术研究机构,也不是一个行政机构或单纯事务性的服务机构;既不是一个以收藏为主的藏书楼,也不只是以普及为主的文化馆。它的工作是学校整体教学和科研工作的重要组成部分。

2.3.3 高校图书馆在大学生成才中的作用

1)开展专业教育

高等院校教学工作的一个中心环节,就是对学生进行专业教育,其教育的方式主要是教师课堂讲授。但根据现代教育对学生培养目标的要求,仅有课堂教育是远远不够的,还需要图书馆这个"第二课堂"作为课堂教学的延伸。这样,可以使学生以自学的方式来完善和补充无法或无须在课堂教学中教授的专业知识。图书馆的教学不像课堂教学那样有严格的规定,学生自主选择和安排的余地很大。所以图书馆教学在发挥读者主观能动性方面的作用是十分重要的。课堂的讲授是向学生注入式的灌输知识,图书馆则是通过学术性服务活动,在读者与知识之间搭建联系。高校图书馆主要采取书刊外借、推荐参考书目、目录索引、咨询解答、专题信息服务等形式,以满足读者自学、独立钻研的需要,进而达到补充知识、更新信息的目的。因此,图书馆的教学功能,是学校整体教育功能的有机一环。

2)开展素质教育

随着我国社会主义市场经济的建立和发展,随着社会主义小康社会建设事业的深入,对高等教育的人才培养提出了新的要求。过去那种仅仅注重书本知识和应试教育的人才培养模式,已经明显落伍。社会呼唤知识面广、一专多能,既有基础理论知识,又有专业能力和较强的动手能力的复合型人才。这就要求必须在单一课堂教育的基础上,加强课外教育,加强素质教育,培养学生的自学能力,扩大学生的知识视野。高校图书馆在这方面有着广阔的用武之地。

高校图书馆要从学校素质教育总体需要出发,合理考虑书刊、数据库文献的购置结构和重点。要引导学生有效地利用图书馆资源,向学生宣传介绍馆藏的有关书籍,引导学生多读书,读好书,形成良好的校园文化氛围,充分发挥图书馆在大学生素质教育中的作用。高校图书馆利用自身在文献信息资源、信息服务等方面的优势,不断创新服务模式、服务方法和服务手段,将有助于大学生成长、成才的知识信息及时传递给他们,为其将来走向社会、适应社会奠定良好的基础。图书馆除做好日常借阅工作以外,还可通过推荐优秀读物,举办图书展览、读书活动等形式,满足学生对知识信息的渴求,促进其综合素质的提高。

3)开展信息教育

如何提高文献信息利用率,不仅是图书馆工作中的一个重要课题,也是广大学生读者所期盼的。为此,高校图书馆对读者进行文献信息利用的教育是十分必要的。

文献信息利用的条件,就是要充分进行文献信息检索。文献信息检索就是利用一定的检索工具和参考工具书,利用科学的方法和一定的技巧,从浩瀚文献中,找出符合特定需要的文献。因此,图书馆对读者进行文献检索知识的教育,目的是使读者充分利用图书馆的文献。文献检索是图书馆工作中一门独立的、实践性极强的学问。图书馆要教育读者重视检索方法和技巧的掌握,重视检索的实践,使其终生受益。

对读者进行利用文献信息的教育有很多途径,如进行目录使用的辅导、工具书介绍,开设利用图书馆业务讲座以及文献检索课等,都可以有效提高读者的文献信息检索和利用能力,从而掌握打开知识宝库的钥匙。

4)开展思想教育

高校图书馆作为学校教育的有机组成部分,不仅是传播知识的场所,同时也是社会主义精神文明建设和教育的重要阵地,对于培养大批中国特色社会主义建设事业需要的优秀人才有着义不容辞的责任。其中一个重要任务,就是配合学校思想政治工作,对学生进行思想品德教育。

高校图书馆对学生进行思想教育,就是不断坚持对学生进行马列主义、毛泽东思想、邓小平理论和"三个代表"重要思想的教育,爱国主义、革命传统的教育,以及理想道德和人生观、价值观的教育。教育的方法不是说教,而是通过图书馆收集、加工有关文献信息,并有意识地进行传播、推介,开展形式多样的宣传教育活动,形成旗帜鲜明、情理交融的人性化舆论氛围,引导大学生在储备知识、掌握本领的同时,提高思想品德修养,努力成为受社会欢迎的德才兼备的合格人才。

思 考 题

1. 图书馆的主要特征是什么?
2. 世界上有哪些文明古国是图书馆的发源地?
3. 图书馆的基本性质有哪些?
4. 图书馆的基本职能有哪些?
5. 中国近代图书馆完成了怎样的历史性变革?
6. 现代图书馆有哪些主要特征?

7. 西方大学图书馆初期的藏书主要来自何种途径?

8. 高校图书馆在高等教育中的地位主要体现在哪里?

9. 高校图书馆在大学生成才过程中能发挥怎样的作用?

参 考 文 献

[1] 李健,张德书. 现代大学图书馆使用指南. 北京:北京图书馆出版社,2000.

[2] 范宝民,史敏,李志鹏. 大学生与图书馆. 北京:新华出版社,1998.

[3] 刘飞. 实用图书馆读者手册. 石家庄:河北教育出版社,1993.

[4] 沙振江. 试论 21 世纪图书馆发展的兼容性. 图书情报知识,2001(4):57 - 59.

案例1　江苏大学图书馆概况

江苏大学图书馆是一座综合性高校图书馆,辖校本部馆和医学、梦溪、中山等校区分馆以及艺术、工商、人文、外语等学院资料室。

本馆拥有丰富的馆藏文献和网络信息资源。截至 2006 年底,中外文纸质图书 228 万册,电子图书 139 万册,中外文纸质报刊 3 600 多种,电子报刊 31 000 多种,全文数据库 37 个,二次文献数据库 116 个,自建数据库 14 个。

图书馆现有正式职工 123 人,本科以上学历人员占 50%,分别具有博士、硕士学位和高级职称、中级职称。

近年来,本馆根据学校学科设置和广大读者的需求,加快图书馆事业建设和发展,优化文献信息资源配置,积极创新,强化特色,力求质量,注重效益,全方位地做好各项文献信息服务工作,最大限度地满足不同层次读者的文献信息需求,为学校教学、科研、人才培养等各项工作提供了可靠的文献信息保障。

为了进一步适应高等教育事业快速发展的态势,更好地发挥图书馆在高等学校中的支柱性作用,有力地提升办学水平和教育质量,目前,新图书馆建设工程已经启动。一座建筑面积 43 969 平方米、工程造价达 1.48 亿元人民币、设计理念超前、内部设施精良、宽敞明亮的现代化图书馆即将拔地而起,成为江苏大学新校区中心区域的标志性建筑。随着新图书馆的建成使用,江苏大学图书馆也将步入一个崭新的发展阶段。图 2-1 和图 2-2 分别展示的是即将建成的新图书馆的效果图和近景图。新图书馆的馆藏资源将更加丰富,服务将更加周到、全面,为全校师生的科研、学习提供坚实的保障。

建筑效果图

图 2-1　新图书馆效果图

图 2-2　新图书馆近景图

3 高校图书馆信息服务

高校图书馆是信息的集散地和信息服务中心。能否有效地利用高校图书馆的信息资源及其服务,是大学生信息素质形成与提高的一个十分重要的因素。善于利用图书馆信息资源及其服务,对于掌握利用信息的工具和技能是非常重要的。为了能够快速、顺利地掌握这种工具和技能,就需要了解图书馆有哪些信息服务,以便充分享受这些服务并利用好学校的文献信息资源。

3.1 外借服务

外借服务是高校图书馆最基本、最普遍的读者服务方式。凡是大学里正式注册的本科生、研究生,正式在编的教职员工以及短期访问的研究人员,都可以在所属大学的图书馆办证处办理借书证,而后便可在图书馆提供外借的文献里,选取所需的文献借出馆外,以便随时利用。外借服务能为读者利用文献提供极大的方便,所以深受读者欢迎[1]。

与其他图书馆的外借服务相比,高校图书馆的外借服务有一些自己的独特之处:一是读者的身份不同,外借的情况也不同。对于本科生,无论是借书的数量、借期,还是可借的文献类型、预约书的数量都与研究生和教师不同。二是学生一旦毕业离校,其借书证自然失效。三是馆藏的各类图书都有对读者外借服务的义务。各类图书是指图书馆流通部(书库)所藏的科技和社科类中外文图书,凡要外借的图书都须到流通部去办理外借手续。

为了保证外借服务正常有序地进行,高校图书馆都会制定相应的外借规则。外借规则对于馆藏文献的出借范围、读者外借图书的数量、续借手续和借期、催还、过期罚款、遗失与损坏图书的赔偿办法等方面都作出十分详细的规定。

通常,可外借的文献主要是普通图书,有些高校图书馆还出借期刊合订本、教学用录音带、录像带和光盘等。借书数量和借期的长短根据文献类型和读者个人状态的不同而不同。大多数外借文献在没有其他读者预约的情况下,可以办理延长借期手续,即续借。如果有其他读者预约,图书馆则会提醒持有被预约文献的读者,在规定的时间内归还,即催还。未能按期归还文献的读者,图书馆会有相应的处罚措施,或一段时间内停止其借书,或进行经济处罚。造成文献丢失或损坏的,必须进行赔偿。所有图书馆都严禁使用他人借书证借阅文献。

并非图书馆收藏的所有文献都能外借,像古籍珍本或善本书、工具书、学位论文、现期期刊都是不外借的,这些在图书馆的外借规则和馆藏目录中都会有所说明。

读者办理外借手续时必然要通过出纳台和书库。出纳台是读者办理文献外借和归还手续的地方,通常设在书库的出入口,也有的设在图书馆的出口附近。被预约的文献归还后,通常不直接送还书库,而是放在出纳台附近,等待预约该书的读者前来办理外借手续,但等待时间是有限的。

国外许多高校图书馆并不在馆内设置出纳台,而是在图书馆门口和校园里放置一些还书箱,读者只需把要还的文献放进还书箱里即可。图书馆每天有专人负责将这些文献收集在一起,运回图书馆。

在校园网络环境比较好的大学里,读者办理预约和续借手续,可以不必亲自到图书馆里来,在办公室、实验室、宿舍或家里,通过网络就可以自行办理。图书馆也可以通过网络对读者进行催还和发送取书通知。

书库是图书馆保存馆藏文献的地方。"书库"是通称,并非仅保存图书。有些图书馆将图书和期刊以及其他文献分别保存于不同的书库,形成普通书库、期刊库和各种专门书库;也有图书馆将图书与期刊合订本统一按索书号排列,形成总书库。书库可分为开架书库和闭架书库两种。开架书库多保存读者经常借阅的文献,读者可以进库自行选择所需的文献,有时尽管没有找到自己最初想借的文献,但却可以广泛接触其他相关的文献,激发自己新的兴趣。有些图书馆还在开架书库里放置一些桌椅,供读者阅览,书库兼作阅览室。闭架书库一般不允许读者自由进入,读者想要借书或阅览,需填写"索书单",由图书馆员根据"索书单"进库提书。闭架书库多保存的是贵重文献或读者不常用的文献。

图书馆外借服务的类型是多种多样的。根据外借服务对象、文献来源、外借方式等的差别,图书馆外借服务的类型主要有个人外借、集体外借、馆际互借、预约借书、邮寄借书、馆外流通借书和在线借阅等多种形式。

3.1.1　个人外借

个人外借是图书馆为读者服务的最基本的方法,是外借服务的主要形式,也是图书馆文献流通量最大的服务工作。它是一种专为个人持证者提供的外借服务方式。读者以个人的名义,提供有效证件,从图书馆领取借书证,凭证向图书馆外借处借出自己需要的图书文献。

个人外借的程序大致是:首先,读者应查找图书馆的读者目录。现代化图书馆一般都有联网的机读目录,读者可通过任何一台联网的计算机登录到图书馆的联机公共检索目录系统,即 OPAC 系统(Online Public Access Catalogue),以查找所需文献的目录信息。目录信息含有所需文献的索书号及其馆藏地(即所在书库)等信息。接着,读者可到该文献的馆藏地凭借索书号到书架上查找该文献。最后就是将找到的文献拿到出纳台,凭证办理借阅手续。

3.1.2　集体外借

集体外借是图书馆向集体读者提供的外借服务。按照图书馆的规定,办理集体借书手续一般由专人负责。他代表小组成员或单位读者向图书馆借书处办理批量图书文献的外借手续。例如,低年级本科生以班级为单位,由班长负责从图书馆外借任课教师指定的基础课教学参考书。课程结束以后,再统一将书归还给图书馆。又如,高年级学生在进行课程设计和毕业设计时,可根据需要以班级为单位从图书馆外借参考书、设计手册及工具书等。设计结束以后,再统一将书归还给图书馆。

3.1.3　预约外借

预约外借是图书馆因暂时不能满足读者的外借要求而采取的一种在约定的时间内给予满足的服务方式。

当读者通过图书馆的 OPAC 系统查找自己需要的图书时,若发现该书的复本全部都已借出,这时可以选定该书并预约。OPAC 系统会自动为想借该书的读者办理预约登记。一旦被预约的文献归还到馆,图书馆会以电话或 E-mail 形式通知读者,或者会在其网站上发布预约到书信息,读者应密切留意该信息,并应在指定的时间内办理外借手续。过期不予保留其预约的图书,责任由预约者自负。预约外借服务方式对于降低读者拒借率、满足读者的特定阅读需求较为有效。与此相对应,图书馆还要对被预约的文献进行催还。

1999 年 9 月 26 日,国家图书馆首次开通了中文图书网上预约外借服务。读者足不出户,只需利用手边任何一台联网计算机,就可通过网络通道随意查询其馆藏书目,并可进一步预约外借中文第一外借库的图书。

3.1.4　馆际互借

馆际互借服务是图书馆之间或图书馆与其他文献情报部门之间利用对方的文献来满足读者需求的一种服务方式。这种服务方式有助于实现跨馆跨地域的藏书资源共享。

信息爆炸时代的来临,使任何图书馆都不可能完全满足读者对图书资料的需求。但如果借助于图书馆之间的资源共享馆际互借系统,很多需求就可以得到圆满解决。它不仅适用于本地区图书馆之间、图书馆与文献情报部门之间,同时还适用于国内甚至国际图书馆之间及图书馆与文献情报部门之间。

开展馆际互借的图书馆或文献情报部门,一般要签订互惠协议和互借规则,并保证严格遵守。

3.1.5 通借通还

"通借通还"包括"通借"和"通还"两个方面。"通借"是指读者可以在本校区借阅其他校区的文献资源,"通还"是指读者可以在本校区归还其他校区的文献资源。通借通还使读者不出校区就可方便地借阅到其他校区的文献资源,利于各校区间实现文献资源共享。

一般情况下,读者应尽量借阅本校区的馆藏资源,只有在本校区图书馆没有收藏该书或虽有收藏但是已经全部借出,其他校区图书馆尚显示"在馆"、"可借"的状态下,方可采用通借通还的方式。室内阅览的书刊不在通借通还的范围之内。

通借通还的操作程序一般是:读者通过本馆的 OPAC 系统查到所要的图书,凭本人借书证到各借阅处按要求填写"通借通还登记表",将欲借书的书名、索书号、馆藏地等填写清楚。该校区图书馆将在一定的工作日内(一般 7 日以内),确保图书到达读者手中。

3.1.6 其他外借服务

除了以上几种外借服务方式外,图书馆文献外借服务还有以下几类:

1)邮寄借书

这是指通过邮政通讯手段将读者所需文献邮寄给读者的外借服务方式,主要解决边远地区读者借阅难题。

2)流动借书

这是一种通过馆外流动站、流动服务车等手段,将馆藏文献送到读者身边而开展借阅活动的一种服务方式。

3)在线借阅

它是随着电子计算机和网络的发展而出现的一种崭新的服务方式。读者通过向图书馆申请并获得一定的权限之后,即可足不出户地在线阅读或外借、下载图书馆数据库中的电子图书。

4)网上续借

现代化的图书馆一般在其网站上均有续借书刊服务。如果读者想续借某书刊,只要在续借页面选中该书刊,然后点击"续借"按钮即可办理续借手续。

3.2 内阅服务

阅览服务是图书馆尤其是高校图书馆的一项最基本、最受欢迎的读者服务。

在大学,教师和学生一般都居住在校园里或离校园不太远的地方,到图书馆很方便,而且阅览室里浓厚的学习气氛,更能激发个人的求知欲望。

高校图书馆的普通阅览服务,包括中外文图书、报刊、工具书、特种文献的阅览,音像文献、缩微型文献及数字文献阅览等。

图书馆根据文献的类型、语种设立不同的阅览室或阅览区。除古籍外,大多数印刷型图书、期刊和工具书实行开架阅览,读者可以自行从书架上取书刊。阅览室收藏的文献一般不外借,个别情况下可短期出借。阅览室的开放时间通常比较长,读者可在其中细细品味。音像文献、缩微型文献一般实行闭架管理,读者向馆员提出借阅申请,在索取到所需文献后自行利用图书馆提供的专门设备进行"阅览"。

3.2.1 图书阅览

图书阅览一般有两种形式:一是藏阅一体化,即在书库中设置阅览座位供读者入库浏览图书;二是设置图书阅览室供读者内阅图书,亦称为新书阅览室或样本库。有些热门书在外借书库借不到,在阅览室却能查阅到,而且可以短期外借。这两种图书阅览形式极大地提高了图书的利用率。

在内阅图书的过程中,读者如果发现某种书需要借回去细读,即可抄好该书的索书号到外借书库借阅,从而避免借书的盲目性,节省了选择图书的时间。图书内阅与开架外借相比,图书破损率要低得多。

3.2.2 报刊阅览

报刊阅览分为期刊阅览和报纸阅览。

1) 期刊阅览

期刊阅览分为"开架阅览"、"半开架阅览"和"闭架阅览"三种形式。开架阅览是指图书馆把新到期刊(即现刊)放在阅览室开架陈列,读者可随意阅览,阅览后应将期刊放回原处,该处期刊一般不外借。半开架阅览是指将那些比较热门的紧俏期刊或具有重要参考价值的期刊陈列在有玻璃屏风的书架内,读者能够看到但不能自取,若需借阅,要用自己的借阅证作抵押并请阅览室值班人员提取,阅读后归还期刊并取回自己的借阅证。闭架阅览通常是针对已装订成合订本的期刊,即称"过刊",在期刊库内借阅。

每个期刊阅览室一般都配有检索机供读者查询期刊用。假如读者要查询名称为《汽车工程》的中文期刊,现以江苏大学图书馆的 OPAC 系统为例,其查询方法是:

(1) 进入江苏大学 OPAC 系统,该系统默认为普通检索页面。在普通检索页面中,首先将查询类型设置为"题名",文献类型设置为"中文期刊","前方一致"

和"任意匹配"这两种查询模式可任选一种,然后在检索框中输入"汽车工程",最后点击"检索"按钮,如图 3-1 所示。

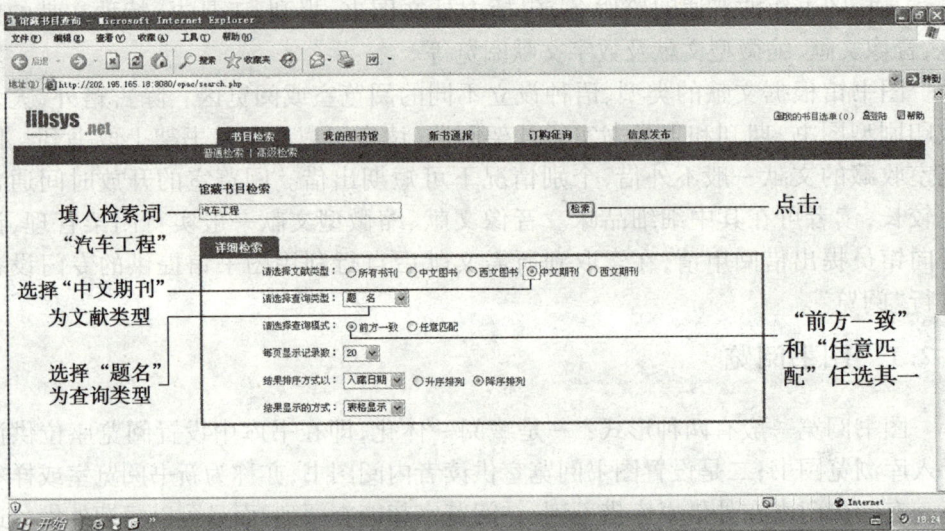

图 3-1 检索题名为"汽车工程"的中文期刊

(2) 结果检索出一条满足题名为"汽车工程"的期刊记录,若想查看该期刊的详细书目信息和馆藏信息,则应点击题名"汽车工程",如图 3-2 所示。

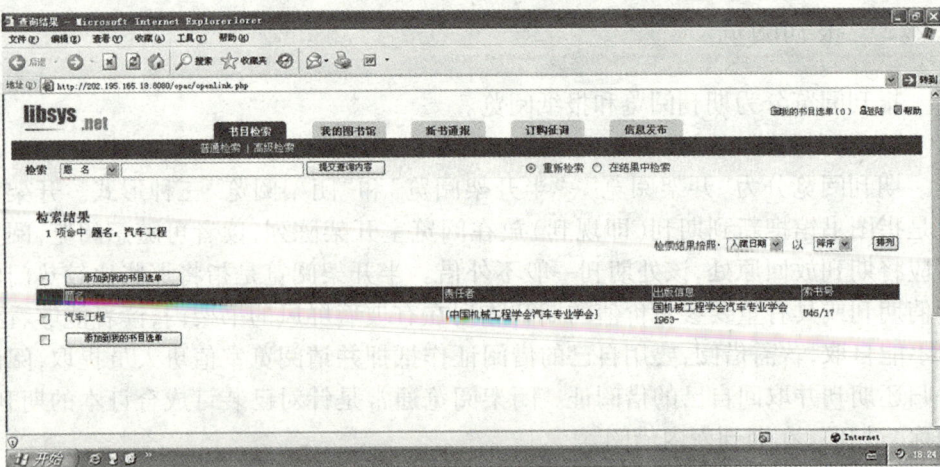

图 3-2 期刊检索结果

(3) 期刊《汽车工程》的详细书目信息和馆藏信息,如图 3-3 和图 3-4 所示。馆藏信息包括"现刊馆藏"和"过刊信息"。通过现刊的馆藏地和期刊排架号,读者就可查阅到《汽车工程》这一现刊。通过过刊的馆藏地和索书号,读者就可查阅到往年的《汽车工程》期刊。

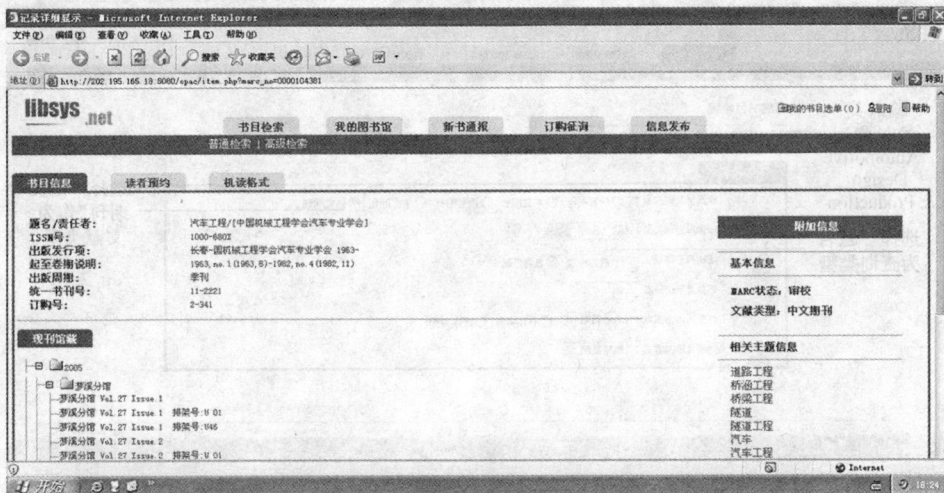

图 3-3　期刊《汽车工程》的详细书目信息和现刊馆藏信息

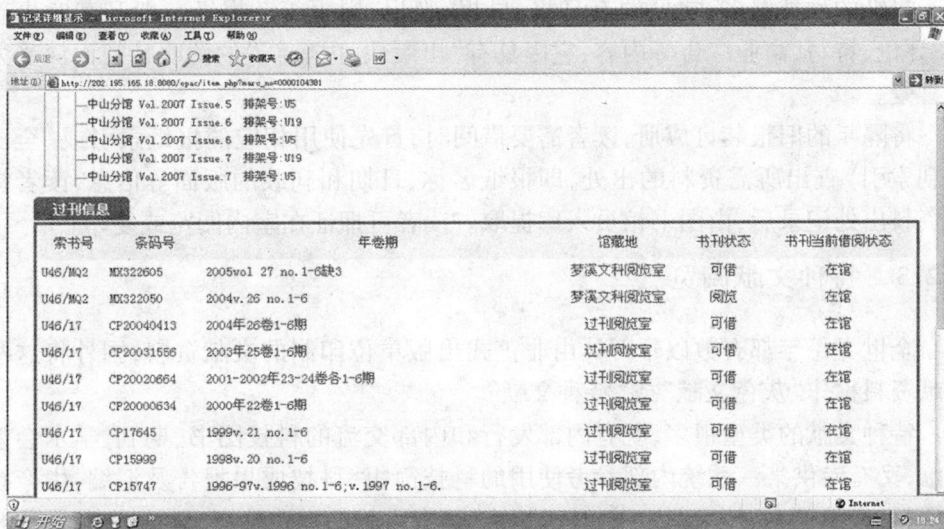

图 3-4　期刊《汽车工程》的过刊馆藏信息

假如读者要查询名称为"Automotive Design & Production"（汽车设计与制造）的外文期刊,其查询方法与中文期刊的查询方法一样。需要注意的是,查询的文献类型应选择为"西文期刊",查询方法如图 3-5 所示。查看外文期刊检索结果的详细书目信息和馆藏信息的方法同中文期刊。

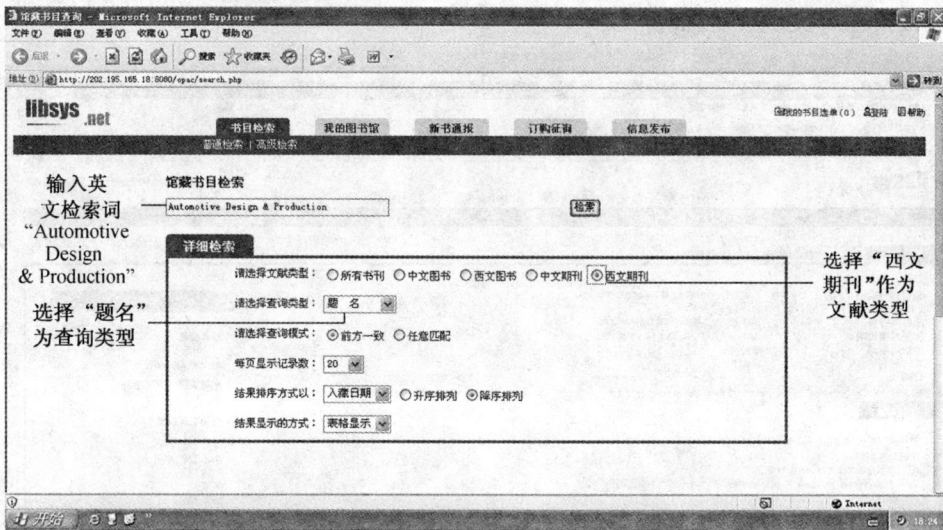

图 3-5 检索题名为"Automotive Design & Production"的外文期刊

2）报纸阅览

报纸的种类繁多,常见的有日报、早报、晚报、周报等。报纸一般刊载时事新闻、评论、特写、商业广告等内容,它因具有"出版快、内容新"的鲜明特征而深受人们喜爱。

将隔年的旧报装订成册,读者需要借阅时,首先使用相应的报纸索引或《全国报刊索引》查出所需资料的出处,即报纸名称、日期和刊载的版面等信息,读者提交资料出处记录后,由图书馆员入库提取。读者可押证在室内阅览或复印。

3.2.3 特种文献阅览

全世界每年都有数以千万计由非正式出版单位印制的文献资料,国外将这些文献资料称作"灰色文献"或"特种文献"。

特种文献的类型很多,既有内部发行和内部交流的科技图书、期刊、学术会议文献,又有专供某一系统内部参考使用的科技简报、科技成果报告及汇编、生产技术资料、产品样本、技术鉴定书、技术标准,还有大量的学位论文、科技档案、内部刊物和内部交换资料等。图书馆设有特种文献阅览室供读者查阅特种文献。

3.2.4 数字文献阅览

根据 2004 年《高等学校图书馆数字资源计量指南》规定,数字文献划分为四种类型:电子书(包括学位论文及其他类似书的出版物)、电子刊(包括其他类似刊的出版物)、二次文献数据库(包括题录、文摘、索引等)、其他数据库(包括书目数据库、全文数据库、混合数据库等）[2]。图书馆提供的数字文献阅览服务主要有以下类型：

1）自制多媒体文献和数字化文献

电子阅览室在完善数字化软硬件集成平台建设后，可以利用其设备优势把各种文献载体数字化，开展多媒体文献和数字化文献的制作工作。例如，可以对馆藏善本、孤本、图谱、特种文献进行数字化制作；可以对博士、硕士学位论文进行数字化制作、建库，使之成为可供读者共享的资源；可以协助重点研究单位建立他们自己的数字化专题文献库。

2）原始网络信息

因特网为用户提供了利用资源的多种工具和方法。电子阅览室只要纳入这个网络，其馆藏信息资源将从有限扩大到无限，所有网上信息都可以看作是本馆的资源，而无须顾及实际收藏这些资源的图书馆或信息机构离我们有多远。

3）加工整合的网络信息

因特网的信息量巨大，范围极广，类型极杂，网上的动态信息均未经过编辑加工。一般用户要想快捷地在网上获取自己所需信息，具有较大的困难。这就要求电子阅览室担负起对网络信息搜集、加工、整合的重担。电子阅览室应能做到对网上不断增长且采用不同存取格式的各种文本、图像、音频信息、视频信息等无序资源进行合理采集，对其内涵、外延进行描述和标引，分类建库提供给读者。

4）各种数据库文献查询

图书馆建立了各类数据库，这些数据库中文献资源丰富，检索系统相对完善。电子阅览室可以让读者自行上机检索，也可以接受委托为课题申报人员进行查新检索，或者进行课题跟踪服务，或为各级部门提供各种统计资料。

5）VOD 点播和数字化文献推送

将馆藏 VCD，DVD 等光盘资料镜像到光盘服务器中，将网上和其他来源的流媒体文献经过科学组织和技术处理，建立起流媒体数据库，就可以开展 VOD 点播服务了。读者可以在阅览室的任意终端上或局域网任何科室的终端上点播他们所需的文献。电子阅览室还可以开展数字化文献推送服务。通过网络定期向科研课题组推送他们所需要的数字化文献。

图书馆数字文献资源的类型主要有：中外文电子图书、电子期刊、报纸、学位论文、会议文献、科技报告、专利文献、标准文献和其他数字资源等。其中常见的中文数字资源有：CNKI 期刊全文数据库、万方数字资源系统、重庆维普信息数据库、人大复印资料、中华人民共和国国家知识产权局专利数据库、超星数字图书馆、书生之家数字图书馆等。常见的外文数字资源有：SCI（Science Citation Index，科学引文数据库）、WOSP（Web of Science Proceedings，国际会议录索引）、ISTP（Index to Scientific & Technical Proceedings，科学技术会议录索引）、ISSHP（Index to Social

Science & Humanities Proceedings,社会科学及人文科学会议录索引）、EI Village，INSPEC，PQDD 学位论文、EBSCO 公司全文数据库、Science Direct 数据库、Springer-Link 电子期刊、欧洲专利数据库、美国专利数据库等。

用户对图书馆数字文献资源的访问主要是通过图书馆主页进行的。图书馆主页的内容主要由图书馆的数字文献资源及与图书馆有关的信息构成。友好的图书馆主页是用户方便、快捷地利用图书馆资源的保证。

3.2.5　特色阅览服务

除以上介绍的几种阅览服务外,高校图书馆还可提供以下几种较有特色的阅览服务：

1）教学参考资料阅览

教学参考资料阅览室是高校图书馆的一个特色阅览室,主要收藏与学校课程有关的参考资料。这些资料主要包括图书、期刊、教学讲义,甚至教学录像带。这些参考资料有些是图书馆收藏的或专门采集的,有些是任课教授捐献或暂时提供给学生使用的。参考资料的摆放,或按课程名称集中,或按教授姓名集中。阅览室保存的资料是流动性的。每学期开学前,图书馆根据学校的课程目录和教授提供的参考资料目录,将有关资料集中在阅览室。课程结束后,参考资料转回书库或归还教授。多数参考资料只能在图书馆内阅览,少数资料可以短期出借。网络环境下,可以将教材制成电子化讲义,学生可以通过校园网阅读浏览。

2）学位论文阅览

高校图书馆全面收藏本校学生的学位论文,特别是硕士学位论文和博士学位论文,并且进行整理,提供查检和阅览。条件较好的高校图书馆还收藏国内外著名大学的学位论文,供本校师生参考。

3）教授专著、教材阅览

高校图书馆专门收藏本校教授撰写、编写、翻译的著作或教材,有时还收藏其他大学的教材。

4）其他特藏阅览

其他特藏阅览包括学校的课程目录、招生目录、研究生入校考试试题、学校年鉴、校园报刊等的阅览。

3.3　信息咨询服务

信息咨询服务（Reference Service）是图书馆读者服务工作的重要组成部分。图书馆的信息咨询工作首先是在美国开展起来的。19 世纪末,美国社会由农业经济向工业经济迅速转型,图书馆作为一种社会公共教育机构得到社会的承认和重视。但当时许多读者缺乏必要的使用图书馆的知识,在查找藏书时往往遇到很多困难。有一些图书馆工作人员出于礼貌和热情,对个别读者进行帮助和辅导,渐渐地这种服务方式就演变成一种日常的工作,受到广泛好评,也使整个社会对图书馆的作用有了一种更为积极的认识。

清华大学图书馆可以说是我国图书馆信息咨询工作的先驱。1919 年秋天,图书馆馆长(当时称为图书馆主任)戴志骞先生从美国学习归来,便着手对图书馆的体制进行改革,仿效美国图书馆的 Reference Department,成立了中国图书馆的第一个参考部,开展参考咨询工作。当时该部主要负责采购图书馆的参考工具书,供读者阅读。图书馆员要对读者提供查阅方法的指导,答复有关咨询,并且编制参考工具书书目。

咨询服务的实质是直接或间接地帮助读者解决对所需文献或某一方面知识了解不足、掌握不够的困难。读者需要解答的疑难问题很多,咨询服务就是要帮助读者解决这些问题。其程序主要是:首先向读者揭示文献收藏情况,扩大读者的知识视野;其次帮助读者及时了解和掌握最新的学术、科研成果及发展动态;再次帮助读者熟悉参考工具书和数据库使用的知识,掌握治学利器。

高校图书馆的信息咨询服务是高校各类研究人员、教师和学生利用文献资料的得力助手,是图书馆读者服务的重要手段。它直接面对个别读者,以解答个别问题的方式回答读者的特定问题,因而针对性很强,其独特作用是别的服务方式所不能代替的。

按读者所提问题的性质可将咨询服务分为事实性咨询、方法性咨询和专题性咨询三种类型。

事实性咨询是指读者关于某项具体知识的提问。读者在研究、教学和学习过程中遇到疑难问题,需要通过文献查明某一事物的实质性内容,如人物、事件、产品、数据、历史年代等即属此类咨询。其特点有:范围广,涉及的知识面宽,很难找到内容方面的规律性;有比较成熟稳定的知识内容,表现为特指性强,要求明确,答案的选择性小;不能只提供文献线索,要给读者具体答案,并有一定的可靠性。因此,解答事实性咨询的基本过程中要首先了解读者提问的意图,以及是否已掌握了有关知识的来源,然后分析问题的性质,判断查找的途径,并确定使用何种工具书或数据库。通过查阅获取答案,便可以口头或书面形式回答读者,同时提供各家见解的参考资料并指明答案出处,以供读者选择使用。

方法性咨询是针对读者在查询资料过程中遇到的检索困难。此类咨询的特点有:主动性强,参考咨询人员可以发挥本身指导读者阅读与普及检索方法的作用;读者提问的重点不在具体文献或文献内容,而在检索方法。读者在得到事实性咨询答案或专题书目后,会进一步向参考咨询人员提出学习检索方法的要求,这时咨询人员应进一步了解读者的专业背景与工作性质,并主动将有关专业的主要检索工具书和数据库及其使用方法介绍给读者。

专题性咨询是围绕某一特定主题的一次性咨询,图书馆应提供该专题的有关文献、文献线索及动态进展情报。专题性咨询是向书目服务过渡的一种形式,但又区别于书目服务。专题性咨询的特点是:它的提问不是针对某一简单的事实,而是在科研、教学和工作中的专门知识;答案应是一个知识系列,即提供关于所提问题的系统知识;学术性较强,比较复杂,要做好这项工作,需要付出比较艰苦的劳动。

目前我国高校图书馆的参考咨询服务主要在以下层面开展工作。

3.3.1 口头咨询

口头咨询的特点是时间紧促,要求在较短时间里迅速给出正确的回答。

图书馆一般设有参考咨询服务台来回答读者的口头咨询。咨询台通常设在读者流量比较大的地方,并且有比较明显的标志。在咨询台值班的图书馆员通常称为参考馆员。国外参考馆员是图书馆中一个很高的职位,通常都由一些资深的专业人员担任。

参考馆员要解答读者在台前通过电话或电子邮件(E-mail)提出的与检索文献信息、利用图书馆有关的各种各样的问题。例如,如何使用 OPAC 系统,在何处可以找到中国外贸的最新统计数据,怎样使用某个全文数据库等。此外,图书馆员还应提供一些指引性的帮助。

咨询台是参考馆员与读者或用户联系的桥梁,图书馆的参考工作很大一部分是围绕咨询台开展的,它收藏有一些参考工具书,一方面供参考馆员解答问题时使用,同时也可供读者在馆员的指导下使用。结合读者或用户经常提出的问题,参考馆员会编写一些服务项目介绍、数据库使用说明、专题资料指南等材料,分发给有类似问题的读者或用户。参考馆员还要把涉及图书馆各项工作的意见和建议转达给馆内有关部门。

学科馆员是图书馆中负责某一学科资源建设,读者培训并同相关的院系进行联系的馆员。学科馆员的工作包括:进行相关学科资源的评价、维护与更新,负责相关学科网络资源的收集、整理、宣传通告,定期征求相关院系对图书馆资源建设及其服务工作的意见和要求,负责向相关院系宣传图书馆的新资源和服务项目,负责接受相关院系教师在利用图书馆方面的各种口头咨询。

3.3.2 电话咨询

图书馆设置电话咨询岗位,提供电话咨询服务,由资深的参考馆员通过传统的电话解答读者的咨询。电话咨询能够缩短信息源与读者之间的空间距离,利于读者方便快捷地获取信息。

3.3.3　网上咨询

1）实时参考咨询服务[3]

网络电话技术为图书馆开展实时咨询提供了有利的条件,正成为图书馆参考咨询服务的新模式。在线实时交互式参考咨询服务(简称实时咨询)是一种只需用户安装相应的网络电话软件并加入图书馆咨询员的号码即可利用的服务。通过这种服务,用户可实时与在线的咨询馆员进行交流并实现瞬时请求和回答的参考咨询帮助,可以获得更为方便、即时、快捷的咨询服务。利用网络电话开展实时咨询服务的方式有:

(1) 文字交谈服务

这种服务方式不受音响和视频设备的限制。在不希望被听到语音或看到视频的情况下,可保持读者个人空间的相对隐秘性。

(2) 语音电话服务

它是一种可实现咨询馆员与一个或多个读者直接通话交流的服务方式,其最大优势是如同普通电话一样可相互语音交流。

(3) 视频电话服务

这是一种在进行语音通话的同时,可与对方进行视频的网络电话,即可视网络电话。

(4) 文件传递服务

它通过网络电话将彼此需要的文件进行即时传递,如读者需要文字图片资料、音视频文件、软件或其他形式的资料,都可使用文件传递功能完成服务。

(5) 屏幕打印服务

为了即时让解答咨询的馆员了解咨询内容,使读者即时获得咨询结果,可采用网络电话的"屏幕打印"(也称屏幕录像)功能,配合文件传递功能,将己方的计算机画面图像即时传递给对方。

(6) 电子邮箱服务

部分网络电话还设有电子邮箱服务项目,可以避免只能在电子邮箱网站方可使用邮箱的局限,其中可包括语音邮件。

(7) 远程浏览服务

咨询双方可通过网络电话实现异地远程浏览对方计算机的服务功能,它可使馆员更清楚地了解读者的需求,也可使读者更详细地了解咨询的结果。

(8) 远程控制服务

咨询馆员可通过网络电话的远程控制功能,在读者的计算机上进行检索操作或直接向读者提供其他网页的服务,可更直接地演示解决问题的途径。

2）虚拟咨询台服务

虚拟咨询台（Virtual Reference Desk）即实时在线的虚拟服务。这是一种交互式的服务。它通过网络聊天软件、视频会议或基于 Web 的聊天室等方式，由参考馆员在网上虚拟社区直接"面对"用户，即时回答用户的咨询。在这种服务方式中，参考馆员可以非常方便地向用户发送解答其问题的网页，用户也可以就自己的问题和参考馆员讨论或反复提问直至满意为止。虚拟咨询台从根本上改变了图书馆员与读者的交互关系，将咨询服务带入了一个新纪元，参考咨询工作重新焕发了生机，成为现代图书馆服务新的生长点。

3）常见问题解答（Frequently Asked Questions，FAQ）服务

FAQ 是一种解答式服务。图书馆根据长期参考工作实践经验和对用户的调查，将用户最可能问到的或实际问到的一些问题及其答案编辑成网页，并在图书馆 Web 站点主页的显要位置建立链接。FAQ 具有非常重要的作用，因为在日常工作中，图书馆员往往必须解答不同读者提出的同一问题，在虚拟咨询服务中也是如此。如果读者在寻求图书馆员帮助之前，先在 FAQ 数据库中查询自己所要的内容，就可大大节省用户和工作人员的时间。

4）电子邮件（E-mail）、Web 表格服务

E-mail 参考服务是图书馆最早开展的一项虚拟服务，未设立虚拟咨询台的图书馆一直都在开展这项服务。单向交流的 E-mail 服务是一种简单的解答式服务，但有些实时在线的交互服务也用 E-mail 来提问和解答。利用电子邮件是目前网上参考服务的主要形式，它包括两种方式的服务：一种是简单的 E-mail 问答服务，即用户利用 E-mail 发送提问，参考馆员也利用它将答案返回给用户，这项服务大部分图书馆都在开展；另一种方式就是在虚拟咨询台上设置 Web 表单，用户通过填写 Web 表单来提问。如今越来越多的图书馆使自己的虚拟咨询服务实现了 Web 化。用户可以根据自己的需要有选择地下载表格，利用这些表格可以给图书馆提意见，或发送订购书刊的请求，或就检索问题寻求图书馆员的帮助等，既方便了用户提问也方便了参考馆员的解答，大大节省了双方的时间。

5）电子公告板（Bulletin Board System，BBS）

BBS，也是一种交互式的服务，可以是实时同步解答，也可以在公告板上留言，等待相关图书馆员来回复。确切地说，BBS 并不是严格意义上的虚拟咨询服务，在 BBS 上对用户的言论无法进行有效地控制，经常会出现大量无聊的讨论，有时甚至出现反动言论等，增加了参考馆员的管理负担，且不利于用户的提问得到快速有效的回复。

3.3.4　原文传递

在网络环境下，图书馆传统文献信息的存储和获取方式将彻底改变，分散于不

同地理位置的文献信息资源可以以数字方式相互连接,用户只要将自己的电脑与网络相连,便可不受时空限制,方便快捷地在网上进行检索并获取自己所需要的文献。文献传递服务就成了图书馆一种切实可行的服务方式。

图书馆可利用网络,借助网络存取方式获得本馆以外的信息资源,从关注"拥有"到更关注"存取",从而在不增加图书文献购置经费条件下,使文献信息的获知率和获得率得到最大限度的提高。现在已有许多图书馆能提供更好、更快的存取服务,读者不用考虑所获得的文献信息到底为哪一个图书馆所拥有。这样一来,各个图书馆的馆藏资源无形中扩大了,读者所能获取的信息资源也相应地增多了。

网络化文献传递服务(Document Delivery Service)主要是国外各种信息服务机构通过因特网提供文献传递服务。传递途径是读者通过因特网将自己的请求传送给信息服务机构,而后由这些机构通过 E-mail、传真、邮寄、联机下载等方式将原文传送给读者。这种服务的特点是快捷、灵活,24 小时内即可获得原始文献。但这是一种完全商业化的运作方式。

原文传递服务包括本馆文献提供和外馆文献提供两部分。本馆文献提供是指为读者复印、传递本馆收藏的各种文献。外馆文献提供是指为读者复印、传递本馆未收藏的国内外文献。传递的文献类型主要包括期刊论文、会议录文献、学位论文、图书的部分章节和报告等。

目前国外文献传递服务的费用多是要求按篇次用信用卡支付,而大多数国内读者不具有这样的支付能力。高校图书馆可以作为团体单位申请按年度结算,读者只需按其获得的单篇论文与图书馆结算即可。

3.3.5　定题服务

定题服务也称定题信息服务。定题信息服务(Selective Dissemination of Information)是指图书馆情报人员根据承担教学、某一科学研究和生产项目特定课题研究人员的实际需要,利用馆内外传统文献资源、电子资源等进行文献信息的跟踪检索,通常是在一定期间内有针对性地、及时地、连续地、主动地向用户提供有关的最新文献资料,搜集情报信息,筛选情报数据,评述发展方向等综合服务。提供的文献信息全面准确,形式包括专题文献题录、文摘、原文和专题文献信息述评。所提供的文献会逐渐增加,直到研究课题完成或关键问题得到解决。

定题服务的目的明确、针对性强,密切结合实际,能减轻研究人员获取文献信息的工作强度,大大缩短研究人员的课题研究时间,因而深受研究人员的欢迎。

用户可根据自身需要,选择定题服务文献报道的范围(国内或国内外)、频率(每日、每周或每月)、格式(全文、文摘或索引)和方式(电子邮件、传真或打印邮寄)。

这项服务工作的优点是针对性强、传递信息及时。自 1999 年开始,天津大学图书馆利用其馆藏资源优势,为天津大学内燃机研究所定期提供国内外摩托车信息定题跟踪服务。内容涉及国内外摩托车、内燃机及相关工业的发展动态、最新专利及科研成果、国外主要竞争对手、著名摩托车厂商最新型号摩托车图形、发动机性能、技术指标、尾气排放标准、市场价格、摩托车及零配件求购动向、能源、燃料、代用燃料、电动汽车、燃料电池、农业机械等[4]。

这项文献检索服务是利用国内、国际联机数据库或其他数据库,帮助本校或校外读者检索与研究课题有关的文献信息。工作过程一般是这样的:首先,根据读者的要求,或当前校内科研工作重点确定一些特定的服务对象。然后,把读者要检索的课题,按照作者、主题词和分类号进行区分;编制读者需求提问文件,也就是把读者需求编写成一系列检索式记录,把作者、主题词、分类号都包括在内,存储在计算机内;定期(通常是每个月,但主要还是根据读者要求)由计算机根据这些提问文件对文献数据库里的新增文献、信息进行检索。最后,将检索结果按照读者要求由计算机进行编辑和输出,并传送给读者。

3.3.6　专题服务

高校图书馆工作人员定期到重点学科、重点读者和国家重点实验室调研,深入细致地了解教学科研的需求,对某些专题开展网上免费资源的搜索与链接服务。专题服务是为读者量身定做的一种服务形式。

专题检索服务也可以根据用户所委托的课题进行检索,以书目、索引、文摘、全文汇编等形式提供给用户。

专题信息服务的内容都是经过专业人员精心筛选、反复推敲及整理加工后按照双方约定的提交专题时间准时送给用户。这些全方位、多角度获取的信息,涵盖了国内外科研教学工作的最新动态、成果及市场现状、发展前景、预测分析等,为用户准确定位研究发展方向、拓宽科研思路提供了重要的文献保障。专题信息服务已成为智力与技术相结合的知识密集型信息咨询产品。

电子版专题信息服务具有时效快、效率高、传送和使用方便等特点。电子版专题的编辑排版设计包括子专题的设计、制作专题目录、版面编辑和扫描校对等,这些都是非常重要的环节。

专题服务包括手检、机检、定题文献服务、专题回溯检索、研究项目的信息服务及专题文献研究等。具体涉及的内容非常丰富:一是解答与本校图书馆相关的简单事实性提问和文献信息查询、利用中遇到的问题,如"图书馆哪里可以查到某期刊","如何使用图书馆新引进的某数据库","怎样查到自己需要的资料"等;二是为专题或定题资料查询提供相关资料,如"我要写某方面的论文或做某方面的课题项目,怎样可以查到别人已做的相关研究"等;三是根据教学、科研和学生工作的需要选择专题,如纳米复合材料、中小企业创业创新和企业家精神、期货交易、WTO 信息专题、研究生入学考试、就业和再就业、心理健康教育等。

确定服务专题后,利用计算机光盘检索、联机检索和网络资源查出专题文献。根据馆藏期刊、会议文献、专著、科研报告、学位论文、全文数据库等信息源,确定馆藏专题文献,经加工、整理后编制成专题信息索引,最后对馆藏专题文献(目录索引或全文)进行整理、编辑、加工并输入电脑,放在图书馆主页上进行网上服务。

此外还可以定期举办专题报栏、专题展览、专题讲座等。如某高校图书馆举办油泥制作的概念车展,新颖别致,展示西方发达国家工业设计方法。参观的读者络绎不绝,对教学科研有一定的促进作用。

3.3.7　科技查新

科技查新,简称"查新",是指具有业务资质的机构为委托方在科研立项、新产品开发、申请专利和鉴定科技成果等方面提供鉴证的一种深层次的信息咨询服务。

科技查新服务由查新机构针对某一特定课题,查找出大量与委托方的项目相关的国内外科技文献资料,结合必要的调查研究,对有价值的文献资料进行综合分析,审查其新颖性,在此基础上写出有根据、有分析、有对比、有建议的科技查新报告。目前科技查新已经发展成为社会各领域用于判断项目新颖性的鉴证手段。

3.3.8　代查代检

代查代检是图书馆根据各类读者或用户的检索要求,代其进行的文献检索服务。检索请求一般以本馆所拥有的信息资源能满足读者需求为前提,特殊情况下可帮助读者或用户去其他信息机构或图书馆代为查询。

论文的被引用次数和被收录篇次现已成为我国评价科技研究人员、高等院校、科研机构研究水平和能力的重要指标。近年来越来越多的读者请求图书馆专业人员代为查检个人论文被他人引用或被文摘、索引数据库收录的情况,这是代查代检服务的一个重要方面。

被引用文献,也称为"参考文献",是指为撰写论文或其他著作而引用或参考的文献,通常需在正文中标注,在文后列出作者、题名和出处。一篇论文被引用次数越多,说明这篇论文的影响力越大。

被文摘、索引数据库收录是指论文发表在某文摘、索引数据库的来源期刊或会议录上。因为这些来源期刊和会议录都是根据严格的选刊标准和程序挑选出来的,所以入选刊物的参考价值、学术价值通常较未入选刊物高。

读者在申请这项服务时,要提供作者姓名、作者单位、期刊或会议录名称、发表日期等。图书馆员可利用科学引文索引(Science Citation Index)、工程索引(Engineering Index)、科学技术会议录索引(Index of Scientific and Technical Proceedings)、中国科学引文数据库等权威数据库进行检索。

3.3.9 学科导航

学科导航服务,是图书馆针对某些学科专业,在网上开展的文献信息搜寻与整合服务,以满足用户查询相关学科领域的各种网络学术资源的要求,节省其搜寻网站的时间。

在图书馆界,文献的整合是将分散的文献信息资源包括文献信息服务按一定的知识管理规则和服务目的组织在一起,使图书馆可利用的文献信息资源成为一个有机的整体,使图书馆提供的文献信息服务成为一个体系,从而更加便于读者利用,提高图书馆服务效率。

文献的整合是基于电子文献,特别是数据库文献的大量产生和广泛应用而提出的。馆藏文献的多样化,给文献提示带来了困难,主要表现在读者查找文献信息时的检索多次性,即往往纸质图书检索是一个界面,各个电子文献数据库又分别是各自的检索界面,读者常常是退出这个界面进入另一个界面,非常不方便。

文献整合是今后相当长一段时期内文献检索领域的一个重大核心课题,其最终目标是统一检索平台、一次性用户认证、不同系统之间的无缝链接和完整的服务体系,从而使读者一次检索,就可以将馆藏各类文献查找完毕,输出全部检索结果,读者感受到的是统一的馆藏体系。这样就可以尽量减少读者的检索次数,以提高检索效率。

3.4 文献信息报道服务

3.4.1 书刊导读

导读是图书馆根据社会发展的要求,采取各种有力措施主动地吸引和引导读者,使其产生阅读行为,并积极地干预和影响其阅读行为,以提高他们的阅读意识、阅读能力和阅读效益为目的的一种教育活动。导读的方式主要有:

1) 交谈

交谈是图书馆普遍采用的一种最直接、最方便、最灵活的传统导读方法。读者在利用图书馆时,会经常遇到一些自己难以解决的问题,图书馆各个部门应当主动地给予帮助,有意识地指导他们的阅读活动。通过和读者交谈,还能及时了解读者的反馈信息,以便及时满足他们的各种需求。

2) 讲座

根据既定的导读目的,举办一次性或系列性讲座是导读常用的一种方法,这种方法适于批量读者。讲座一般多围绕某特定的专题来进行,如"怎样读书"、"怎样记忆英语单词"、"百年巴金——巴金谈人生"、"EI Village 2 数据库讲座"、"EB-SCO 公司全文数据库讲座"、"Science Direct 数据库讲座"等。利用讲座进行导读，比交谈影响面大，传授的知识系统更完整。

3）座谈会

配合各种读书活动，召集读者参加座谈讨论会，共同探讨阅读内容，分析阅读的热点问题，交流学习心得。不仅与会者可以自由发言，相互启发，而且导读人员可根据讨论的热点及时进行启发、引导。

4）编制导读材料

配合专业教育，为大学生编制推荐导读书目，做好新书通报工作，培养大学生读书的自觉性，传授科学的治学方法。

3.4.2 馆讯报道

馆讯报道是以单页、多页或小册子形式，定期或不定期出版的内部传递性材料。其内容涉及到图书馆动态、文献信息检索、数据库的使用、图书馆读者服务工作、新书推荐、馆员与读者交流园地等，目的是为了促进高校图书馆之间、图书馆与读者之间、馆员与馆员之间的内部信息交流。

江苏大学图书馆定期出版《馆讯》，除了将其发给馆员阅读外，还赠送给读者和其他图书馆。

3.4.3 宣传橱窗

图书馆宣传橱窗的功能是通过生动丰富的文献资料和图片宣传党的路线、方针、政策，以及改革开放的成就。同时，还是展示科技知识、信息服务、图书馆服务的指引说明及艺术作品的窗口。

为了向读者广泛宣传馆藏信息资源，提高信息资源的利用率，近年来出现了宣传展示板进行专题宣传介绍。展示板的展出机动性好，可以在图书馆的任意一层楼展出，也可以到学院或系部展出，甚至到公共场所展出。展示板的内容可以根据各个时期宣传的需要变换专题内容。如江苏大学图书馆先后出过的展示板有"图书馆利用问与答"、"江苏大学图书馆——数据库资源与服务宣传展"、"江苏大学图书馆新馆"等。

3.4.4 展览布置

书刊展览是一种通过全面系统荟萃某一专题或主题的文献资料及书目工具，集中反映某一地区、某出版发行单位或图书馆、信息部门的文献资料，利用陈列展览的直观形式直接宣传推荐图书文献的服务方式。

展览的内容有新书展览、陈书展览、综合性展览、专题展览、一馆藏书展览、多馆藏书联合展览、定点展览、巡回展览等。

3.5 其他服务

3.5.1 文献复制服务

图书馆为了向读者提供文献复制服务一般会设复印室,在期刊阅览室和书库都配有静电复印机。读者到办证处交费,在借书证上充值后,就可以自己操作复印机进行文献复制。

静电复印及时、快速、成本低廉、使用方便、质量优良、保存长久,在图书馆很受读者欢迎。静电复印可解决复本少的问题,可利用一本馆藏资料在阅览室供广大读者共享,读者需要保存资料时可通过复印获得。既解决了读者抄写资料费时费力的不便,又加快了读者获取资料的速度。同时文献信息单位可利用复印技术将有价值的资料制作题录、文摘发行,并可按读者需求重新组编单篇全文文章制作合订本。

3.5.2 视听技术服务

文献资料按其记录形式的不同,分为文字记录和声像记录两大类。声像记录有声音记录、图像记录和混合记录三种,这种记录着声音和图像信号的资料称为视听资料,视听资料录制和再现的技术称为视听技术。

视听资料按照形式分有缩微品、录音带、录像带、VCD 光盘等。

图书馆设置视听阅览室,也叫多媒体阅览室,是指集录像机、VCD 机、多媒体计算机和音像资料、VCD 光盘、计算机多媒体课件等于一体的供教师备课、学生进行自主性学习的场所。

视听技术服务项目,主要有以下几种:

1)读者辅导

向新生介绍本校图书馆历史、揭示馆藏、文献信息检索的方法,以及现代设备的使用方法。向各类读者介绍国内外图书馆、信息机构和对读者进行系统的文献信息检索教育。如 CNKI 期刊全文数据库、万方数字资源系统、SCI,WOSP 等数据库的使用。

2)外语视听

图书馆备有大量的外语磁带、录像带、光盘等,它们与图书馆藏书相配套,这些磁带、光盘通过外借、刻录、收听和收看,对提高读者的外语水平大有益处。

3)视听资料检索

可单独制作一个适合本馆的音像资料 Web 查询系统。这套查询系统的字段设置更适合音像资料,增加一些如主演人、主讲人、语种、来源、一套音像资料的盘(盒)数等字段,并对这些字段设置检索点。通过 Web 查询,读者可以不受时间、地点限制,在校园网的任何一个节点都可以方便、快捷地了解到图书馆是否有自己所需的音像资料。

4）VOD 视频点播服务

VOD(Video on Demand)视频点播系统也是图书馆视听服务的一个重要方面。可以选择一些读者在平时学习中利用率较高、专业性较强的视听资料如音乐、美术、体育、外语、计算机等制作成 VOD 视频资源,读者可以通过这个系统平台,在教研室、教室、学生寝室等校园的每一个角落方便地使用图书馆的视听资源,同时也使图书馆的视听资源得到最大程度的利用。

3.5.3   光盘技术服务[5]

随着计算机技术、信息存储技术、多媒体技术的迅速发展,在书刊中附加光盘的情况越来越多。书刊附带的光盘是图书的附件,主要内容有：计算机类书刊中的程序实例、练习以及其源代码、免费应用软件、系统平台或仿真模拟环境;外语类、艺术类书刊的图片、声音、视频资料;工程类书刊附带的辅助教学软件、应用软件插件;书刊的电子版、教学盘或演示课件等。读者在阅读图书的过程中,可以通过对光盘的使用,加深对书中内容的理解与掌握。

光盘技术服务分为外借服务、内阅服务和网络服务三种：

1）外借服务

（1）光盘随书借阅服务

随书光盘同书刊一起经分类编目加工后,随书刊存入书库或阅览室。读者外借书刊时,光盘随书走。

（2）书与光盘分开借阅服务

为了避免光盘的丢失、损坏,光盘存在电子阅览室。图书与光盘统一编目,使书与光盘有相同的索书号。读者凭着索书号可去电子阅览室外借。

2）内阅服务

（1）光盘集中存放在电子阅览室,供借有对应配套图书的读者上机使用,一般不单独外借;

（2）有光盘的书刊集中存放在附盘书刊阅览室,同时提供专门的计算机供读者查询、浏览使用。读者在借阅图书的同时,进行上机光盘操作,达到书盘共读、书盘共用的效果,这样对无计算机条件的读者来说,附盘书刊阅览室为他们提供了条件。

3）网上服务

把光盘内容压缩后放到图书馆的服务器上,书和附盘具有相同的索书号,读者通过校园网的计算机从基于 Web 的馆藏光盘管理系统可以直接获取随书光盘信息、阅读光盘,或点击相应的链接即可下载所需的光盘压缩文件。

网上服务使得同一张光盘可被校园网上不同的读者在任何时间和任何地点同时使用,实现了随书光盘资源的共享,大大提高了利用率。

3.5.4 缩微技术服务

缩微文献与印刷型文献相比,信息存储量大,便于收藏保存。500 万册图书如改用缩微胶片,只需一个书柜便能放下,这对缓解图书馆书库存储空间紧张有很大作用。

缩微品有透明和不透明两大类。透明的缩微品用透明的感光胶片制成,可以用透射式阅读器进行阅读,也可以作为经母片进行复制。透明缩微品有缩微胶卷、缩微胶片、缩微插套、穿孔卡片。不透明缩微品是用不透明的感光纸印制,用反射阅读器阅读。

近年来出现了计算机输出缩微系统(COM),它成为低成本和高速计算机资料输出系统。另外还出现了计算机辅助检索系统(CAR),它只需几秒钟便可以在数万份文件中翻查出所需的一份。这两种系统的出现为读者利用和保存文献提供了一种优于常规系统的有效途径。

思 考 题

1. 什么是文献?
2. 高校图书馆的主要职责是什么? 高校图书馆向读者提供导向性服务包括哪些内容?
3. 什么是图书馆的通借通还服务?
4. 参考咨询服务台有什么作用?
5. 什么是文献传递服务?
6. 网上咨询服务的方式有哪几种?
7. 什么是科技查新? 科技查新有哪几种? 试述科技查新的意义。
8. 信息咨询有哪几类?
9. 申请代查代检服务时,用户应提供哪些信息给工作人员?
10. 通借通还与馆际互借的区别是什么?

参 考 文 献

[1] 郭依群. 应用图书馆教程. 第 2 版. 北京:清华大学出版社,2003.

[2] 查丽华. 数字文献若干问题的再思考. 大学图书情报学刊,2005(4):21 - 23.

［3］闫勃.图书馆网络电话实时参考咨询服务.现代服务,2006(17)：154.

［4］史君慧,苏建星,李娜.从剪报服务到特色化专题信息服务——高校图书馆信息服务模式的新思考.图书馆工作与研究,2006(4):96-98.

［5］陈玉凤.高校图书馆随书光盘的管理与服务.农业图书情报学刊,2005(4)：66-68.

案例2 江苏大学图书馆服务介绍

1. 校本部图书馆

1) 简况

校本部图书馆位于被誉为"东郊花园"的江苏大学校园内,馆舍面积12000平方米。

经过多年的文献资源建设,校本部图书馆已建立起理工科为主体,兼融文、经、法、管等多学科的综合文献资源体系,文献资源丰富、涵盖面广。该馆拥有各类藏书140多万册,中外文期刊3000多种和各类中外文数据库、自建数据库以及丰富的网络文献信息资源,并已初步形成机械工程、汽车、动力、材料、电气等学科的馆藏文献特色。

2) 主要服务项目与窗口

(1) 办证充值

办证处位于图书馆2楼南侧入口处。校内外读者在此申请办理借书证(含江苏省高校通用借书证)、挂失、报到、离校、赔书、逾期罚款、上机充值等手续。

(2) 公共查询

本馆联机公共检索目录查询系统(OPAC)是以Web方式在互联网发布的人机交互式网上信息查询系统。系统由"书目检索"、"我的图书馆"、"新书通报"、"订购征询"、"信息发布"等五个功能模块构成。读者可以通过任何一台联网的计算机,方便地办理预约、续借手续,荐购书刊,浏览新书通报,查询馆藏中西文图书和期刊目录信息,查询个人借阅情况等。

(3) 书刊借阅

① 自然科学借书处位于图书馆2楼。该借书处分为3个区域:南北两个区域为自然科学类图书,东面为原版外文图书。

② 社会科学借书处位于图书馆3楼。该借书处分为4个区域:西区为中文马列、哲学、社会科学总论类图书,北区收藏政治、法律、军事、文化、科学、教育、体育、历史、地理等类图书,南区收藏中文经济类图书,东区收藏语言、文字类图书。

③ 文艺书、报刊借阅处位于图书馆1楼南侧。藏有中文文学艺术类图书10余万册,各类报纸188种,文学、艺术、卫生保健类期刊300多种。

④ 新书阅览处位于图书馆 4 楼。该阅览室分为 4 个区域:西区为中文社科类图书,东南区为自科类图书,东北区为外文原版图书;为提高图书馆电子图书的利用率,在中部区域设有 40 台计算机,读者可免费上机阅读电子图书。

⑤ 现刊阅览处位于图书馆 5 楼南侧,设有 150 多个阅览座位,有当年中文期刊 2 000 多种,当年原版外文期刊 300 多种,各大学学报 100 多种,内容涵盖了学校的所有学科。

⑥ 过刊阅览处位于图书馆 1 楼北侧。有中外文合订本期刊 3 000 多种,30 000 多册。涉及的学科范围遍及人文、经济、管理、生物、医学工程、电力通讯、计算机、机械、化工、材料、汽车、农机、环境等社会科学和自然科学。

⑦ 特藏、工具书阅览处位于图书馆 5 楼东北角。有本校硕博论文、教师专著、国内各高校研究生招生信息和专利、标准、产品目录等多种类型的检索工具书,帮助读者迅速查找所需信息。

⑧ 艺术学院资料室位于老图书馆 3 楼,提供艺术类书刊。

⑨ 工商学院资料室位于 1 号教学楼 13 楼,提供工商类书刊。

⑩ 人文学院资料室位于 1 号教学楼 17 楼,提供人文类书刊。

⑪ 外语学院资料室位于 1 号教学楼 15 楼,提供外语类书刊。

⑫ 通借通还为了最大限度地方便读者,提高图书馆图书资源的利用率,本馆在校本部、梦溪、北固、中山四馆范围内开展通借通还服务。

读者可凭本人借书证到图书馆读者服务部办公室(3 楼)办理"委托借还"申请。每周一至周五上、下午上班时间在各流通阅览服务窗口办理"委托借还"手续,学生最多申请借还图书 1 册,教师 2 册。通借通还的图书保留时限为 7 天。

所委托借阅的图书到馆后,将以电话、E-mail 等方式通知委托人,读者须在 7 天以内(不含周六、周日)到馆办理借书手续,逾期不办理则将书退回,并对该读者计 1 次违约,如果读者累计违约达 2 次,将停止为其提供通借通还服务 1 年。读者应及时上网查询委托图书到馆信息,以免误期。

⑬ 江苏省高校通用借书证办理处

本校教师和研究生如需办理江苏省高校通用借书证,可到办证处(图书馆 2 楼南总服务台)登记,并交纳工本费 15 元、押金 50 元和一寸照片一张。办理时间为每年 5 月、10 月两次。

本馆书库和阅览室均实行开架借阅。读者进入书库和阅览室选书,可根据书架所标类号和类名确定选书范围,阅毕不借的图书应放回原处,或放在还书车上,由工作人员上架。

读者借书应将所借图书与本人借书证一起交工作人员办理手续,手续完毕后方可将书、证带走。

办理借阅手续时,应及时检查所借图书有无破损、涂画、缺页等情况,并及时向工作人员说明,必要时加盖"原已污损"章(工作人员可将污损严重的图书收回,读者可另换其他图书)。还书时,工作人员也要进行同样的检查,发现人为损坏将按有关规定处理。

2006年以后的随书光盘,可以在借阅处随书借出。读者在借阅有光盘的图书时,应及时检查随书光盘是否完好无损。如有问题应及时提醒工作人员加盖检查章,以免还书时发生纠纷。

(4)信息咨询

① 总咨询台

位于图书馆2楼南侧入口处。提供的服务有:解答读者提出的各类问题,指导其利用本馆文献信息资源;听取读者对图书馆各项工作的批评、建议;通过图书馆主页的"读者论坛"与读者互动,沟通读者与图书馆的联系;发放图书馆宣传资料等。

② 原文传递

位于图书馆2楼办证处南侧。对于本馆无法获得的文献,读者在该处办理有关申请,即可获取国家图书馆、上海图书馆、清华大学图书馆、上海交通大学图书馆、东南大学图书馆等协作单位提供的原始文献复制和传递服务,获取国内外期刊论文、会议论文、学位论文、标准文献、专利文献等各类型文献的全文。

③ 定题、专题服务

位于图书馆2楼办证处南侧。根据用户、读者教学和科研以及其他工作的需要,有针对性、定期或不定期地为其提供专题信息服务和特定课题的跟踪信息服务。

④ 用户培训

位于图书馆2楼办证处南侧。面对不同层次的读者开设多种形式的培训讲座。

⑤ 科技查新

位于图书馆6楼西南侧。为了避免科研课题重复立项和科研经费的浪费,客观、正确、公正地判别科研成果的新颖性、先进性,该处办理课题立项、成果鉴定查新业务,并出具查新报告。

⑥ 代查代检

位于图书馆6楼西南侧。接受用户委托,检索文献被 SCI,EI,ISTP,CSCI,MEDLINE,IM,人大复印资料等收录及被引用情况,并出具检索证明。

(5)数字文献阅览

① 数字文献阅览

位于图书馆5楼西侧和北侧,面积共800余平方米,设有阅览座位252个。为读者提供网络信息资源和2005年以前光盘的借阅和磁带录制服务。

② 免费电子图书阅览

位于图书馆4楼新书阅览室,设有40台计算机,为读者提供免费阅读电子图书服务。

2. 医学图书馆

1）简况

医学图书馆位于镇江市北固公园南侧，馆舍面积 7 000 多平方米，是面向医学教学、科研和临床服务的多功能医学专业图书馆，为医学院、医学技术学院、药学院及四个附属医院和七十余所教学实习医院提供综合信息服务。现有藏书 30 余万册，中外文期刊 1 000 余种，大型中外文医学数据库 3 个。

2）主要服务项目与窗口

（1）公共查询

① 公共信息查询台

1 楼报刊阅览室、2 楼综合借阅处、3 楼自然科学阅览室均设有公共信息查询计算机终端，为读者提供书刊目录信息查询、读者借阅信息查询、教师参考资料推荐与查询、网上书刊订购征询、网上信息发布、续借、预约借书、新书通报等多项服务。

② 数字文献检索台

位于 3 楼自然科学阅览室。教师、研究生、高年级本科生可在此检索本校图书馆通过网络提供的各种数据库等数字文献信息资源。

（2）综合借阅

① 综合借阅

位于图书馆 2 楼。现有阅览座位 50 余个，拥有藏书 12 万余册，形成了以医学科学文献为主体，兼有人文社会科学、管理科学等 22 个大类文献的综合性馆藏体系，向读者提供中外文图书的借阅、咨询服务。

② 通借通还

设在图书馆 2 楼的综合借阅处。读者可凭本人借书证前往办理"委托借还"申请。每周一至周五上、下午上班时间办理"委托借还"手续。

③ 江苏省高校通用借书证办理处

本校教师和研究生如需办理江苏省高校通用借书证，可到设在图书馆 2 楼的综合借阅处登记，并交纳工本费 15 元、押金 50 元和一寸照片一张。办理时间为每年 5 月、10 月。

（3）书刊阅览

① 自然科学阅览

位于图书馆 3 楼，有阅览座位 350 个，藏有医学、放射、检验、药学、生物、环境等中外文期刊近 700 种，校际、馆际交流文献百余种，中外文工具书、自然科学图书（医学为主）近 3 万册，1997 年至今的中外文期刊千余种。

② 报刊阅览

位于图书馆 1 楼，有阅览座位 164 个，有人文社会科学类期刊、人大复印资料和报纸近300种。

③ 过刊借阅

位于图书馆1楼,有近50年来医学、社科类中外文期刊合订本1 500余种,提供过刊借阅、参考咨询、资料复印等服务。

3. 梦溪图书馆

1) 简况

梦溪图书馆位于镇江市梦溪园西侧的梦溪校区内。经过多年的文献信息资源建设,已形成了一套以文史类、教育类文献为主要特色的馆藏体系。现有馆藏图书45万册,包括《四库全书》、《古今图书集成》、《四部丛刊》、《二十四史》、《大藏经》等大量珍贵典籍。主要服务对象为江苏大学京江学院读者。

2) 主要服务项目与窗口

(1) 公共查询

① 公共信息查询台

设在2楼综合借书处,为读者提供书刊目录信息查询、读者借阅信息查询、教师参考资料推荐与查询、网上书刊订购征询、网上信息发布、续借、预约借书、新书通报等多项服务。

② 数字文献检索台

设在2楼综合借书处,教师、学生均可在此检索本校图书馆通过网络提供的各种数据库等数字文献信息资源。

(2) 综合借阅

① 综合借书

位于图书馆2楼,向读者提供中外文图书的借还服务。

② 通借通还

设在图书馆2楼的综合借阅处。读者可凭本人借书证前往办理"委托借还"申请。每周一至周五上、下午上班时间办理"委托借还"手续。

③ 江苏省高校通用借书证办理处

本校教师和研究生如需办理江苏省高校通用借书证,可到设在图书馆2楼的综合借阅处登记,并交纳工本费15元、押金50元和一寸照片一张。办理时间为每年5月、10月。

(3) 综合阅览

① 综合阅览

位于图书馆3楼,提供中文期刊、图书阅览服务。

② 古籍阅览

位于图书馆3楼综合阅览室西侧,提供古籍阅览服务。

4. 中山图书馆

1）简况

中山图书馆位于镇江火车站东侧的中山校区综合楼内,馆舍面积约 2 000 平方米。主要服务对象为应用科学技术学院、冶金学院和高等职业技术学院的教职工及对口单招的应用类本科生。馆内藏有各种图书约 13 万册,中外期刊 300 余种。

2）主要服务项目与窗口

（1）公共查询

公共信息查询台设在 1～2 楼综合借书处,为读者提供书刊目录信息查询、读者借阅信息查询、教师参考资料推荐与查询、网上书刊订购征询、网上信息发布、续借、预约借书、新书通报等多项服务。

（2）综合借书

① 综合借书

位于图书馆 1～2 楼,提供 22 个大类图书的借还服务。

② 通借通还

设在图书馆 1～2 楼的综合借书处。读者可凭本人借书证前往办理"委托借还"申请。每周一至周五上、下午上班时间办理"委托借还"手续。

③ 江苏省高校通用借书证办理处

本校教师和研究生如需办理江苏省高校通用借书证,可到设在图书馆 1～2 楼的综合借书处登记,并交纳工本费 15 元、押金 50 元和一寸照片一张。办理时间为每年 5 月、10 月。

（3）综合阅览

位于图书馆 4 楼。室内藏有各专业图书和相关工具书,同时提供各类文艺和专业杂志 300 多种及报纸 60 种。

（4）数字文献阅览

位于图书馆 3 楼。提供电子书刊、各种中外文数据库、网络信息资源等数字文献信息服务。

4　图书馆信息知识基础

　　信息能力是大学生信息素质的重要组成部分,而信息能力的形成与提高,必须建立在具有一定的信息知识基础之上。有关信息分类的方法和规则是信息知识的重要组成部分。因此,了解和掌握有关信息分类的知识和方法,对提高大学生的信息素质十分必要。本章从概述信息资源的种类及其特点入手,简述信息分类的目的,重点介绍我国绝大多数图书馆在分类工作中使用的《中国图书馆分类法》(简称《中图法》),并结合实例介绍索书号和藏书排架的知识。

　　了解和掌握信息分类的基本知识,如分类法(分类表)的类目体系结构、分类号的含义、排架方法等,有助于大学生从整体上系统把握高校图书馆的藏书体系,从中选择适合自己的文献;同时对大学生从分类的途径查找相关专业图书、期刊、论文和其他资料也有很大的帮助。

4.1　高校图书馆的信息资源

4.1.1　信息资源的类型

　　信息资源十分丰富,可按照不同的标准划分为多种类型。信息资源分类标准包括信息表现形式、编辑出版特点、信息加工程度、文献载体类型、信息公开程度等。其中,最常用的划分标准是编辑出版特点、文献载体类型、信息加工程度。

　　1)按编辑出版特点划分

　　(1)图书

　　图书是迄今为止历史最为悠久的一类文献,传统的图书包括印本图书、手抄本等类型。随着计算机技术的应用,电子图书目前也为人们所熟悉和使用。随着人们对纳米电子技术研究的深入,纳米电子图书也有望在将来出现。

　　图书在内容方面的特点是系统、全面、完整、成熟,一般是编著者长期研究的结果,有的甚至是作者大半生心血的凝聚。若要全面、系统地了解某一学科的基础知识、发展脉络、历史沿革、各派观点等,图书具有不可替代的优越性。图书的缺点是撰写和出版周期较长,因此其知识内容与实际科学发展之间存在一定时滞,无法反映最新进展,时效性不太强。此外,印刷型图书体积较大,不便于携带。目前,国际上通常认为图书的篇幅除封面以外不应少于 49 页,49 页以下的文献一般称为小册子。

图书又可分为专著、论文集、参考工具书、检索工具书等多种类型。其中,专著最为常见。

凡正式出版的图书都有国际标准书号(International Standard Book Number,简称 ISBN)。因此,ISBN 是识别图书的重要标志。读者通过馆藏书目查询系统查找所需图书时,可使用 ISBN 作为查询途径。

(2) 期刊

期刊可以定义为定期或不定期连续出版、有统一刊名、使用连续的卷期号或年月顺序号作为标识、汇集若干作者的多篇文章或资料、由编辑机构及专门的编辑人员编辑出版的出版物[1]。

按照期刊出版频率,期刊可分为周刊、半月刊、月刊、双月刊、季刊、半年刊、年刊等类型。

按照期刊所刊载的内容,期刊可分为时事政治类期刊、学术期刊、综述与述评性期刊、检索型期刊、文艺期刊、科普型期刊等类型。时事政治类期刊与国家政治形势、大政方针政策保持紧密一致,能及时反映国家时事政治,如《半月谈》。学术期刊反映了本学科领域新发现、新思想、新观念、新技术等,学术性很强,如《机械科学与技术》、《流体机械》、《江苏大学学报(自然科学版)》、《高校教育管理》等。综述与述评性期刊刊载的是综述或述评性文章,例如物理学方面的《Review of Modern Physics》,该期刊发表的均为物理学各领域杰出专家或权威所写的综述文章。检索型期刊是将文献情报源按照一定的规则(如字顺、时间、主题等)排列起来,方便读者查阅、检索的一类期刊,是重要的检索工具,如《全国报刊索引》、《复印报刊资料目录索引》等。文艺期刊刊载小说、散文、诗歌等文学作品,如《小说月报》、《十月》、《散文诗》等。科普型期刊以传播和普及科学知识为目的,如《科学大观园》、《百科知识》、《自然与人》等。

凡正式出版的期刊都有国际标准连续出版物号(International Standard Serial Number,简称 ISSN),又称国际标准刊号。ISSN 是识别期刊、报纸、年鉴、年刊等连续出版物的重要标志。读者通过馆藏书目查询系统查找所需期刊时,可使用 ISSN 作为查询途径。

(3) 报纸

报纸的出版发行与期刊类似,也有统一题名、由编辑机构定期或不定期连续出版,但报纸比期刊出版周期更短,时效性更强。报纸上刊载的文章内容也与期刊有所不同,报纸一般以报道最新消息、新闻事件为主,篇幅或短或长,有时也发表专论性文章或人物专访等类型的文章。内容十分广泛,不像期刊(尤其是学术期刊)那样专注于某一个学科。

按出版频率分,报纸有日报、双日报、三日报、周报、旬报等类型;按照出版范围分,有全国性报纸和地方报纸等类型。

报纸与期刊一样,同属于连续出版物,并且是连续出版物的两大类型之一,因此凡正式出版的报纸也必然有 ISSN。

(4)特种文献

高校图书馆除收藏图书、期刊、报纸以外,还收藏有特种文献。所谓特种文献,是指相对于图书、期刊而言出版形式比较特殊的一类文献。特种文献包括科技报告、会议文献、学位论文、标准文献、专利文献、产品技术资料及其他零散资料(乐谱、图谱、档案资料)等类型。

① 科技报告

科技报告是报道研究工作或调查工作的进展情况、部分或全部研究成果的一种文献类型。其特点主要有以下几点:一是传播研究成果的速度较快;二是保密性较强,大多数科技报告都与政府的研究活动、国防及尖端科学技术领域有关;三是可靠性较强,科技报告一般是政府部门或科研部门重大科研项目的研究成果,其报道的内容必须经过有关主管部门(或资助部门)鉴定,因此其内容较为成熟可靠。正因为如此,科技报告价值比较高。科技报告的出版形式可以是正式报告,也可以是札记、备忘录等形式,其内容可能十分完备,也可能只记录原始数据、实验进展情况。科技报告有的公开发表,有的由于种种原因只供科研团队内部少数人使用。

世界上著名的科技报告是美国的四大报告:美国政府的 PB(Office of Publication Board)报告、军事系统的 AD(ASTIA Documents)报告、国家宇航局的 NASA(National Aeronautics and Space Administration)报告和能源部的 DOE(Department of Energy)报告。

② 会议文献

会议文献是指在学术会议上宣读的义献及在会前、会后发放的文献资料。有相当多的文献是首次公开交流,因此会议文献具有信息量大、学术价值高、新颖性强等特点。

③ 学位论文

学位论文是高等院校或研究机构的学生为取得各级学位,在导师的指导下完成的科学研究、科学试验成果的书面报告,英国习惯称之为"Thesis",美国称之为"Dissertation"。一般来讲,学位论文包括学士论文、硕士论文和博士论文(有的国家没有学士学位,因此没有学士论文,例如日本)。学位论文,尤其是较高层次的学位论文,应能表明申请学位者对某学科理论知识的掌握程度、概括能力和独立从事科学研究的能力,申请学位者在占有大量资料的基础上提出自己的研究成果、试验创造和论文见解,具有独创性。

一般来说,高校图书馆都收藏有本校的硕博学位论文,有的图书馆收藏印刷型学位论文,有的图书馆印刷型和电子型学位论文均收藏。江苏大学图书馆建有本校的硕博学位论文数据库,在校园网内可下载电子版全文,同时也收藏相应印刷版本。

④ 标准文献

按照适用范围,标准分为国际标准、区域标准、国家标准、行业标准等。按照标准化对象可分为技术标准、管理标准、工作标准。按标准的成熟度,可分为强制标准和推荐标准。标准的命名方式一般有标准(Standard)、规格规范(Specification)、规则(Rules,Instruction)等。

标准文献指一切与标准化有关的文献,包括国际、国内标准化组织颁布的单行本标准、标准汇编、标准目录、标准分类法等。

⑤ 专利文献

"专利"一词有三方面的基本含义:一是从法律角度,专利可以指专利权;二是从技术角度,专利可以指专利技术;三是从文献实体的角度,专利可以指专利文献。

专利文献有广义和狭义之分。广义的专利文献指与专利相关的一切资料,包括专利申请书、专利说明书、专利公报、专利证书、专利文件、专利检索工具(索引、文摘、题录)、专利分类表等。狭义的专利文献仅指专利说明书或发明说明书。

目前国际上通用的专利分类法有针对发明专利的《国际专利分类法》(International Patent Classification,简称 IPC)和针对实用新型专利的《国际外观设计分类法》。

⑥ 产品技术资料

为了宣传和推销自己生产或经销的产品,不少生产商、经销商都为客户精心准备了一些产品技术资料,包括产品样本、产品目录和产品说明书等。这些资料成为客户了解产品的重要渠道,也成为厂商与客户进行沟通的重要媒介。

产品样本是指实物缩小模型、实物外观图、内部结构图等。产品说明书主要对产品的各项性能指标、规格、结构原理、用途、使用方法等予以详细介绍和说明。产品样本和产品说明书,对同类企业的技术人员、设计人员及相关的科研人员具有重要参考价值。

⑦ 其他零散资料

高校图书馆除了系统收藏有图书、期刊、报纸、特种文献以外,还收藏有一些零散资料,如小册子(49 页以下)、地图、乐谱、档案资料等。国外的高校图书馆很重视对地图和乐谱的收藏。

从文献分布的地点来看,绝大多数图书馆是按照文献的编辑出版特点来安排的,同时兼顾馆舍空间的大小,即按照图书、期刊、报纸、特种文献等文献类型分别安排馆藏地点。高校图书馆的文献分布情况可通过图书馆网站加以了解。

2）按文献载体类型划分

除了按编辑出版类型划分以外，另一种常见的文献信息资源分类方法是按文献载体类型来划分。

（1）印刷型

印刷型文献，又称纸质文献，是历史最悠久的一种传统文献信息资源类型，目前仍然在文献信息资源中占相当大的比例。它是以纸质材料为载体，以印刷（或手写、手抄）为记录手段而产生的一种文献形式。印刷型文献的优点主要有两点：一是便于阅读，不需要任何读取装置，不受阅读条件的限制；二是成本较低，便于大量印刷。缺点主要有四点：一是体积大、质量大，信息存储密度低；二是由于受纸张自身限制和自然条件的影响，存储寿命较低；三是收藏占用空间大，容易增加图书馆的空间成本；四是信息传递效率低，不利于区域间、机构间文献信息资源共享。

长期以来，印刷型文献一直是图书馆文献资源建设的主体（有时甚至是全部），只是在最近二三十年，计算机技术飞速发展，尤其是信息存储、信息处理技术的发展促使电子资源成为图书馆资源建设的一部分，并且与印刷型资源相比，电子资源所占比例在不断提高。

（2）缩微型

缩微型文献是以缩微照相技术为记录手段，以感光材料（如缩微平片、缩微胶片、缩微胶卷）为存贮介质来记录文献信息的一种载体形式。相对于印刷型文献而言，缩微型文献信息存储密度高，保存时间长。缺点是不能直接阅读，需借助专用的显微阅读设备，并且不能记录声音信息，只能记录文字、图像信息。

（3）声像型

声像型文献是以磁性材料和感光材料并存作为存储载体，借助于机械装置，直接记录声音、图像信息的一种载体形式，包括录音带、录像带、幻灯片、电影片、激光唱片等。它的优点是存储密度高，能听其声、观其形，给人一种身临其境的感受，内容直观真切，表现力强，易理解接受，传播效果好。声像型文献在帮助人们认识某些复杂或罕见的自然现象，探索物质结构和运动机制等方面具有独特的作用。其缺点主要是不能直接阅读，需借助专用的读取设备，如录音机、录像机、DVD 等。

（4）电子型

电子型资源，又称数字资源，将信息以数字形式存储在光、磁等非纸质介质上，并通过计算机或类似的设备来阅读使用的载体形式。与缩微型、声像型文献相同，电子资源往往都需要借助一定的硬件设备才能使用，如计算机及网络、专门的阅读机，有的甚至还需要相应的计算机软件（如 PDF 格式的文件需使用相应的阅读器）才能阅读。

从图书馆所收藏的信息资源类型上看，印刷型文献历史最悠久，随后又先后出现了缩微资料（缩微胶片、缩微胶卷）、磁带、磁盘、光盘这些非纸质材料的资源。

发展到近10年,电子资源、网络资源也已成为人们越来越习惯使用的一类资源。尤其是网络资源,其突出的优点是存取方便,不受时空限制,传播速度快,资源共享效率高。在实际工作中,图书馆收藏的电子型信息资源主要包括光盘、电子期刊、电子图书、网络数据库等。其中,光盘可分为随书光盘和单独出版的光盘。随着信息技术的更新换代,缩微资料(缩微胶片、缩微胶卷)、磁带、磁盘在高校图书馆中已经比较少见了,多数只是作为档案来保存,其利用率比电子资源、网络资源低很多。

除各种中外文网络数据库、电子图书、电子期刊等类型外,网络上丰富的电子资源为图书情报部门提供了更为广阔的信息源,图书馆和有关图书情报管理部门也已经对网络资源进行了采集、选择和整理,在网络上建立了学科导航库、网络导航等资源指引。比如,江苏大学图书馆网站上提供了网络导航和学科导航,具体路径为"图书馆主页/网络导航"(右上方),也可在浏览器中直接输入网址:http://lib.ujs.edu.cn/daohang/daohang.asp。该导航系统提供了联合目录、专利、标准、推荐学术站点、大学站点、搜索工具、学科导航等多种类型的导航,为读者提供了网络免费资源指南。

事实上,同一种文献可能既有印刷版,又同时有电子版(如期刊、图书),读者可以根据使用习惯选择适合自己的文献载体形式。比如,许多学术期刊既有电子版又有印刷版,可能有人习惯使用电子版文献,认为摘录引用起来很方便,也有人则认为电子版文献受外在条件的限制,阅读起来不方便,偏向于使用传统的纸质文献资源。

3)按信息加工程度划分

(1)一次文献

一次文献也称原始文献,是指第一次书写或第一次报道的文献,是以作者自己的研究成果、工作经验或实践体会为原始依据而形成的文献,信息内容具体、丰富。一次文献主要包括专著、期刊论文、学位论文、科技报告、会议论文、专利说明书、技术标准等。此外,实验记录、日记、备忘录、内部报告、技术档案、信件等未公开发表的文献也属于一次文献的范畴。一次文献具有新颖性、原创性的特点。

(2)二次文献

二次文献是对分散无序的一次文献按一定的方法进行加工、整理、浓缩、提炼,从而将其组织成为有序的、便于查找的信息,也称之为检索工具,专供检索一次文献使用。主要包括目录、文摘、索引、题录等类型。二次文献比较简约、系统,其形成过程是信息从分散、无序到集中、有序化的控制过程。因此,二次文献具有浓缩性、汇集性、有序性的特点。

(3)三次文献

三次文献是在一次文献和二次文献的基础上,对一次文献、二次文献中的内容进行选择、综合、分析、浓缩而编写成的文献。主要包括综述、评述、字典、词典、辞典、百科全书、年鉴、手册、名录等文献类型。

除了以上三种常见的文献信息分类标准以外,还有其他分类标准和方法,例如按信息的表现形式,文献信息可分为文字信息、图像信息、声音信息、数值数据信息;按文献公开程度(易获取程度)可分为白色文献、灰色文献、黑色文献。白色文献是指面向社会公开正式出版、公开流通的出版物,包括图书、期刊、报纸等。灰色文献是指非公开发行的内部文献或限制流通的文献,例如内部刊物、内部技术报告、政府文献、会议文献等,这类文献一般出版量小且较难获取。黑色文献包括两个方面:一是人们未破译或未辨识其中信息的文献,如考古发现的古老文字及未经分析厘定的文献;二是处于保密状态或不愿公布其内容的文献,如未解密的政府文件、内部档案、个人日记、私人信件等。这类文献除作者及特定人员外,一般社会成员极难获得和利用。

4.1.2 信息资源的建设

信息资源是图书馆一切信息服务工作的基础。文献信息资源建设是指根据本单位(图书馆及其上级机构)的实际情况,按照一定的指导方针有计划地采集文献信息资源,并对其加以科学分类、加工、组织、典藏、整合的全过程。文献资源建设是图书馆的核心业务之一。文献资源建设的目的是要建立一个科学合理的文献资源体系。

1)信息资源建设的内容

信息资源建设的内容十分丰富,主要包括以下几个方面:信息资源建设政策的制订、读者需求调研与分析、图书订购(选择与采集)、馆藏资源评价、藏书剔旧、馆藏资源优化、馆际合作(赠阅与交换、馆际文献互借与文献传递等)、信息资源共享。

2)信息资源建设的原则

图书馆信息资源建设一般需要遵循以下原则:实用性原则、系统性原则、特色化原则、协调性原则、经济性原则、前瞻性原则等。

信息资源建设是一个比较复杂的过程,需综合馆藏结构、用户需求、经费情况、资源共享等情况加以综合考虑。在采集时,需从宏观上保障各类型资源能最大限度地满足读者需求,在补充馆藏资源的同时,建立起科学合理、有特色的馆藏资源结构体系。比如,图书采集人员一般要考虑书、刊、报等多类型资源的分配,电子资源、纸质资源的比例分配,各类图书(按《中图法》的分类)的种类、数量的平衡,如何满足不同类型的读者需求等问题。

任何一个图书馆都不可能将所有的信息资源纳入到自身的馆藏中,因此许多图书馆都采取馆际合作与互借、信息资源共享等形式来最大限度地满足读者的信息资源需求。馆际合作与信息资源共享是近几年来图书情报界的热门话题,在中国国内及国际上也有很多实践项目,例如由教育部牵头的中国高等教育文献保障系统(China Academic Library & Information System,简称 CALIS)即是经国务院批准的我国高等教育"211 工程""九五""十五"总体规划中三个公共服务体系之一。有的省也相应建立了本省的文献保障系统,如江苏省高等教育文献保障系统(JA-LIS)等。

一些高校图书馆与其他图书馆建立了稳定的馆际互借渠道。如江苏大学图书馆与国家图书馆、清华大学图书馆、东南大学图书馆等多家图书馆之间就建立了这种渠道。

4.2 信息分类的目的

信息资源建设是一个从信息的采集到分类、加工、组织、典藏、整合的全过程,其目的是要建立一个科学合理的信息资源体系。在这一过程中,信息分类起着重要作用,是文献信息加工、组织、典藏、整合等步骤的基础和前提,同时也是图书馆及其他信息服务机构开展信息服务的基础和前提。很难想像,若没有科学的信息分类,信息服务将如何开展。

信息资源分类加工的目的可以从两个角度来分析:一是图书馆工作的角度;二是图书馆用户(读者)的角度。简而言之,图书馆对文献信息资源进行分类加工的目的有两个:一是实现信息资源的科学管理;二是方便读者利用信息资源。

4.2.1 实现科学管理

信息资源的科学管理主要体现在以下方面:

1) 文献分类按照文献内容将同类文献放在一起,以区别不同类型的文献,使藏书分类与科学分类联系起来,体现藏书分类的科学性。

2) 只有先对文献进行科学分类,才能在分类的基础上按类进行排架,体现排架的科学性。

3) 分类排架有利于图书情报人员和工作人员在熟悉和研究馆藏文献的基础上向读者宣传和推荐图书资料。

4) 文献分类为图书馆统计馆藏文献的借阅情况提供了重要依据。文献的借阅情况可以反映读者阅读需求和偏好,比如某一类图书的借阅量大则反映读者对其需求比较大,某一本书的借阅次数、续借情况可以反映其受欢迎程度。文献借阅情况对图书馆今后的藏书建设有重要参考价值。

5) 文献分类为馆藏清点提供了方便。如果没有对馆藏文献进行分类,清点馆藏时将毫无头绪,十分困难。

4.2.2　方便读者利用

在传统的手工编目时代,目录卡片是读者检索馆藏文献的主要工具。分类目录是一类重要的目录,它集中了某一类包括的全部文献,便于读者从分类的途径来检索馆藏文献。

在当今的计算机编目时代,图书的编目是通过计算机和专门的图书馆管理软件来完成的。一本图书在完成编目之后,读者可以非常方便地通过书名、作者、ISBN、出版社、分类号、索书号等途径来检索到这本图书。而书名、作者、ISBN、出版社均属于一本图书的外在特征,读者只有在确切知道书名、作者、ISBN 或出版社中的任一信息之后才能作出检索。而分类号、索书号则属于图书的内容特征,当读者需求不是十分明确时,则可以采用分类途径来查找图书。比如,某一读者想知道江苏大学图书馆收藏有哪些有关计算机网络方面的图书,则可以在查询界面的检索框中输入"TP393"这一分类号,然后选中查询类型为"分类号"即可。

当读者走进图书馆,在书库里寻找图书和其他文献资料时,由于文献按类集中陈放,读者可以非常方便地阅读和查找同类或者相近类别的文献。

4.3　信息分类的方法

目前,世界上有各种文献信息分类方法。我国编制的综合性文献分类法主要有《中国图书馆分类法》(简称《中图法》)、《中国人民大学图书馆图书分类法》(简称《人大法》)、《中国科学院图书馆图书分类法》(简称《科图法》)、《中国图书资料分类法》(简称《资料法》)和《中国档案分类法》(简称《中档法》)这五部。其中以《中图法》应用最为广泛。国际上影响较大的几部分类法是《杜威十进分类法》(DDC)、《国际十进分类法》(UDC)、《冒号分类法》(CC)、《布利斯书目分类法》(第 2 版)(BC2)、《美国国会图书馆分类法》(LCC)。

限于本书的篇幅,而且考虑到刚刚开始利用图书馆的新读者的实际情况和实际需要,这里只介绍《中国图书馆分类法》,其他中外权威分类法,留待于信息素质教育的下一阶段在相对应的教材中加以介绍。

4.3.1　《中国图书馆分类法》简介[2]

《中国图书馆分类法》简称《中图法》,是为了统一全国的文献分类,适应我国各类型图书情报机构对文献进行整序和分类检索的需要而编制和发展的。1975年出版了《中图法》第 1 版,当时名称为《中国图书馆图书分类法》。随着《中图法》

第 1 版的推广应用,在应用过程中用户的意见、学科的发展促使了有关专家对《中图法》进行修订,1980 年出版第 2 版,1990 年出版第 3 版,1999 年出版第 4 版。由于《中图法》使用的范围不断扩大,第 4 版将《中国图书馆图书分类法》更名为《中国图书馆分类法》,英文名为"Chinese Library Classification",简称 CLC。现阶段,我国大多数图书馆使用的均为《中图法》最新版本。江苏大学图书馆的编目工作人员即采用《中图法》作为图书分类的依据。

国内主要大型书目、检索刊物、数据库(如维普、CNKI 等)都著录有中图分类号,作为检索途径之一。

1)《中图法》的体系结构

《中图法》的体系结构由 5 大部类、22 个基本大类组成。这 5 大部类是:(1)马克思主义、列宁主义、毛泽东思想、邓小平理论;(2)哲学、宗教;(3)社会科学;(4)自然科学;(5)综合性图书。每一个部类又分为若干个大类,见表 4-1。

表 4-1 中图法基本大类

分类号	类目名称	部 类
A	马克思主义、列宁主义、毛泽东思想、邓小平理论	马克思主义、列宁主义、毛泽东思想、邓小平理论
B	哲学、宗教	哲学、宗教
C	社会科学总论	社会科学
D	政治、法律	
E	军事	
F	经济	
G	文化、科学、教育、体育	
H	语言、文字	
I	文学	
J	艺术	
K	历史、地理	
N	自然科学总论	自然科学
O	数理科学和化学	
P	天文学、地球科学	
Q	生物科学	
R	医药、卫生	
S	农业科学	
T	工业技术	
U	交通运输	
V	航空、航天	
X	环境科学、安全科学	
Z	综合性图书	综合性图书

需要注意的是,这里有几个字母没有使用,分别是 L,M,W,Y。为什么编制《中图法》的专家没有使用这些字母呢? 这是因为随着学科的发展,将来可能会出现一些新的学科,这些新的学科无法划入到已存在的类目中去,就可以用这些预留的字母来表示,以满足分类号扩充的需要。

2)《中图法》的标记方法

《中图法》的标记符号采用的"字母—数字"混合标记方法,大类用字母来表示,小类用字母加数字来表示,例如文学类大类用字母"I"表示,中国文学用"I2"表示。若有必要,则小类还可继续划分类目,数字超过 3 个的,每 3 个数字用一小点隔开。例如:

I2 中国文学

I21 作品集

I22 诗歌、韵文

I23 戏剧文学

I24 小说

　　I242 古代至近代作品

　　I246 现代作品

　　I247 当代作品

　　　　I247.5 新体长篇、中篇小说

　　　　I247.7 新体短篇小说

　　　　I247.8 故事、微型小说

根据《中图法》I24 下面的说明,中篇、长篇小说可根据需要继续划分(添加复分号 1,2,3 等),具体为:1 革命斗争小说,2 军事小说,3 史传小说,4 政治、经济小说,5 科幻小说,6 惊险、推理小说,7 社会、言情小说,8 武侠小说,9 其他题材小说。可分别在相应的类目后加上复分号,例如金庸的武侠小说应归入的类目为 I247.58,也就是在 I247.5 的类号后加上"武侠小说"的复分号"8"。读者可以在江苏大学图书馆网站上查看电子版的《中图法》简表,网址为:http://lib.ujs.edu.cn/ggxx/ztf.htm。具体路径为"图书馆主页/读者服务"(主页上方)中的"中图分类法简表"。也可参考本章末尾附的案例 3:中图分类法简表。若需查询更详细的类目,可通过网址 http://lib.hpu.edu.cn/sjk/tsflf/index.htm 查询,该系统不仅提供了详细的类目(5,6 级类目)浏览功能,且具有检索功能,可输入分类号或者类名进行检索。

4.3.2　索书号

1) 索书号的功用[3,4]

索书号(Call Number),又称索取号。顾名思义,它是读者索取图书时的号码,是图书馆编目人员赋予每一种馆藏图书的号码。这种号码具有一定结构并带有特定的意义。在图书馆藏书体系中,每本书的索书号是唯一的,代表该书在书架上的排列位置,是读者查找图书必需的号码。

索书号主要有以下功用:

(1)赋予每一本书在整个藏书体系中唯一身份标识,便于识别和区分不同图书。

(2)便于图书归架。索书号是图书馆进行藏书排架的依据,一般按索书号由小到大的顺序排列图书。

(3)索书号是图书馆进行出纳流通、清点典藏的主要依据。

(4)便于读者准确、快速地找到所需文献的位置。

2)索书号的构成

索书号一般由分类号、书次号、辅助区分号三部分构成。其中分类号、书次号是必须具备的,辅助区分号不是必需的,只有在必要时(例如区分同一种书的不同卷册、版次、年代)才加上辅助区分号。

(1)分类号

分类号是某图书所属的学科分类代码,比如中图分类号"H314"的含义为"英语语法"。分类号的确定要以各种文献信息分类法为标准,国内大部分图书馆都是以《中图法》作为分类依据的。分类号的功能和作用是将同类书集中,区分不同类型的图书,从知识门类方面向读者揭示某一学科的文献,达到按类求书的目的。

(2)书次号

同一类的书可能有很多种,为了区分同一类的多种图书并且使这些图书有序排列、便于检索,图书馆编目人员在对图书、期刊进行编目加工时需要给每一种书分配一个书次号(即同类书区分号)。

书次号有多种类型,常见的有著者号、书名字顺号、年代顺序号、图书编目次序号、种次号等类型。其中,著者号又可分为著者字顺、著者号码等多种形式。

(3)辅助区分号

辅助区分号是对同一种书进一步区分的标记符号,包括版次区分号、卷册区分号、年代区分号、类型区分号等。例如江苏大学图书馆收藏的《大学英语快速阅读》(郭杰克主编,上海外语教育出版社,2006 年版)一书的索书号为"H319.4/J67D=2-4",其中,"=2"表示是第 2 版,"-4"表示第 4 分册。又如《鲁迅全集 第一卷 坟 呐喊 野草》一书的索书号为"I210.1/L85-1",《鲁迅全集 第七卷 集外集 集外集拾遗》一书的索书号为"I210.1/L85-7",其中"-1"、"-7"分别表示第 1 卷和第 7 卷。《中国统计年鉴2000》一书的索书号为"C832-54/G98Z-00",其中,"-00"表示 2000 年。

辅助区分号是在有必要对同一种书进一步区分时才加上的符号。若没有必要,比如某本书只有一个版本,且没有分卷或分册,则无需辅助区分号。

以江苏大学图书馆为例,在对图书进行分类编目时,每一种书的索书号是按照"分类号 + 著者号"来表示的。其优点是同一学科、同一作者的图书会集中在一起,便于查找。所采用的工具是《中图法》(第 4 版)和《汉字音序法著者号码表》,前者用于确定分类号,后者用于确定著者号(书次号)。例如,对于《鲁迅诗稿》一书,首先将其归类,归入 I210.5 类,然后在《汉字音序法著者号码表》中查鲁迅的"鲁"字对应的著者号码,结果是 L85。因此,《鲁迅诗稿》的索书号为 I210.5/L85,见图 4-1。

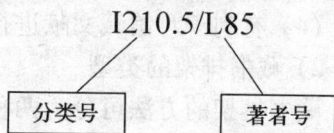

I210.5/L85

| 分类号 | | 著者号 |

图 4-1　图书索书号示例

江苏大学图书馆在对期刊进行编目时,由于并校前各个校区采用的书次号的标准不一样,所以读者在使用 OPAC 查询系统时,可能会发现同一文献有不同的索书号。2001 年三校(江苏理工大学、镇江医学院和镇江师范专科学

TP3/13-2

| 分类号 | | 种次号 |

图 4-2　期刊索书号示例

校)合并成为江苏大学以后至今,所有期刊采用"分类号 + 种次号"作为索书号。例如《微电脑世界》这份期刊的索书号为 TP3/13 − 2(校本部),见图 4-2。同时,《微电脑世界》在梦溪校区和北固校区的索书号分别为 TP3/MQ16 和 TP3/BG2-1,这是因为不同校区图书馆在给书次号时略微有所区别,排架号也略有不同,但其基本大类(TP3)是相同的。

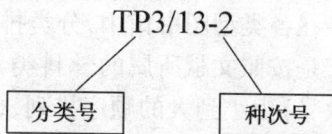

读者在借书时会发现,每一本书的书标(位于书脊的下部)上都打印有索书号,分上下两排:上排打印的是分类号,下排打印的是种次号。这是因为如果把分类号和种次号打成一排则太长,不便于读者快速发现索书号找到所需图书。将索书号打印成上下两排,则看起来结构紧凑,方便识别。例如,上述《鲁迅诗稿》一书,通过 OPAC 查询系统找到该书的索书号为 I210.5/L85,但实际打印在书标上的索书号并不将"I210.5/L85"写成一排,而是上排写"I210.5",下排写"L85",读者将分类号和种次号相结合便可快速找到这本书所在的位置。

4.3.3　藏书排架的方法[5,6]

1)藏书排架的原则

藏书排架,又称藏书排列,是指图书馆将馆藏文献按照一定规则和次序排列在书架上,形成一定的检索系统,使每一种文献都有固定的位置,方便图书馆工作人员进行文献归架、文献管理及方便读者取书。藏书排架一般应遵循如下几条原则:

(1)逻辑性。藏书排架应符合人们正常的逻辑思维,便于馆员研究和熟悉馆藏。

（2）便于读者和馆员查找文献。排架号的编制应力求简单，方便读者快速找到所需文献。

（3）充分考虑馆藏空间，节约排架面积，同时又留有发展的余地，尽量减少倒架的麻烦。

（4）有利于对馆藏文献进行管理（新增、剔除、清点、调整等）。

2）藏书排架的类型

藏书排架的方法可分为两种类型：一种是以文献的内容特征为标志的内容排架法，包括分类排架、专题排架等；另一种是以文献的外在特征为标志的形式排架法，包括字顺排架、登记号（财产号）排架、固定排架、年代排架、书型排架、文种排架等。

在各类型图书馆中，分类排架是最主要也是使用最为普遍的排架方法。分类排架是按照文献所属的学科类别排列的方法，某一类下再按照索书号（分类号＋书次号）由小到大的顺序排列，也就是对位比较法（从左至右，一位一位对比）。例如，先排 A 大类的图书，再排 B，C，D 大类的图书；A 大类图书中的 A1 小类排在 A2 小类前，A13/E32 排在 A13/M15 之前，依此类推。

专题排架是将图书馆的馆藏文献按专题范围划分并组织排列起来的方法，通常具有专架陈列、专架展览性质，一般作为临时性排架。专题排架打破了学科隶属界限，将分散在不同学科类型、同一专题的文献集中在一起。专题排架一般不作为图书馆的主要排架方法。

江苏大学图书馆采用的是分类排架法，按照索书号由小到大的顺序，在书架上由左到右、由上到下、一层一层、一架一架地排列。读者按照索书号查找图书时，可按照以下步骤进行：① 看第一位英文字母（表示中图法基本大类），确定文献所属的学科类型；② 字母相同的再看字母后面的第一位数字（数字由小到大排列）；③ 第一位数字相同的继续看第二位数字的大小，依此类推（特别需要注意的是，只看同一位上的数字大小，不要看整个数字的大小，例如 R33 要排在 R4 的前面，因为两个分类号的第一位数字分别是"3"和"4"，3 比 4 小）；④ 分类号完全相同再看著者号（按字母先后顺序排列），著者号也是相同位上的数字相比，小的排在前面。这样就可以准确找到图书所在的位置了。

思 考 题

1. 文献信息资源有哪些类型？
2. 印刷型文献资源、电子资源各有什么优缺点？
3. 什么是一次文献、二次文献、三次文献？三者的关系如何？
4.《中图法》的 5 大部类的名称是什么？
5.《中图法》的 22 个基本大类的名称是什么？分别用什么字母表示？

6.《中图法》采用了何种标记方法?

7. 索书号有哪些功用?

8. 索书号由哪几部分构成?并举例说明。

9. 书次号有哪几种主要类型?

10. 常见的藏书排架方法有哪几种类型?其中哪一种排架方法使用最为普遍?

参 考 文 献

[1] 沈继武,萧希明.文献资源建设.武汉:武汉大学出版社,1991.

[2] 中国图书馆分类法编辑委员会.中国图书馆分类法.第4版.北京:北京图书馆出版社,1999.

[3] 俞君立,陈树年.文献分类学.武汉:武汉大学出版社,2001.

[4] 吴晞.文献资源建设与图书馆藏书工作手册.北京:书目文献出版社,1993.

[5] 常书智.文献资源建设工作.北京:北京图书馆出版社,2000.

[6] 吴慰慈,刘兹恒.图书馆藏书——补充、组织、控制与协调.北京:书目文献出版社,1991.

案例3 中图分类法简表

A 马克思主义、列宁主义、毛泽东思想、邓小平理论

A1	马克思、恩格斯著作
A2	列宁著作
A3	斯大林著作
A4	毛泽东著作
A49	邓小平著作
A5	马克思、恩格斯、列宁、斯大林、毛泽东、邓小平著作汇编
A7	马克思、恩格斯、列宁、斯大林、毛泽东、邓小平生平和传记
A8	马克思主义、列宁主义、毛泽东思想、邓小平理论的学习和研究

B 哲学

B0	哲学理论
B1	世界哲学
B2	中国哲学
B3	亚洲哲学
B4	非洲哲学
B5	欧洲哲学
B6	大洋洲哲学
B7	美洲哲学

B80	思维哲学
B81	逻辑学（论理学）
B82	伦理学（道德哲学）
B83	美学
B84	心理学
B9	宗教

C 社会科学总论

C0	社会科学理论与方法论
C1	社会科学现状与发展
C2	社会科学机构、团体、会议
C3	社会科学研究方法
C4	社会科学教育与普及
C5	社会科学丛书、文集、连续性出版物
C6	社会科学参考工具书
［C7］	社会科学文献检索工具书
C8	统计学
C91	社会学
C92	人口学
C93	管理学
［C94］	系统科学
C95	民族学
C96	人才学
C97	劳动科学

D 政治、法律

D0	政治理论
D1	国际共产主义运动
D2	中国共产党
D33/37	各国共产党
D4	工人、农民、青年、妇女运动与组织
D5	世界政治
D6	中国政治
D73/77	各国政治
D8	外交、国际关系
D9	法律

E 军事

E0	军事理论
E1	世界军事
E2	中国军事
E3/7	各国军事
E8	战略学、战役学、战术学
E9	军事技术
E99	军事地形学、军事地理学

F 经济

F0	经济学
F1	世界各国经济概况、经济史、经济地理
F2	经济计划与管理
F3	农业经济
F4	工业经济
F49	信息产业经济(总论)
F5	交通运输经济
F59	旅游经济
F6	邮电经济
F7	贸易经济
F8	财政、金融

G 文化、科学、教育、体育

G0	文化理论
G1	世界各国文化与文化事业
G2	信息与知识传播
G3	科学、科学研究
G4	教育
G8	体育

H 语言、文字

H0	语言学
H1	汉语
H2	中国少数民族语言
H3	常用外国语
H4	汉藏语系
H5	阿尔泰语系(突厥-蒙古-通古斯语系)
H61	南亚语系(澳斯特罗-亚细亚语系)
H62	南印语系(达罗毗荼语系、德拉维达语系)
H63	南岛语系(马来亚-玻利尼西亚语系)
H64	东北亚诸语言

H65	高加索语系(伊比利亚-高加索语系)
H66	乌拉尔语系(芬兰-乌戈尔语系)
H67	闪－含语系(阿非罗-亚细亚语系)
H7	印欧语系
H81	非洲诸语言
H83	美洲诸语言
H84	大洋洲诸语言
H9	国际辅助语

I 文学

I0	文学理论
I1	世界文学
I2	中国文学
I3/7	各国文学

J 艺术

J0	艺术理论
J1	世界各国艺术概况
J2	绘画
J29	书法、篆刻
J3	雕塑
J4	摄影艺术
J5	工艺美术
[J59]	建筑艺术
J6	音乐
J7	舞蹈
J8	戏剧艺术
J9	电影、电视艺术

K 历史、地理

K0	史学理论
K1	世界史
K2	中国史
K3	亚洲史
K4	非洲史
K5	欧洲史
K6	大洋洲史
K7	美洲史
K81	传记

K85	文物考古
K89	风俗习惯
K9	地理

N　自然科学总论

N0	自然科学理论与方法论
N1	自然科学现状及发展
N2	自然科学机构、团体、会议
N3	自然科学研究方法
N4	自然科学教育与普及
N5	自然科学丛书、文集、连续性出版物
N6	自然科学参考工具书
[N7]	自然科学文献检索工具
N8	自然科学调查、考察
N91	自然研究、自然历史
N93	非线性科学
N94	系统科学
[N99]	情报学、情报工具

O　数理科学和化学

O1	数学
O3	力学
O4	物理学
O6	化学
O7	晶体学

P　天文学、地球科学

P1	天文学
P2	测绘学
P3	地球物理学
P4	大气科学(气象学)
P5	地质学
P7	海洋学
P9	自然地理学

Q　生物科学

Q1	普通生物学
Q2	细胞生物学
Q3	遗传学
Q4	生理学
Q5	生物化学
Q6	生物物理学
Q7	分子生物学
Q81	生物工程学（生物技术）
[Q89]	环境生物学
Q91	古生物学
Q93	微生物学
Q94	植物学
Q95	动物学
Q96	昆虫学
Q98	人类学

R　医药、卫生

R1	预防医学、卫生学
R2	中国医学
R3	基础医学
R4	临床医学
R5	内科学
R6	外科学
R71	妇产科学
R72	儿科学
R73	肿瘤学
R74	神经病学与精神病学
R75	皮肤病学与性病学
R76	耳鼻咽喉科学
R77	眼科学
R78	口腔科学
R79	外国民族医学
R8	特种医学
R9	药学

S 农业科学

S1	农业基础科学
S2	农业工程
S3	农学（农艺学）
S4	植物保护
S5	农作物
S6	园艺
S7	林业
S8	畜牧、动物医学、狩猎、蚕、蜂
S9	水产、渔业

T 工业技术

TB	一般工业技术
TD	矿业工程
TE	石油、天然气工业
TF	冶金工业
YG	金属学与金属工艺
TH	机械、仪表工业
TJ	武器工业
TK	能源与动力工程
TL	原子能技术
TM	电工技术
TN	无线电电子学、电信技术
TP	自动化技术、计算机技术
TQ	化学工业
TS	轻工业、手工业
TU	建筑科学
TV	水利工程

U 交通运输

U1	综合运输
U2	铁路运输
U4	公路运输
U6	水路运输
[U8]	航空运输

V 航空、航天

V1	航空、航天技术的研究与探索
V2	航空
V4	航天（宇宙航行）
［V7］	航空、航天医学

X 环境科学、安全科学

X1	环境科学基础理论
X2	社会与环境
X3	环境保护管理
X4	灾害及其防治
X5	环境污染及其防治
X7	废物处理与综合利用
X8	环境质量评价与环境监测
X9	安全科学

Z 综合性图书

Z1	丛书
Z2	百科全书、类书
Z3	辞典
Z4	论文集、全集、选集、杂著
Z5	年鉴、年刊
Z6	期刊、连续性出版物
Z8	图书目录、文摘、索引

5 信息目录浅述

信息素质的一个重要表现就在于知道什么时候需要信息、为什么需要信息和到哪里去找到信息。当人们明确地知道自己需要哪方面信息时,便要想方设法地查找到它们。这时必然要用到一个重要的文献信息检索工具——目录。文献信息目录所起的作用就是指引你如何查找到所需要的文献信息。

目录是指对文献信息加以著录,并按照一定的方法组织而成的一种揭示与报道文献信息的工具。它的实质是揭示和报道文献信息的内容特征和形式特征,以便人们准确地识别和检索文献。文献信息多种多样,不同的文献信息其目录的组织方法和形式也不一样。例如,档案馆有档案目录,图书馆有书刊目录,出版社有出版发行目录,网站也有网页目录。

图书馆目录是指按照特定的方法组织起来的用于揭示和检索图书馆馆藏文献的工具。以图书目录为例,它揭示的文献的内容特征一般有学科类别(分类号)和主题(主题词或提要);揭示的文献的形式特征一般有题名(正题名、并列题名、副题名)、责任者(第一责任者及其他责任者)、出版发行者或印刷者、出版发行地或印刷地、出版年月或印刷年月、版次及其他版本形式、页数或卷(册)数、尺寸或开本、附件、ISBN 号和价格等。文献的内容特征决定文献的存在价值,文献的形式特征决定文献的存在方式。

5.1 目录的作用[1]

目录的产生,一方面是因为管理文献信息的需要,另一方面是出于方便文献信息利用的需要。面对海量的文献信息,必然需要按照某种科学的方法将其分门别类地加以组织,使其有序化、条理化和系统化。在此基础上形成目录,人们通过目录就能够认识并了解该庞大的文献组织体系的概貌。这样既方便文献信息的管理,也利于人们检索和利用。如果没有目录,要在海量的文献信息中查找某一文献,无异于大海捞针。

图书馆目录对馆藏每一文献的内容特征和形式特征进行了全面的报道和反映。这种报道和反映是通过文献著录和目录排列实现的。文献著录,是指按照一定的文献著录规则,把馆藏的每一种文献在内容上和形式上的主要特征用一定的文字或符号浓缩在一定的目录载体上。目录排列,是指把文献著录和著录标目按不同性质的款目进行科学归类,排列成一定的馆藏文献检索体系,方便人们从不同途径检索文献。图书馆目录主要有以下作用。

5.1.1 馆藏文献状况的反映

密切关注并掌握馆藏文献状况是图书馆文献资源建设和管理所必需的。同样,对读者而言,出于研究或阅读的需要,他们也想系统地知道馆内关于某一主题的文献共有哪些,某一著者著述的文献共有哪些,关于某个时代某个主题的文献共有哪些等问题。面对几万册、几十万册甚至百万册、千万册的文献资源,如何能全面、准确而又快速地了解到这些信息呢? 难道是去书库一册册地查看、记录、分析吗? 这显然是行不通的。因为文献资源数量庞大,而且时刻处于流通状态。除了利用目录,尤其是当今的计算机目录系统这一工具外,别无他法。在目录系统中,轻轻点击鼠标,就可以了解自己所关心的文献信息。

5.1.2 检索馆藏文献的指南

任何一种目录都包括以下几项内容:著录文献的索书号、题名、作者、主题、分类号以及出版信息等。读者可以选择题名、作者、主题及分类号中的某一种作为检索途径。在计算机目录系统中,也可以将它们组合成高级检索途径,进行目录查询。读者通过目录查询可获知文献的题名、作者、主题以及出版信息等,据此综合判断该目录著录的文献是否是自己所要查找的。若正是自己所要查找的,那么读者凭借索书号就可以按图索骥地到馆藏地查找该文献。

5.1.3 开展业务工作的依据

图书馆各项业务工作的开展都与目录密不可分,诸如采购、分类、编目、典藏、参考咨询和情报服务等。例如,馆员采购书刊之前首先要查看目录,以确定哪些书刊是馆藏已有的,馆藏复本有多少,以避免重复采购或超量采购。又如,当读者就某本图书向馆员咨询时,馆员也必须查看目录,才能知道馆内是否收藏了此书,凭什么样的索书号到哪个馆藏地才能找到此书,据此才能准确地回答读者的询问。另外,馆员也必须利用目录才能编制出各种特藏目录、专题目录、推荐目录等,以此架起馆藏资源与读者之间的桥梁。

5.1.4 文献资源共享的工具

无论一个图书馆的藏书有多么丰富,它或多或少都有藏之不尽的缺憾,这是因为一馆之财力、人力和物力毕竟是非常有限的。如何弥补这个缺憾呢? 这就需要通过文献资源共享这一途径。文献资源共享是指将一定范围内的文献情报机构共同纳入一个有组织的网络中,各文献情报机构之间按照互惠互利、互补余缺的原则进行一种协调和共享文献资源的活动。共享文献资源的一个重要条件就是各文献情报机构之间需要互相知道对方有什么样的文献资源,哪些文献资源正是本机构所稀缺的。这必然要用到目录这一中介,需要将各文献情报机构的目录数据组合到一起形成一个联网的、可供大家共同使用的公共目录数据库,也可以只建立各自的查询系统,使各方都能通过互联网访问到。例如,A 馆某读者想借阅的某文献在 A 馆没有收藏,但通过访问其他馆的查询系统,得知在资源共享合作伙伴的 B 馆有收藏,这时就可通过馆际互借或原文传递从 B 馆获得此文献。

5.2　目录的种类

图书馆馆藏文献多种多样,读者检索文献特点各不相同,加上目录本身的载体形态各式各样,由此产生了多种多样的图书馆目录。

5.2.1　不同检索途径的目录

读者检索馆藏文献时常用的检索途径有文献的题名、责任者、分类号及其主题。按照这四大检索途径,相应的目录种类就有:题名目录、责任者目录、分类目录和主题目录。它们是传统图书馆目录的基本类型,各具特色又互为补充,相得益彰。

1）题名目录

题名目录是按文献题名的字顺排列而成的目录。它的特点有:以题名作为文献的检索途径;将题名相同的文献集中在一起;将同一文献的不同版本、译本集中在一起。题名目录除反映文献的正题名外,必要时还包括副题名、别名以及重要的篇章题名。读者通常习惯从题名查找文献,所以题名目录是各类图书馆的必备目录。只有在知道文献题名的情况下才能利用题名目录。

2）责任者目录

责任者目录又称著者目录,是按照文献责任者(包括个人、机关团体或会议等)的名称字顺组织而成的目录。它的特点有:以责任者名称提供文献的检索途径;将某一责任者的全部著作集中在一起。责任者通常包括著者、编者、辑者、译者、校订者、注释者、绘图者等。对于某些知名责任者的笔名及其他别名,目录中常采用参照法引导读者找到其全部文献。只有在知道责任者的情况下才能利用责任者目录。

3）分类目录

分类目录是按照文献所属的学科体系,根据图书馆所采用的文献分类法组织而成的目录。它的特点是按知识门类系统地揭示馆藏文献。它告诉读者某书的内容主题是属于哪一门学科和在这个学科中的位置，从而满足读者"按类求书"、"连类求书"的要求，揭示某知识门类与其他知识门类之间的关系，提供相关学科文献的检索途径。分类目录是一种主要的图书馆目录。

4）主题目录

主题目录也称标题目录，它是按照文献所论述和阐明的内容主题组织而成的目录。它的特点有：从某一主题内容指引读者查询馆藏文献；揭示某一主题与另一主题之间的关系，引导读者查找相关主题的文献。主题目录可将不同学科研究的同一主题的文献集中在一起，弥补了分类目录的局限性。但它不能系统地揭示某一学科的所有馆藏文献。主题目录对于专题研究人员具有非常重要的使用价值。

5.2.2 不同载体形态的目录

按照目录载体形态的不同，可将目录划分为：书本式目录、卡片式目录、活页目录、缩微目录和机读目录。

1）书本式目录

书本式目录是将文献的内容特征和形式特征按照一定的规则和格式记录在本册上而形成的目录，它的外形就像一本书。它的特点是：体积小，便于携带和保管；可大量印制，方便传播；不利于剔除陈旧的文献目录，也不利于增加新入藏的文献目录。

书本式目录历史悠久。中国古代的各种藏书目录大都是书本式的。西方现存最早的图书馆书本式目录，是1885年由柏克在德国波恩编辑出版的[2]。20世纪初，世界各国的图书馆目录均以书本式目录为主。20世纪后半叶，随着机读目录的出现，书本式目录又开始在图书馆受到重视，这是因为计算机利用机读目录可以快速生产书本式目录，并可大量印刷，及时更新，加之体积小、成本低等因素，因此得到了广泛的利用。

2）卡片式目录

卡片式目录是将文献的内容特征和形式特征按照一定的规则和格式记录在卡片上（目录卡片的国际标准规格为7.5厘米×12.5厘米）而形成的目录。它的特点是：可随编随排，随时利用；可随时增加新入藏的文献目录，也可随时剔除陈旧的文献目录；可同时供多人利用；一张卡片款目只能提供一条检索途径；只能在室内利用，不便于传播交流；占用空间大，成本高，不便于组织管理。

3）活页目录

活页目录是介于卡片式目录和书本式目录之间的一种目录形式。它是将一张张印有著录文献的活页纸安装在形式像书的活页夹中，每一小类及其子目为一页，同一类目的图书著录在一起的目录。它的特点是：可随时增减目录中的活页，适合小型图书馆使用；避免了书本式目录固定、呆板的缺点；避免了卡片式目录成本高、体积大、不便携带的问题。

4）缩微目录

缩微目录是将目录内容缩摄在胶卷或缩微平片上，利用显微阅读机阅读的目录。它分为缩微胶卷和缩微平片两种。缩微胶卷包括 16 毫米和 35 毫米宽两种，缩微平片为 105 毫米×148.75 毫米的规格。每张缩微目录能记录上千条款目，超缩微的能记录上万条款目。它的特点是：体积小，存储量大，不占用很多空间；寿命长、质量好的缩微品可以保存几百年，但对保存条件有一定的要求；生产和更新迅速，成本低，不便于随时增减目录；不便于转换为书本式目录；必须借助显微阅读设备才能阅读。

缩微目录起源于 20 世纪 40 年代，70 年代后产生了直接用于计算机输出的缩微目录——COM（Computer Output Microfilm/Microfiche），但它一直未能发展成目录的主流形式[3]。

5）机读目录

机读目录是以编码形式和特定的结构记录在计算机存储载体上，可以由计算机自动控制、处理和编辑输出的目录，简称 MARC（Machine Readable Catalogue，机器可读目录）。它的特点是：目录质量明显提高；目录的修改、增删、升级很便利，整套机读目录可随时保持新颖性；检索效率明显提高。人们不仅可以从题名、责任者、分类号、主题词等途径检索文献，还可以从 ISBN 号、出版社、丛书名等途径去检索；不仅可以进行单一途径的检索，而且可以进行多途径组合检索；不仅提高了检索速度，而且提高了检全率和检准率；目录存储在磁带、光盘等载体上，体积小，容量大，节约了存储空间；机读目录使用寿命长，费用低，经济上更为合算；利用各种现代化通讯设备可进行联合编目、联机检索，超越了时空对人的限制，利于资源共享；可转化成卡片式目录和书本式目录。

机读目录是美国国会图书馆于 1965 年首先研制出来的，现在世界各国的图书馆都以机读目录作为主要目录。

5.2.3 不同藏书范围的目录

按目录反映的藏书范围，可将目录划分为：总目录、部门目录、特藏目录和联合目录。

1）总目录

总目录是揭示图书馆全部馆藏文献或某种文献的全部馆藏的目录，图书馆一般都以公务目录的题名目录作为总目录，也有以几套目录之和作为总目录的。

2）部门目录

部门目录是揭示图书馆局部馆藏的目录，有分馆目录、借书处目录、阅览室目录等。它是为了方便读者利用而有针对性地设立的。

3）特藏目录

特藏目录是指那些在整个馆藏中具有特殊价值而单独保管的文献目录,如善本书目录、地方志目录、革命文献目录、手稿目录、个人捐赠图书目录等。

4）联合目录

联合目录是在协作的基础上集中统一编制而成的,揭示若干文献收藏单位全部或部分收藏文献情况的目录。它的特点是每条文献款目下标明了文献的具体收藏地点和收藏情况。联合目录的作用主要在于:便于读者查询每一种文献的收藏地点;便于图书馆间开展互借工作,实现文献资源共享;便于了解某一地区、某一国家的文献资源分布状况,便于有计划地加强各图书馆的文献资源建设,协调图书馆资源。

5.2.4 不同出版形式的目录

按照文献的不同出版形式,可将目录划分为:图书目录、期刊目录、报纸目录、地图目录、技术标准目录、专利目录、丛书目录、地方志目录、缩微资料目录、视听资料目录、古籍目录等。

5.3 目录的排列[4]

目录的排列是指对文献著录和著录标目按不同性质的款目进行科学归类,排列成一定的馆藏文献检索体系,供人们从不同途径检索文献。它一般包括用作标目的款目、参照款目和指导卡的排列。

标目,也称著录标目或排检标目,是从文献内容特征或形式特征中标引出的排检线索。通过选择、加工,在文献特征的语言中概括出一定的词汇或代码,包括代表分类体系的号码、揭示主题内容的主题词、代表文献名称的题名、创作和加工文献的责任者等。其作用在于确定款目的性质和款目在目录中的排列位置,为检索者提供文献的某一特征,以供排检。根据标目构成的特点,可以分为分类标目、主题标目、题名标目、责任者标目四种类型,在语言表述上,要按一定的著录规则所规定的标准著录,保证语言形式的规范化。在款目著录结构中,标目位于其他项目之首,单占一行。

款目是文献著录的结果,是按照一定的文献著录方法对某一具体文献的内容特征和形式特征所作的记录,包括文献的题名、责任者、版次、出版发行、物质形态(开本、页码、插图)及与文献相关的内容和形式的说明。款目是目录组成的基本单位,一般以"条"或"张"计算。

参照款目是指引读者从目录中的一条标目或一部分著录项目去查阅另一条标目或另一部分著录项目的款目。其作用在于揭示目录之间的联系,表明图书著录或目录组织的规则,帮助读者使用目录。

指导卡是排列在一组目录卡片之前,为了指引读者迅速、准确地查找文献的一种特殊卡片。

5.3.1 分类目录的排列

分类目录的排列包括分类款目、分类参照款目和分类指导卡的排列。

分类款目是指以目录分类号为标目的款目,它是在基本款目的基础上加上分类号而组成的,是分类目录的主要成分。它的作用在于从学科体系方面揭示文献。

分类款目是按照分类法中代表各大类的字母的顺序排列的,字母相同,再按字母后的分类号的大小排列。分类号相同,再以著者号,或种次号,或题名号,或出版年月等为依据排列。分类参照款目以分类目录的分类体系为依据,各种分类参照款目分别排在有关类目的分类款目之前。分类指导卡上面标有分类号和类目名称,它排列在有关类目的分类款目之前。

5.3.2 题名目录的排列

题名目录的排列包括题名款目、题名参照款目和题名指导卡的排列。

题名款目是指以文献题名为标目的款目,它是在基本款目的基础上加上文献题名而组成的,是题名目录的主要成分。它的作用在于从文献题名的角度揭示文献。

题名款目可依笔画笔顺排检法、汉语拼音音序排检法或四角号码排检法规定的先后次序排列。题名首字相同再依第二及其以后各字(或词)的次序排。题名完全相同的款目,依著者字顺排;题名和著者相同而版本不同的款目,依版次排。题名参照款目的排列以题名目录的字顺体系为依据,各种参照款目分别排在有关题名款目之前。题名指导卡上标明题名的某个单字、某几个单字或某个词或某些重要文献的完整题名。一般每30张题名款目需设置一张指导卡。题名指导卡以题名目录采用的排检法规定的先后次序排在有关题名款目之前。

5.3.3 责任者目录的排列

责任者目录的排列包括责任者款目、责任者参照款目和责任者指导卡的排列。

责任者款目是以文献的责任者为标目的款目,是在基本款目的基础上加上文献责任者标目而成,是责任者目录的主要成分。它的作用在于从责任者方面揭示文献。

责任者款目采用与题名款目相同的排列依据,将责任者名称首字相同的款目排在一起,再依第二及其以后各字(或词)的次序排。同一责任者的不同款目,可依文献题名字顺排;文献题名相同的,依索书号排。责任者参照款目的排列以责任者目录的字顺体系为依据,各种参照款目分别排在有关责任者款目之前。责任者指导卡标明责任者名称的首字(词)或几个字(词)或全称。一般每30张责任者款目设置一张指导卡,并以责任者目录采用的排检法规定的先后次序排在有关责任者款目之前。

5.3.4 主题目录的排列

主题目录的排列包括主题款目、主题参照款目和主题指导卡的排列。

主题款目是以文献的主题词为标目的款目,是在基本款目的基础上加上主题标目而成,是主题目录的主要成分。它的作用是从文献主题方面揭示文献。

主题款目的排列首先以主题法所采用的排检法为依据,然后将主题相同的款目排在一起,先排单字(或词)主题款目,后排词组主题款目。主题参照款目的排列以主题法规定的字顺体系为依据,各种参照款目分别排在有关主题款目之前。主题指导卡标明主题的某个单字或某个词。一般每30张主题款目设置一张指导卡,排在有关主题款目之前。

西文目录(采用拉丁字母为文字的文献目录)、俄文目录和日文目录均可结合各种文字的特点按字顺排检法排列。

目前为止,我国尚未出台关于目录排列的标准,各图书馆一般是根据以上几种通用的方法排列目录。另外,由于机读目录的出现及其强大的可操作性和灵活性,图书馆目录可非常灵活地按各种检索点排列。以上四种目录的排列,完全可以通过机读目录的自动化排列来实现。

5.4 联机公共检索目录(OPAC)

联机公共检索目录(Online Public Access Catalogue),是20世纪70年代美国一些大学图书馆和公共图书馆共同开发的公共检索系统。早期OPAC延续传统图书馆卡片目录构建思路,提供与卡片目录相同的记录内容、记录格式及检索点。至今,OPAC经历了从中心化、分布式到定制化系统三代产品的发展演化过程,OPAC所提供的信息已经从电子"目录"扩展到统计资料、图像、音像和全文信息,服务对象也从单一的图书馆读者扩展到各类网络用户,形成面向所有用户的分散式信息管理系统。

5.4.1　OPAC 发展阶段[5]

1）第一代 OPAC

20 世纪 70 年代,一些美国大学和公共图书馆在研究基金的资助下,开始研制联机编目系统。项目采用非营利性模式,主要为图书馆工作人员服务。当时,这些项目主要集中在编目和流通方面,并没有为用户提供公共检索服务。美国国会图书馆(LC)的机读目录著录标准和北美四个公用设施(North American Utilities,包括 OCLC,RLIN,WLN 和 ULTAS)等成为 OPAC 产生的基础。

第一代 OPAC 基本沿用卡片目录模式,记录字段与卡片目录相仿,采用首字母组合和短语方式,从题名中抽取主题词并严格按照字段匹配检索。用户界面采用菜单及指令方式控制检索过程。早期 OPAC 技术操作复杂,只有经过严格的专业培训才能掌握检索技术,因此在应用推广方面受到阻碍。但由于 OPAC 是一种新型的信息组织及查询方式,其快速处理信息的能力受到用户的欢迎。

2）第二代 OPAC

20 世纪 80 年代中期,在第一代 OPAC 基础上,经过局部调整而形成了第二代 OPAC 产品,它吸收了商用书目信息检索系统的优点,采用字词组配方式,能够提供关键词检索和布尔检索;用户界面采用下拉式菜单,并提供帮助、浏览、查询以及人机交互、用户导航等功能;有些 OPAC 系统甚至可以区分初高级检索以及词组检索,从而极大地提高了检索能力。但第二代 OPAC 在检索效率、界面设计、响应时间、数据库规模和书目内容等方面还存在一些缺陷。同时,由于缺少必要的规范,不同系统之间的兼容也受到限制。

3）第三代 OPAC

20 世纪 90 年代初,OPAC 在检索和匹配技术方面有了新的突破。增强式检索和匹配技术、检索结果相关性排序等新技术的应用,使第三代 OPAC 开始具备"与用户交流,理解并掌握用户需求"的能力,并可以"改善用户检索策略和检索过程,帮助用户获得理想的检索结果"。第三代 OPAC 具有词组检索和关键词检索功能,可以为用户提供更多的受控与非受控检索点以及联机帮助;检索对象突破书目数据范围,拓展到期刊题录、文摘、专题数据库、全文数据库、商业数据库和其他情报数据库等信息资源;用户界面采用超文本以及图形接口技术,支持用户交流。图像和多媒体界面、语音用户界面和触摸屏用户界面等,成为用户信息共享的重要设施。

5.4.2　基于网络的 OPAC

20 世纪 90 年代后期,在 Internet 和客户/服务器模式基础上形成"基于网络的

OPAC",成为网络环境中图书馆以及其他信息机构公共检索服务的重要途径。新一代OPAC是在传统检索系统基础上的扩大、扩展、延伸,是图书馆自动化管理系统的组成部分,通过互联网为用户提供远程服务。基于网络的OPAC除了提供书目、个人借阅、预约等信息服务以外,还能提供电子图书、期刊、多媒体光盘、全文数据库等联机数字信息资源检索服务。基于Web的OPAC系统采用磁盘阵列、镜像站和网络技术存取数字化资源,为用户提供面向Internet的联机信息检索服务,并通过数据库接口或数据仓库技术整合信息资源,实现不同数据库之间的接入和输出,实现电子资源自动化搜索和智能化处理功能。系统将网络搜索引擎、交互式多媒体检索工具集为一体,在统一检索界面下,提供不同图书馆的数据仓库信息查询和多媒体文献检索。基于Web的OPAC还可以为用户提供布尔检索、重要性排序、模糊查询、相关反馈、个性化服务、信息过滤、语音检索、对话式查询和智慧型检索等智能化检索服务。基于Web的OPAC检索能够突破使用人数限制,降低对大型主机的依赖性,从而更好地满足用户需求。

5.4.3 IFLA 的 OPAC 显示标准

国际图书馆协会联合会(International Federation of Library Associations and Institutions,简称IFLA)在OPAC标准制定和推广方面开展了大量工作。20世纪90年代,IFLA研究小组发布"书目记录功能要求"(Functional Requirements for Bibliographic Records,简称FRBR),为数字环境中的书目记录提出概念模型,用以识别资料元素及其相互关系。1997年,IFLA书目控制部在丹麦哥本哈根成立"OPAC显示指南特别工作小组"(IFLA Task Force on Guidelines for OPAC Displays),成员由书目、编目、分类和索引及信息技术等部门的代表组成。1998年11月,工作小组发布"OPAC显示草案",邀请世界各国图书馆界对草案展开评论。1999年,Bangkok会议在评论结果基础上对草案进行修订,提出OPAC评价采用三个标准,即可获取能力(Accessibility)、设计效果(Effectiveness of its design)和可查询能力(Searchableness)。Martha Yee(加州大学洛杉矶电影和电视档案馆)代表IFLA宣读评论结果和修改意见。

2003年版的指南独立于界面和技术,其核心是如何在编目信息中为用户提供更多有价值的内容。指南编委会认为,目录的构成因素、编排体例因技术方法需要修正,但目录的基本功能并未发生根本性改变。指南规定OPAC应具备四种功能:

1)查找(Find):查找与用户检索提问相一致的信息资源。例如,同一作品的全部资源或同一载体的全部资源;特定个人、家族或团体的全部作品;特定主题的全部资源。

2)识别(Identify):识别书目资源。例如,确认记录所描述实体与所查实体的一致性,或区分具有相似特征的两个或多个实体。

3）选择（Select）：选择适合用户需求的书目资源，即选取内容物理形式等方面能够满足用户要求的资源。

4）获取（Obtain）：获取文献或为用户提供文献获取信息。例如，购买、借阅或远程检索。

为实现上述功能，OPAC 显示应遵循三个原则：

1）用户原则：易读、清楚、可理解和可操作。在 OPAC 设计中应该采用用户熟悉的语言，反映用户的特定需求。

2）内容安排原则：记录内容与排列要符合用户信息需求，能够反映图书馆馆藏条目，以有意义的方式显示记录结果，支持信息导航。

3）标准化原则：应该遵循国家和国际标准以及各项建议。

5.4.4　OPAC 发展趋势[6]

伴随着信息技术的不断发展，OPAC 呈现出以下发展趋势：

1）增加任意关键词搜索入口　由于用户的检索习惯，多数用户希望图书馆 OPAC 增加任意关键词搜索入口。目前仍有许多 OPAC 系统不提供关键词检索。为此，用户在检索之前必须了解确切的书目信息。但由于大多数用户较少使用规范的主题词进行检索，因此易导致检索失败。自然语言标引和检索正在引起更多关注，检索技术的不断进步，将使检索领域出现新的革命。

2）提供相关度分级及确切的题目匹配　图书馆 OPAC 系统能够提供与搜索引擎相似的检索结果的相关性分类。例如，采用"相关搜索"或"搜索更多同类"等技术，为用户提供更多熟悉的相关条目。图书馆系统可以提供基于用户标准的相关性排序算法，对出版时间、主题词等进行相关性排序，并对用户偏好和词频进行统计。

3）浏览功能的创新性研究　浏览功能是信息查询问题的一种有效的解决方法，操作简单，不需要用户付出很多努力和拥有高深的专业知识。长期以来，OPAC 研究主要集中在检索方面，包括检索点选取和检索方式方法研究等。目前，OPAC 已实现综合资源整合，用户不必登录各个数据库或 OPAC 系统。当前，应该重新认识 OPAC 浏览功能，以便能够找出浏览族性和特性检索的结合点。例如，可以把可伸缩的分类主题树引入 OPAC，采取可视化检索机制，系统能够自动对应学科名、主题词、关键词和分类号之间的各种关系，在浏览过程中用户可以随时增加限制条件来优化检索结果。

4）注重用户研究，提供个性化服务功能　OPAC 发展越来越面向用户，检索方法和界面设计等方面的发展都开始以用户需求为导向。OPAC 可以参照搜索引擎，通过个性资料及检索习惯的信息提取，分析用户习惯、检索行为，并对其加以指导和监控，实现自动优化用户检索效果等人性化和智能化的检索服务。

5）解决语言障碍 语言问题是 OPAC 发展中的障碍,图书馆、信息中心和系统开发公司都在进行实验并提出了一些解决办法,其中 OCLC 的 CJK OPAC(Chinese,Japanese, Korean Scripts)是一个全球性的多语言 OPAC。但是,多语种版本的在线选择、语言翻译机制的融入、书目信息语言选择机制的自动转化等问题还需要进一步研究。

6）设备软件和硬件界限的模糊 由于网络的高度发展,计算机现在已经不是唯一可以联网的机器,掌上电脑、手机等都可以上网。因此,为了进一步发展与普及用户,OPAC 系统现在要能够适应各种联机设备和操作系统,开发适应各种设备的检索界面。

7）整合 Web 2.0 技术 Web 2.0 是相对于 Web 1.0 的新一代互联网应用技术,是从核心内容到外部应用的全方位革命。由单纯通过网络浏览器浏览 HTML 网页的 Web 1.0 模式向内容更丰富、联系性更强、工具性更强的 Web 2.0 互联网模式的发展,已经成为互联网新的发展趋势。Web 1.0 到 Web 2.0 的转变,从模式上由单纯的"读"向"写"和"共同建设"发展,由被动接收网络信息向主动创造信息发展;从基本构成单元上由"网页"向"发表/记录的信息"发展;从工具上由互联网浏览器向各类浏览器和 RSS 阅读器等内容发展;运行机制上由"Client Server"向"Web Services"转变;作者由程序员等专业人士向普通用户发展;应用上由初级的应用向全面大量应用发展。Web 2.0 将成为驱动 OPAC 发展的新动力。

新的 OPAC 将具有个性化特征,能够反映机构特点及自身特色。OPAC 将提供社区型管理服务,为本地人口集成社会数据,通过 OPAC 网站为图书馆用户构建联系外部世界的桥梁。基于网络的 OPAC 将为用户提供内容更为丰富的信息服务,更加有效地满足用户信息查询的需要。

思 考 题

1. 图书目录能够揭示图书的哪些内容特征和形式特征?

2. 图书馆目录有哪些作用?

3. 按照常用的检索途径可将目录划分为哪几种?

4. 题名目录有什么特点?

5. 责任者目录有什么特点?

6. 分类目录有什么特点?

7. 主题目录有什么特点?

8. 按照目录的载体形态可将目录划分为哪几种?

9. 试述 OPAC 的发展趋势。

10. 机读目录有什么特点?

参 考 文 献

[1] 沈继武,萧希明.文献资源建设.武汉:武汉大学出版社,1991.

[2] 张治江,王辉.目录学辞典.北京:机械工业出版社,1990.

[3] 孙更新.文献信息编目.武汉:武汉大学出版社,2006.

[4] 于湖滨,董新华,川中.怎样利用大学图书馆.杭州:浙江大学出版社,1997.

[5] 刘俊熙,应允.计算机信息检索.北京:中国铁道出版社,2005.

[6] 范宝民,史敏,李志鹏.大学生与图书馆.北京:新华出版社,1998.

案例4 江苏大学图书馆信息查询系统使用说明

1. 登录系统

可通过两种方式登录江苏大学图书馆信息查询系统:

1) 进入江苏大学图书馆主页(网址:http://lib.ujs.edu.cn),然后点击主页左上角的"信息查询",如图5-1所示。

图5-1 图书馆主页

2) 在浏览器地址栏中键入网址:http://202.195.165.18:8080/opac/search.php,然后回车即可进入信息查询系统,如图5-2所示。

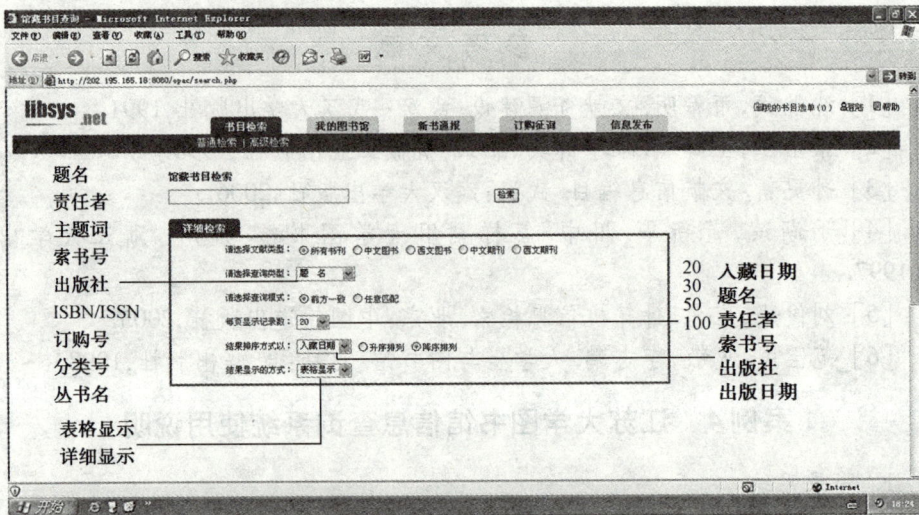

图 5-2　图书馆信息查询系统

图书馆信息查询系统共有五个功能模块——书目检索、我的图书馆、新书通报、订购征询和信息发布。登录系统的默认页面为书目检索，读者若想进入其他页面，只需点击相应的模块即可。例如，在信息查询系统页面点击"订购征询"就可进入订购征询页面。

2. 书目检索

该书目检索系统即为江苏大学图书馆的 OPAC 系统。任何人通过互联网的任何一台终端都能访问。读者通过书目检索可查询自己想要的书刊的目录信息和馆藏信息，如该书刊的版本信息（以此判断是否正是自己想找的那本书刊）、馆藏地（在哪个馆室可借到）、书刊状态（该书刊是否可借）、索书号（凭此号码可到馆藏地查找该书刊）。若该书刊全部借出，那么读者还可通过"读者预约"进行预约。

书目检索的方式有两种，一种是普通检索，另一种是高级检索。普通检索是只通过一种查询类型检索文献的方法，检索结果比较多，检准率低，有时需要在检索结果中进行二次检索才能准确找到自己想要的书刊。高级检索是通过多种查询类型组配检索文献的方法，检索结果很少，检准率高。

1) 普通检索

(1) 普通检索方法

普通检索是系统默认的书目检索方式。一进入信息查询系统就能看到普通检索页面，如图 5-2 所示。进行普通检索时，必须确定待查询文献的类型、查询类型、检索词和查询模式。

① 确定文献类型

进行书目检索时，首先要确定所要查找的文献类型，即确定所要查找的文献是中文图书还是西文图书,是中文期刊还是西文期刊。选择文献类型时可点击选项前的圆圈,使之出现一个绿色小圆点。若对此不作选择,则系统默认为"所有书刊"。

② 确定查询类型和检索词

确定从哪种途径如何查找书刊,这是最为重要的一步。从图5-2可以看到,普通检索共有九种查询类型。

a) 题名:书名或刊名,包括正题名、并列题名、副题名等。以题名作为查询类型时,可将完整的书名或刊名输入检索框中。但在不确知书名或刊名的情况下,输入检索框中的检索词不应太精确,以尽量扩大检索范围,避免漏检。例如,读者要查找《大学英语六级考试最常犯错误及分析》一书,若记不清具体的书名时,可用"大学英语六级考试"或"大学英语六级"作为检索词。

b) 责任者:通常包括书刊的著者、编者、辑者、译者、校订者、注释者、绘图者等。可能是某个人的姓名,也可能是某个机构或团体的名称,还可能是某个会议的名称。如果作者有笔名或化名,则宜选用最广为人知的名字作为检索词。例如,著名作家谢婉莹笔名为"冰心",书目检索时宜用"冰心"。

c) 主题词:经人工规范化处理的最能表达主题概念的语词,它不同于关键词。如果选用不当,则很难查到想找的书刊。所以,在使用主题词检索前,可查找相关的主题词表,如《汉语主题词表》,以确保主题词的准确性。例如,在《汉语主题词表》中,"自行车"这一词条中收录了"电动自行车"、"多速自行车"、"机动脚踏车"、"轻便自行车"等几个主题词。所以,当读者要利用词组"单车"查找自行车方面的书刊时,结果肯定为零。因为"单车"不是主题词。

d) 索书号:馆藏书刊书脊底部所贴书标上的号码,也称为分类排架号。凭借它可以到馆藏地查找书刊所在书架上的具体位置。本馆的索书号由中图分类号和著者号组成。例如,G258.6/Y74=2,斜杠前的G258.6是中图分类号,斜杠后的Y74=2是著者号。书标上的索书号没有斜杠,而是将中图分类号和著者号分上下两行排列,上一行是中图分类号,下一行是著者号。用索书号G258.6/Y74=2检索时,应在检索框中输入"G258.6/Y74=2",其中每一个标点都不能少。

e) 出版社:负责将书刊出版的机构名称。例如,通过出版社这一查询类型查找"上海科学技术文献出版社"出版的书刊时,在检索框中输入"上海科学技术文献"即可,"出版社"三个字可以不输入。

f) ISBN/ISSN:ISBN是"International Standard of Book Number"的首字母缩写,即国际标准书号。所有正规出版的普通图书版权页都有ISBN号。2007年1月1日之前出版的图书的ISBN号由前缀"ISBN"和10位数字组成。前缀"ISBN"与10位数字之间隔半格。10位数字分为4段,每段之间用短杠"-"连接,如"ISBN 7-5439-2551-6"。而2007年1月1日以后出版的图书的ISBN号有13位数字,如

"ISBN 978-7-01-005477-3"。ISSN 是"International Standard Serial Number"的首字母缩写,即国际标准连续出版物号。报纸、杂志、电子期刊、动态指南、年报等都有该号。ISSN 号由前缀"ISSN"和 8 位数字组成。前缀"ISSN"与 8 位数字之间隔半格。8 位数字分为 2 段,每段为 4 位数字,两段中间用短杠"-"连接。例如:期刊《中国档案》的 ISSN 号为"ISSN 1007-5054"。ISBN 和 ISSN 具有唯一性,所以,用 ISBN 和 ISSN 检索时查准率很高。尤其在查找多卷册书刊时,用 ISBN 和 ISSN 检索可省时省力。

g) 订购号:专供图书馆工作人员使用。

h) 分类号:索书号的前半部分就是分类号,它是分类表中类目的代号,也叫分类标记符号。本馆采用的分类法是《中国图书馆分类法》(简称《中图法》),所以该分类号是中图分类号。用某个分类号检索时,能够找到该分类号所代表的学科类目下的所有书刊。例如,《中图法》中"家畜"这一类目的分类号为"S858.2",其子类下有马(S858.21)、驴、骡(S858.22)、牛(S858.23)、骆驼(S858.24)、鹿(S858.25)、羊(S858.26)等多个子目。如果用"S858.2"作为检索词,则可找到包含马、驴、骡、牛、骆驼、鹿、羊等在内的各类家畜方面的书刊。若只用"S858.26"作为检索词,则只会找到与"羊"相关的书刊。

i) 丛书名:图书所属的丛书题名。丛书是指在一个总书名下汇集多种单独著作为一套,并以编号或不编号方式出版的图书。它通常是为了某一特定用途,或针对特定的读者对象,或围绕一定主题内容而编纂。一套丛书内的各书均可独立存在,除了共同的书名(丛书名)以外,各书都有其独立的书名。例如,乌家培主编的《信息经济学》是丛书《高等学校信息管理与信息系统专业系列教材》中的一本。如果想知道这套丛书都由哪些书组成,则可选择丛书名作为查询类型,并在检索框中输入丛书名"高等学校信息管理与信息系统专业系列教材"检索即可。

确定查询类型和检索词时应该注意的是,这二者之间必须一一对应。例如,查询类型是索书号时,检索框中就必须输入索书号,而不能输入 ISBN 号、题名或者其他。又如,查询类型是题名时,检索框中就必须输入题名,而不能输入责任者、出版社或其他。

③ 确定查询模式

查询模式有两种:一种是前方一致,另一种是任意匹配。选择查询模式时,只要点击选项前的圆圈使之成为一个绿色小圆点即可。这两种查询模式的区别在于:"前方一致"要求检索词必须出现在检索结果的最前方,对于检索词不是出现在最前方的书刊将检索不到。而"任意匹配"则没有这个要求,无论检索词出现在检索结果的什么位置,都将被检索到。很显然,采用任意匹配的查询模式其查全率高于采用前方一致的查询模式。例如,查询"信息检索"方面的书刊,如果选择"前方一致",则检中的书刊名称必须是以"信息检索"开头的,而"任意匹配"则不论"信息检索"出现在题名的任何位置都将被检中。这两种查询模式的检索方法和检索结果如图5-3～图5-6所示。图5-4中显示的是采用前方一致检索出的49条相匹配的记录。图5-6中显示的是采用任意匹配检索出的166条相匹配的记录。

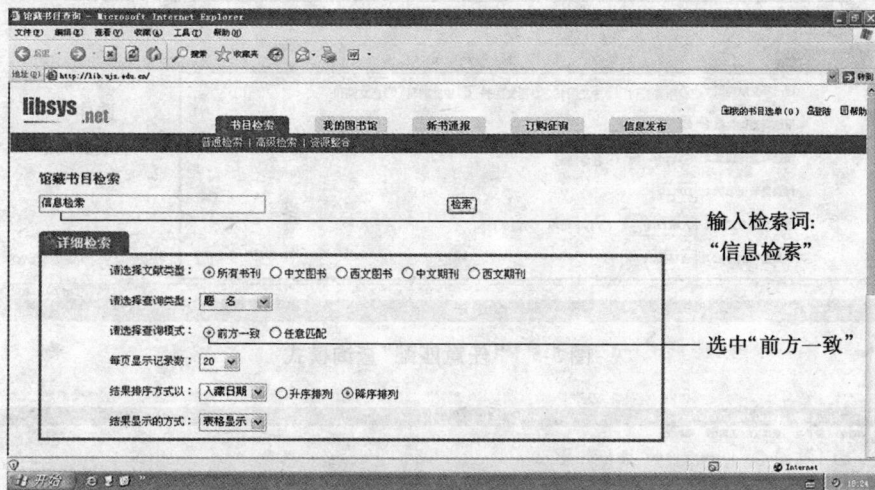

图 5-3 "前方一致"查询模式

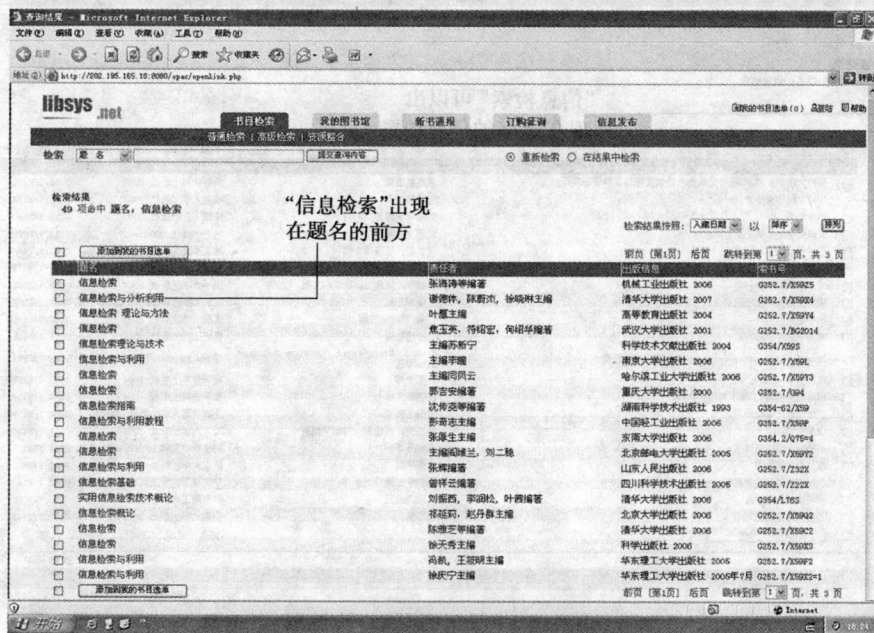

图 5-4 "前方一致"查询结果

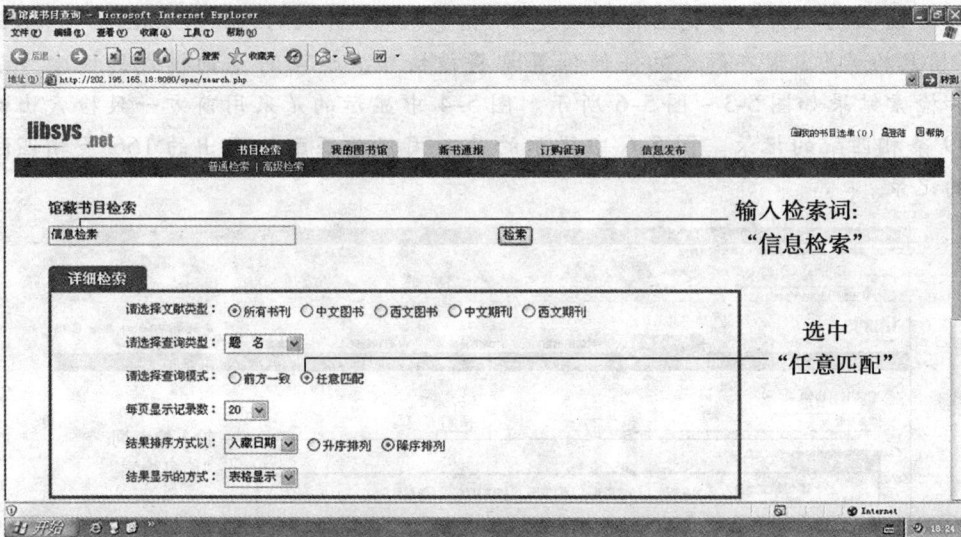

图 5-5 "任意匹配"查询模式

图 5-6 "任意匹配"查询结果

（2）二次检索

如果初次检索结果比较多，不便于查找相关书刊时，则可以在初次检索结果的基础上进行二次检索，以缩小检索结果的范围。

例如，接上例，若读者想在前方一致的 49 条检索结果中进一步查找张厚生主编的《信息检索》时，可在初次检索结果的页面上先将查询类型选择为"责任者"，其次在检索框中输入检索词"张厚生"，然后选中"在结果中检索"，最后点击"提交查询内容"即可，如图 5-7 所示。

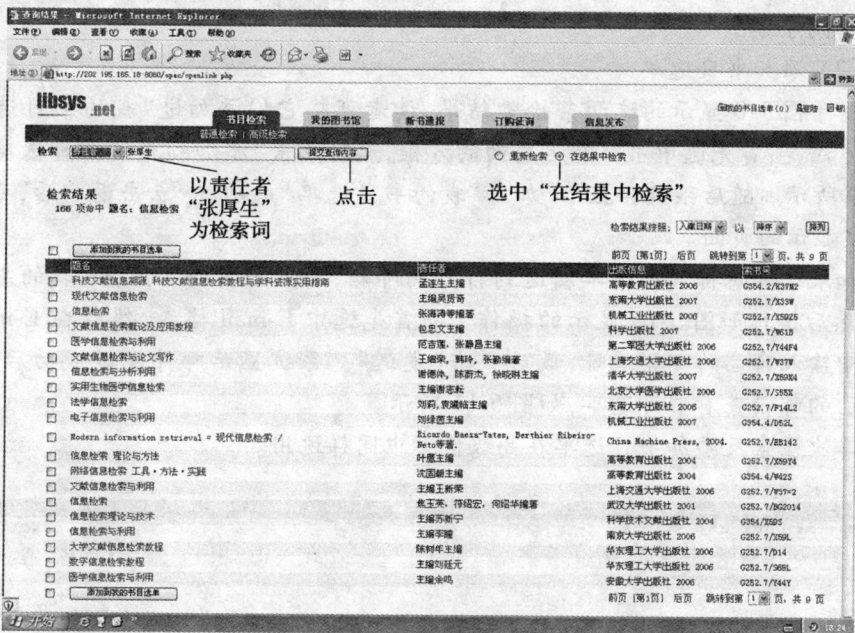

图 5-7　二次检索

二次检索结果显示有 2 条相匹配的记录，如图 5-8 所示。

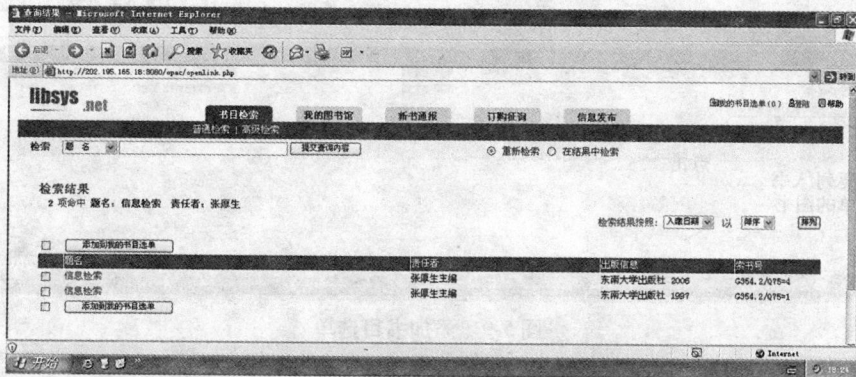

图 5-8　二次检索结果

点击记录中的题名项，则可进入该条记录的详细显示页面，它会详细显示图书的书目信息和馆藏信息。书目信息反映所检索图书的题名、责任者、ISBN 号、出版发行项、载体信息、其他责任者、中图分类号、图书主题及附注项等。馆藏信息反映所检索图书的索书号、条码号、年卷期、馆藏地、书刊状态及书刊当前借阅状态等。有时"书刊状态"为"非可借"或者"阅览"，则表示该书不可以外借或只可在室内阅读。读者根据书目信息可判断该书是否正是自己所要查找的，若正是自己要查找的，则可根据其馆藏信息中的索书号和馆藏地到书库中查找并办理借阅手续。

（3）添加书目选单

对于图 5-8 显示的这两条检索结果，读者可将它们添加进"我的书目选单"。操作方法是：首先选中书目题名前面的方框，然后点击"添加到我的书目选单"，如图 5-9 所示。随后系统会显示"加入'我的书目选单'成功"。点击返回后，可回到图 5-9 显示的页面。

如果读者想将书目选单发送到自己的邮箱，则点击页面右上角"我的书目选单"，然后执行如图 5-10 显示的操作。即首先选中 E-mail 格式，然后在 E-mail 地址框中输入自己的邮箱地址，最后点击"发送"。系统显示邮件发送成功后，可打开自己的邮箱查看书目选单，如图 5-11 所示。

二次检索及添加书目选单在高级检索中同样适用。

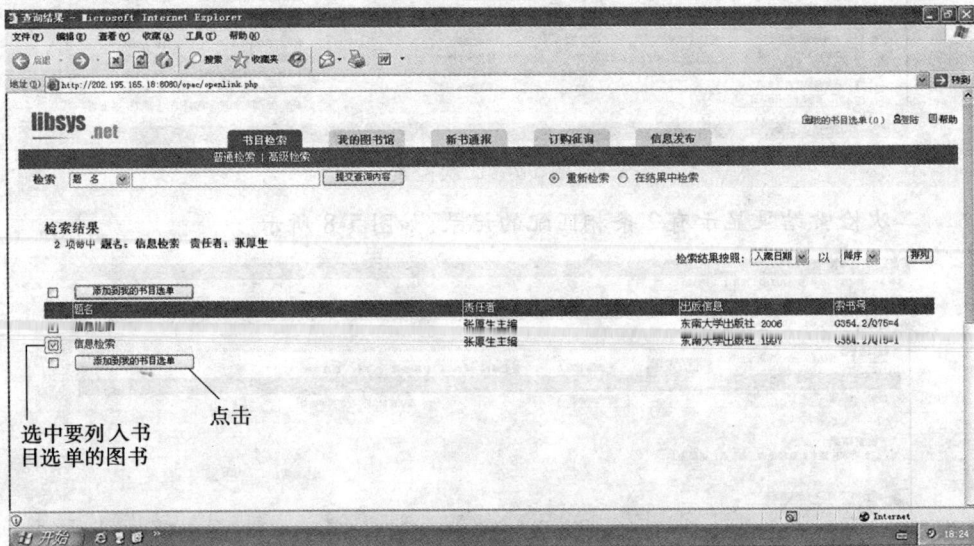

图 5-9　添加书目选单

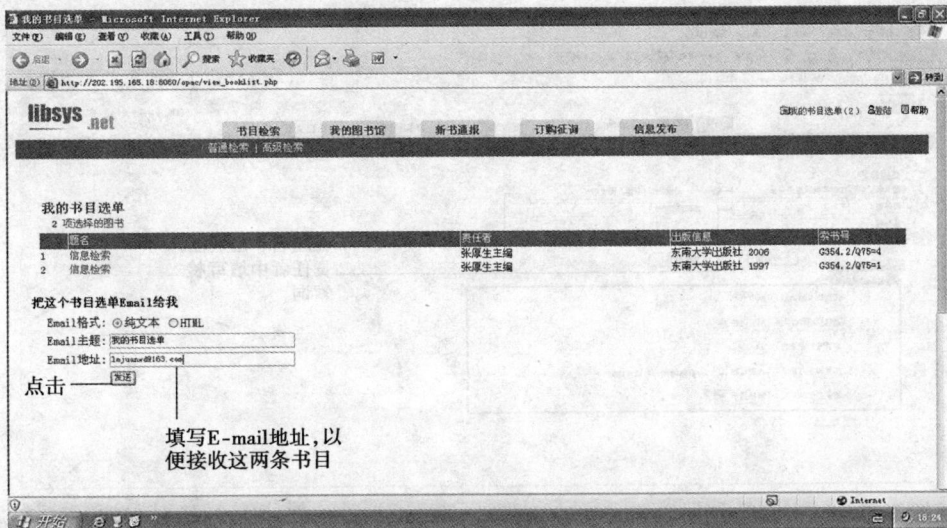

图 5-10 将书目选单发送到自己的电子信箱

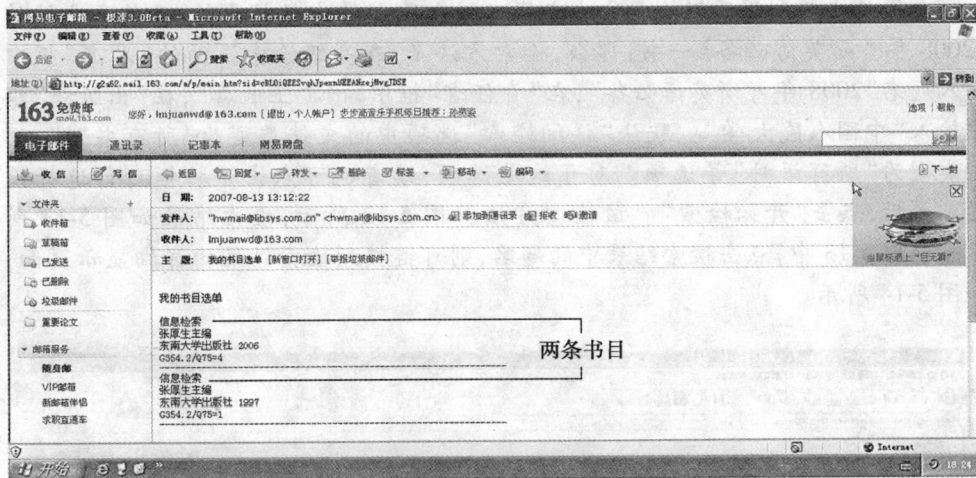

图 5-11 打开邮箱查看书目选单

2）高级检索

（1）高级检索方法

高级检索可将"题名"、"责任者"、"丛书名"、"主题词"、"出版社"、"ISBN/ISSN 号"、"索书号"及"起始年代"等查询类型进行组配检索，以缩小检索范围，提高检准率。在"书目检索"页面中点击"高级检索"就可进入高级检索页面，如图5-12 所示。

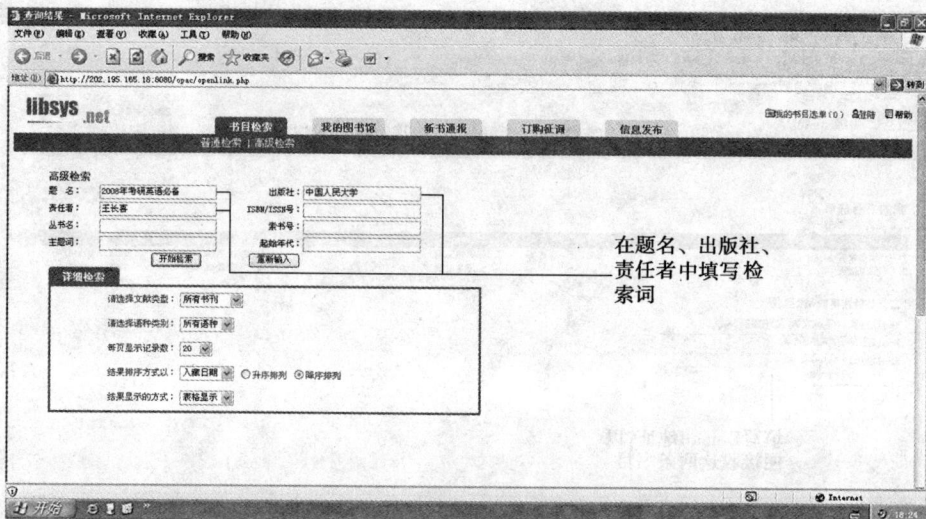

图 5-12　高级检索页面

　　如果读者想利用高级检索方法查找中国人民大学出版社出版、王长喜主编的《2008 年考研英语必备》一书,那么,检索方法是:在高级检索页面的"题名"框中输入题名"2008 年考研英语必备",在"责任者"框中输入"王长喜",在"出版社"框中输入"中国人民大学"。默认"详细检索"选项中的文献类型为"所有书刊",语种类型为"所有语种"等选项。对于这些选项,读者也可点击下拉框自行选择设置。最后,点击"开始检索"。该检索方法如图 5-12 所示,检索结果如图 5-13 所示。在图 5-13 中,点击检索结果中的题名,则可链接到检索结果的详细显示页面,如图 5-14 所示。

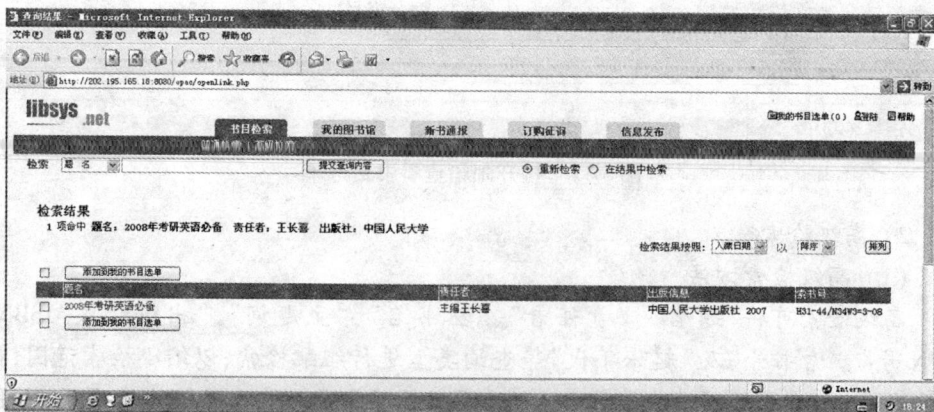

图 5-13　高级检索结果

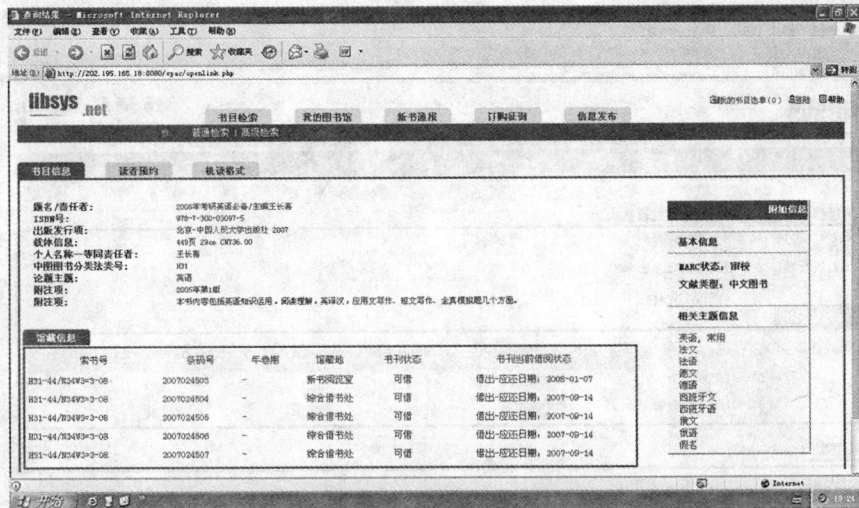

图5-14 详细书目信息

（2）读者预约

在图5-14所示的页面中，馆藏信息下五条记录中的"书刊当前借阅状态"都显示为"借出-应还日期"，这表示馆内有五本所要查找的《2008年考研英语必备》，但是这五本书都已被其他读者借走了。此时，若仍想借阅该书，则可通过"读者预约"预约此书。预约时应注意的事项有：① 预约书必须是外借书籍，阅览室内图书不能预约；② 本人正在借阅的图书不能预约；③ 图书在全部借出（开架书库、新书阅览室）的情况下，方可预约。

预约时，首先应登录"我的图书馆"（见后文），否则无法预约。登录成功后，应点击检索结果的详细显示页面中的"读者预约"，如图5-14所示。进入预约页面后，在预约信息中，首先选中预约项，接着，点击"执行预约"，如图5-15所示。随后，系统会显示"预约成功"。最后，在"我的图书馆"中"预约委托"里可以看到"已经预约的书刊"信息（见后文）。如果读者想取消预约，则须到"预约委托"中执行"取消预约"的操作（见后文）。

读者预约在普通检索中也适用。

3. 我的图书馆

在"我的图书馆"里，读者可以通过"读者信息"查看本人的相关信息，如本人的借阅等级、累计借书总量和当年借书总量等，并可更新自己与图书馆的联系信息；可通过"书刊借阅"和"借阅历史"查看当前和过去自己在何时何地借阅了哪些图书以及这些图书的归还日期；可查看自己的违章欠款、预约委托、到书情况、书刊遗失、借阅规则等信息；可在"读者定制"中设定已超期图书提醒、预约到书提醒和委托到书提醒等信息。

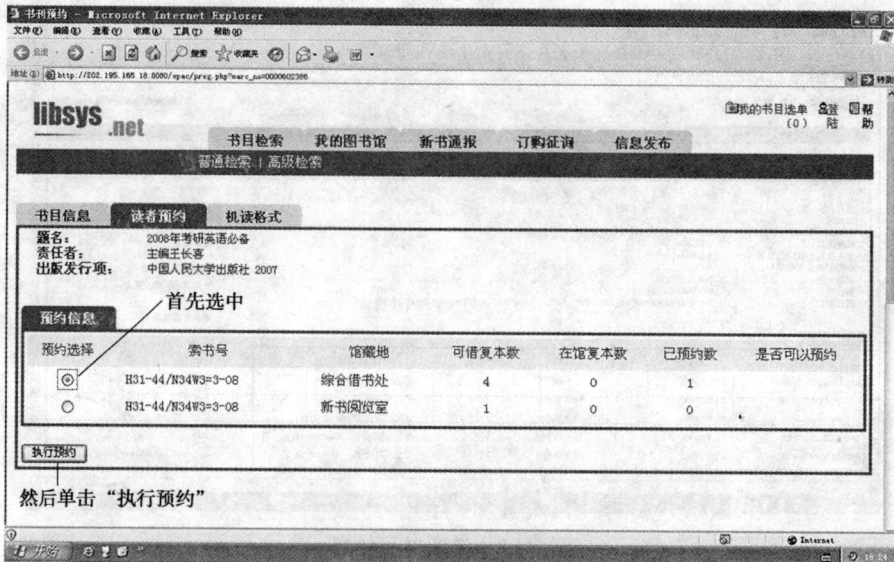

图 5-15 读者预约

1) 登录"我的图书馆"

在江苏大学图书馆信息查询系统的主页面(见图 5-2)点击"我的图书馆"就可进入"我的图书馆"登录页面。

登录时,输入用户名和密码后,再点击"提交查询内容"即可。读者在首次登录时,应该仔细阅读关于用户名和密码的"附注"项,以便顺利登录。登录"我的图书馆"如图 5-16 所示。

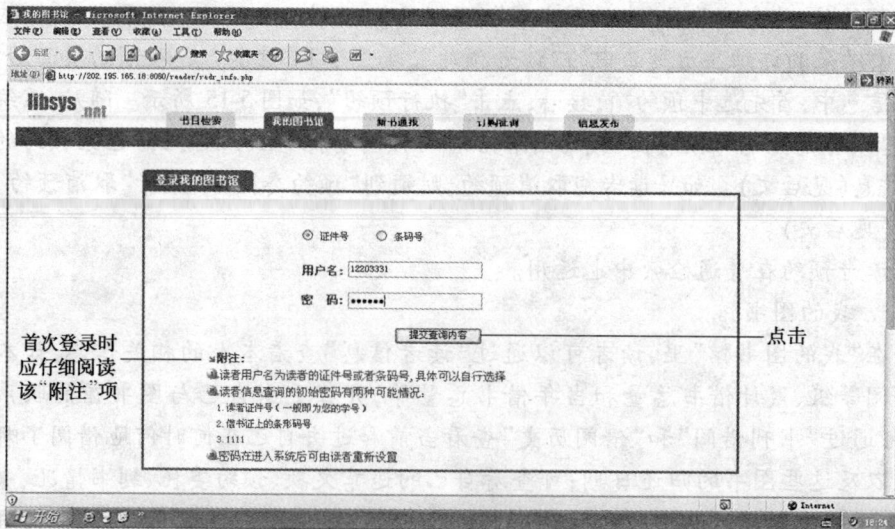

图 5-16 登录"我的图书馆"

2）查看、修改、定制各类信息

"我的图书馆"有以下功能模块：读者信息、书刊借阅、借阅历史、违章欠款、预约委托、到书情况、书刊遗失、读者定制和借阅规则。读者想查看哪方面的信息时，点击相应的功能模块就可进入相应的页面。

（1）读者信息

它的功能是：① 提供读者本人的相关信息，这包括读者身份、联系方式、总借阅量及其图书证等方面的信息，如图5-17所示。② 修改"我的图书馆"的密码。在"读者信息"页面右下角点击"修改个人密码"，然后进入密码修改页面。修改密

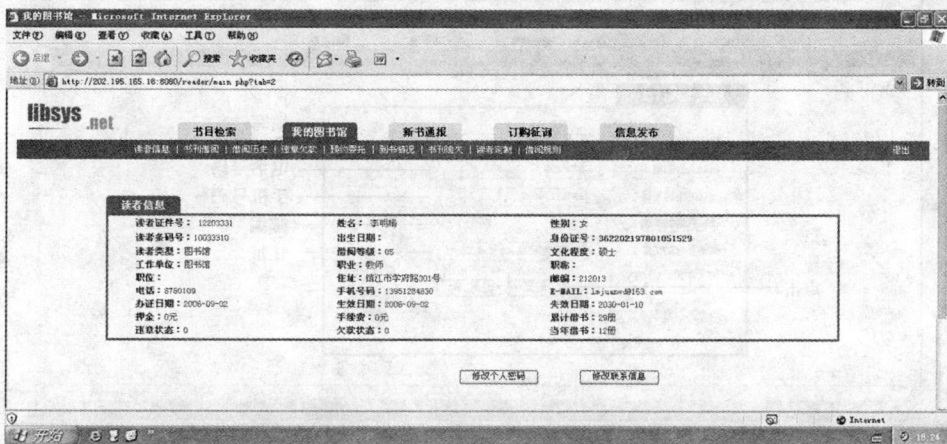

图5-17　读者信息

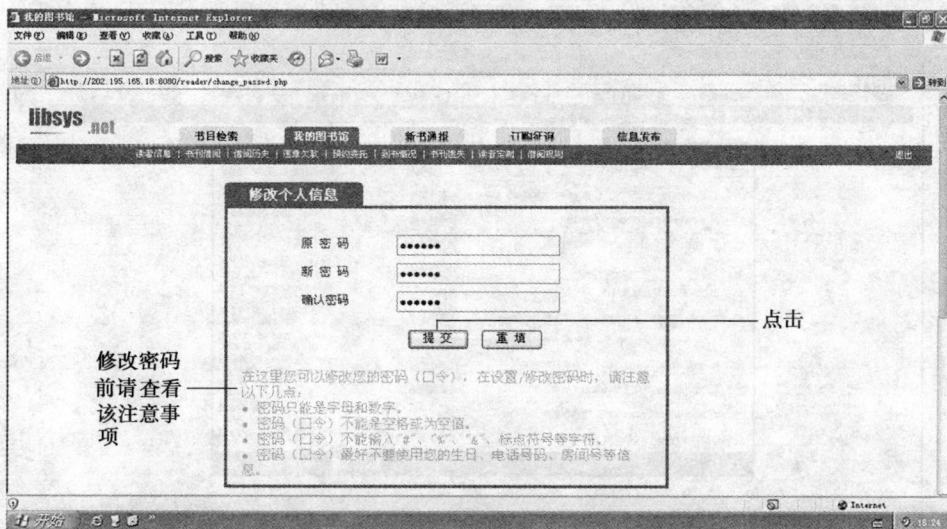

图5-18　修改个人密码

码前最好先查看该页面下密码修改注意事项。在"修改个人信息"栏中，输入原密码、新密码、确认密码后，点击"提交"，如图5-18所示。随后系统会显示密码修改成功的提示信息。③ 修改联系信息。联系信息包括读者个人的电话、电子信箱和住址等。这些信息是供图书馆联系读者用的。当读者的联系信息发生变化时，最好同时更新一下"读者信息"中的联系信息。修改联系信息的操作如图5-19所示，修改成功后，系统会提示"个人联系信息修改成功"。

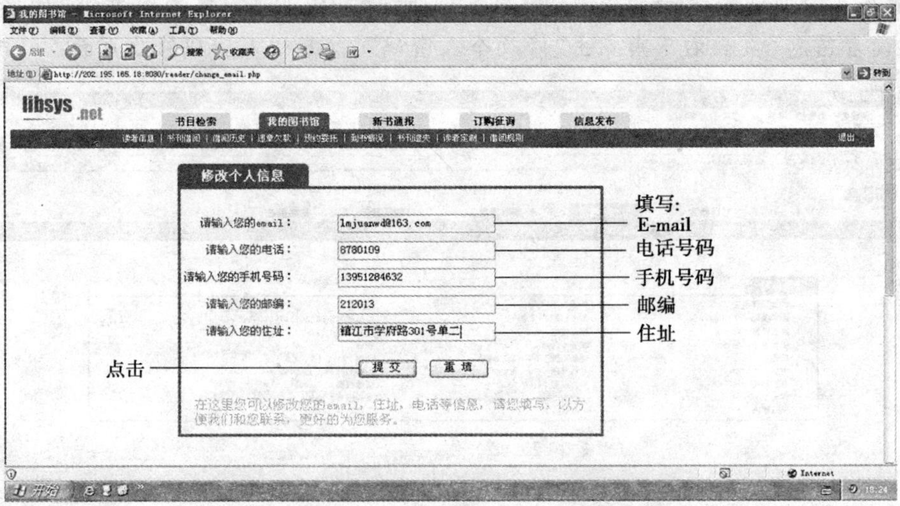

图5-19　修改联系信息

图5-20　书刊借阅信息

（2）书刊借阅

它的功能是：① 查阅读者当前借阅的书刊情况。这包括所借书刊的条码号、索书号、题名、作者、借阅日期、应还日期、所借书刊的馆藏地等。通过查阅这些信息，读者就能知道自己什么时候从哪里借了哪些书刊，什么时候到期，书刊借阅如图 5-20 所示。② 续借快到期的书刊。续借书刊时，在书刊借阅页面先选中想续借的书刊，然后点击页面右下角的"续借该书"即可，如图 5-21 所示。

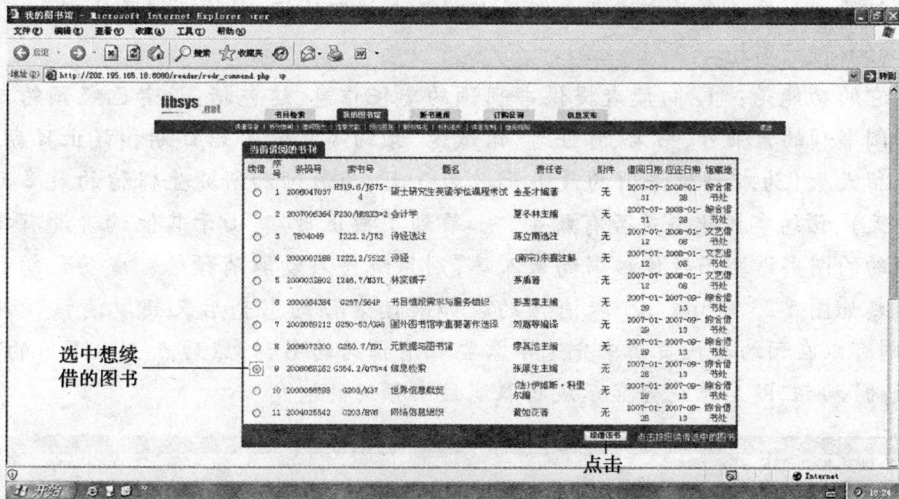

图 5-21　续借图书

图 5-22　借阅历史

（3）借阅历史

它的功能是向读者提供以下信息：什么时候在哪个馆藏地借过哪本书，是何时归还的。借阅历史可以反映读者的阅读倾向和爱好，是图书馆开展读者调查的重要依据，如图 5-22 所示。

（4）违章欠款

它的功能是向读者提供两类信息：一是读者违章记录，二是读者所借书刊超期欠款记录。如果读者并未违章或所借书刊并未超期的话，则该项记录为空。

（5）预约委托

它的功能是：① 向读者提供书刊预约委托信息，这包括：读者已经预约或委托借阅书刊的索书号、书名、责任者、馆藏地、预约委托的起始日期和截止日期、书刊保留天数（为本科生保留的最多天数为 3 天，为教师和研究生保留的最多天数为 5 天）、预约委托状态是否有效等。如果到了截止日期，由于其他读者没有将读者预约的图书返还而致使该书尚未入库，则系统将自动取消预约。成功预约的图书信息如图 5-23 所示。② 取消预约。如果读者预约书刊后又想取消该预约的话，则可以在预约委托页面中先选中需要取消预约的书刊，然后点击右下角的"取消预约"按钮，随后系统会显示成功取消该书预约的消息。

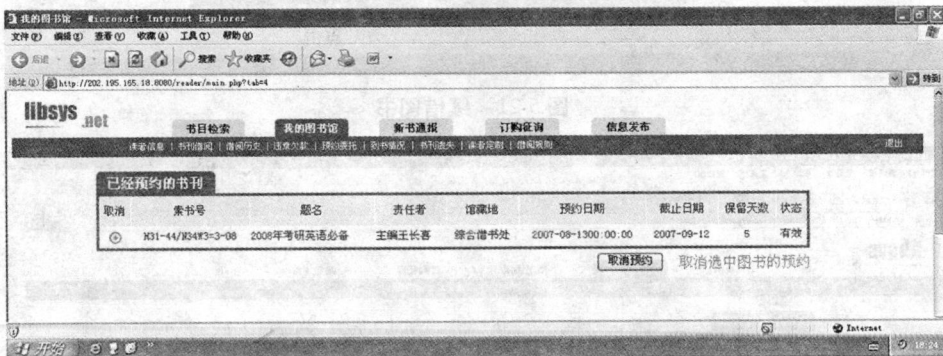

图 5-23　预约图书信息

（6）到书情况

它的功能是向读者提供已经预约的到书记录和委托借阅的到书记录。如果读者未预约或未委托借阅书刊的话，则该项记录为空。

（7）书刊遗失

它的功能是向读者提供其书刊遗失赔偿的记录信息。如果读者未曾遗失书刊的话，则该项记录为空。

（8）读者定制

它的功能是让读者自行设定以下信息：已超期图书提醒、预约到书提醒、委托到书提醒、图书到期提醒、关注的新书提醒。有了这些信息,读者就可尽量避免超期罚款,也可及时借阅所预约或委托借阅的图书,还可及时了解近期有哪些自己所关注的新书上架。需要注意的是,这里所说的"新书"并不是指最新采购来的图书,而是指最近上架可供借阅的图书。

读者想定制这些信息时,首先进入"我的图书馆"页面,然后点击页面中央的"修改读者定制信息"。随后可进入"定制我的图书馆"页面。读者想定制某类信息时,就在该信息前的方框中打勾。对于"提前多少天通知我即将到期的图书"和

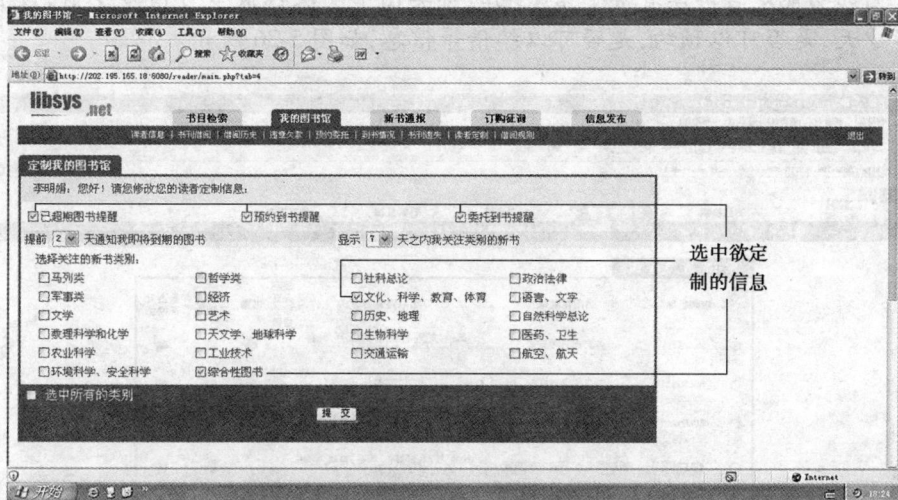

图 5-24 定制个性化信息

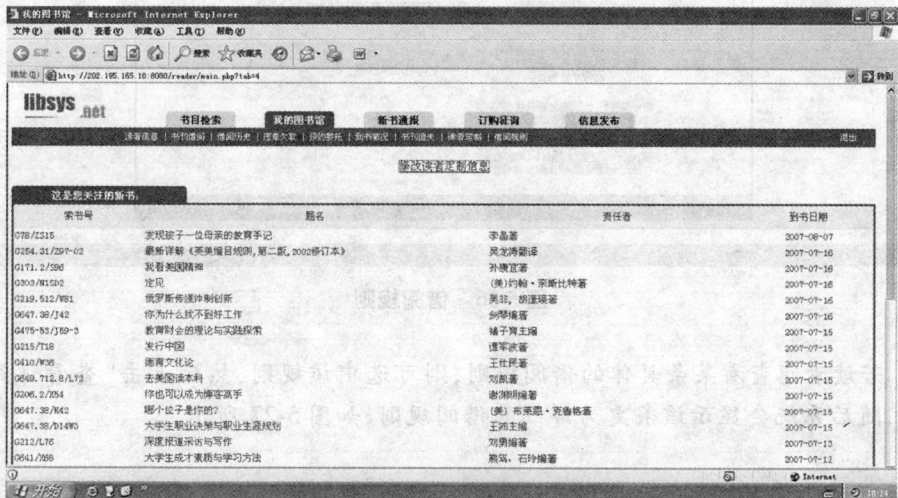

图 5-25 定制信息提示

"显示多少天之内我关注类别的新书",可以在下拉框中选"0~7"天。对于新书关注类别,该页面共显示了《中国图书馆分类法》中的 22 个大类。读者若想关注某类,就可在该类别前面的方框中打勾,也可在左下角"选中所有类别"前面的方框中打勾,以示全选,如图 5-24 所示。选中定制的信息后,点击"提交"即可,随后系统会显示"你已经成功修改了定制信息"。读者下次一登录"我的图书馆"就会发现该主页面显示了所定制的信息,如图 5-25 所示。

(9)借阅规则

它的功能是告诉读者哪个馆藏地的哪类图书一次性最多可借多少册,最长能借多少天,是否可以预约,是否可以续借等信息,如图 5-26 所示。

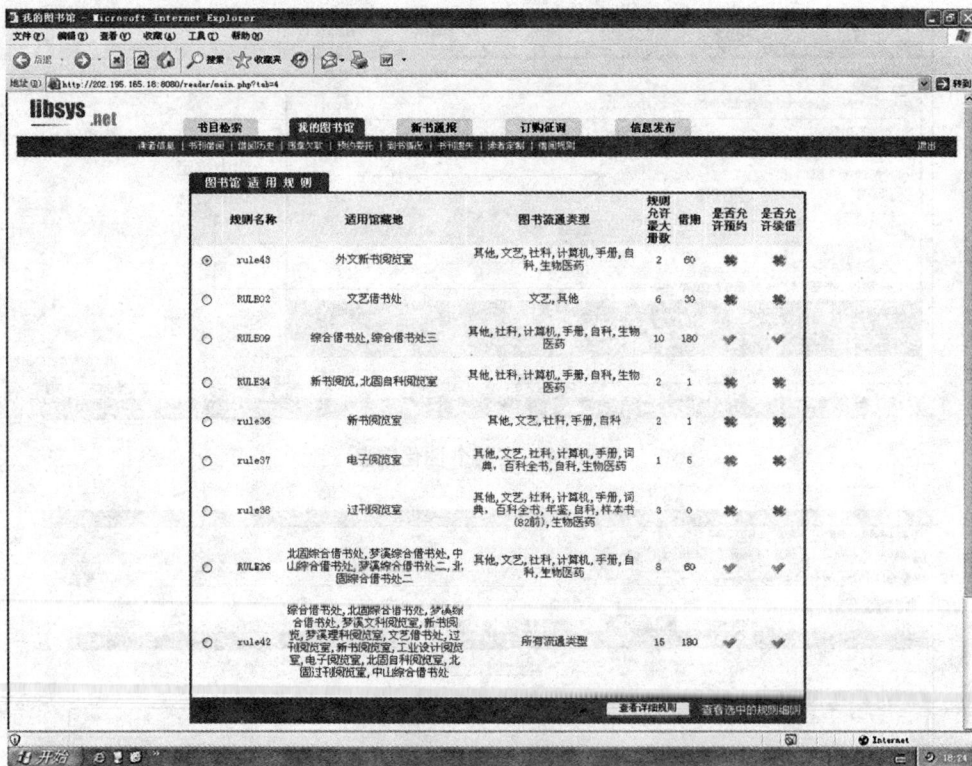

图 5-26 借阅规则

若读者想查看某条具体的借阅规则,则可选中该规则,然后点击"查看详细规则",随后系统会显示该条更为详细的借阅规则,如图 5-27 所示。

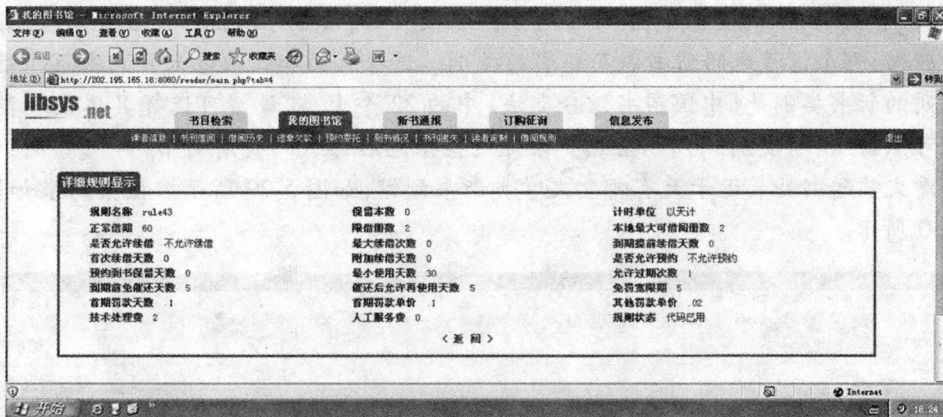

图 5-27   借阅规则详细信息

4. 新书通报

它的功能是全面及时地反映图书馆各个馆藏地最近一个月来全部新书的入藏情况。读者通过选择时间段和指定馆藏地可详细查看该馆藏地在该时间段新书入藏情况一览表,包括题名、著者、出版信息、索书号、入藏日期等。单击任何一条记录,系统将进一步显示该项记录的详细馆藏信息和完整的 MARC 信息,读者可根据系统提示的馆藏地和书刊借阅状态到相应的馆藏地及时借阅新书。如果所要借阅的书刊已借出,可通过点击"预约"按钮预约该种书刊。

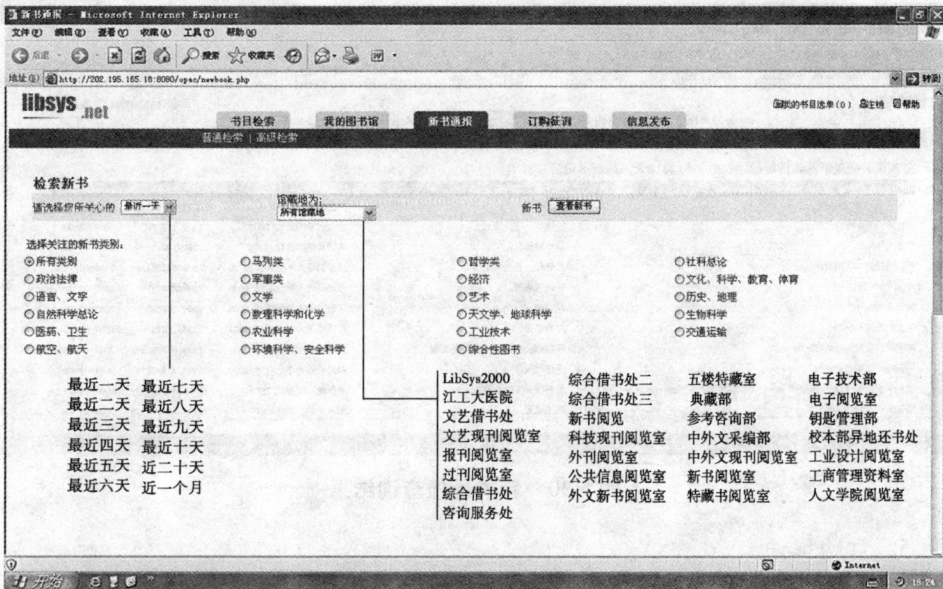

图 5-28   新书通报

　　"新书通报"的页面如图 5-28 所示。在该页面，读者可以自行设置查询哪几天的新书、哪个馆藏地的新书以及新书的类别。选择天数和馆藏地只需点击下拉框。所列的新书类别是《中国图书馆分类法》中的 22 个大类，读者可选择具体某一类，也可点击"所有类别"，以示全选。设定这些信息后，点击"查看新书"即可。例如，查看文艺借书处最近十天有哪些文学类新书到馆，如图 5-29 所示。检索结果如图 5-30 所示。

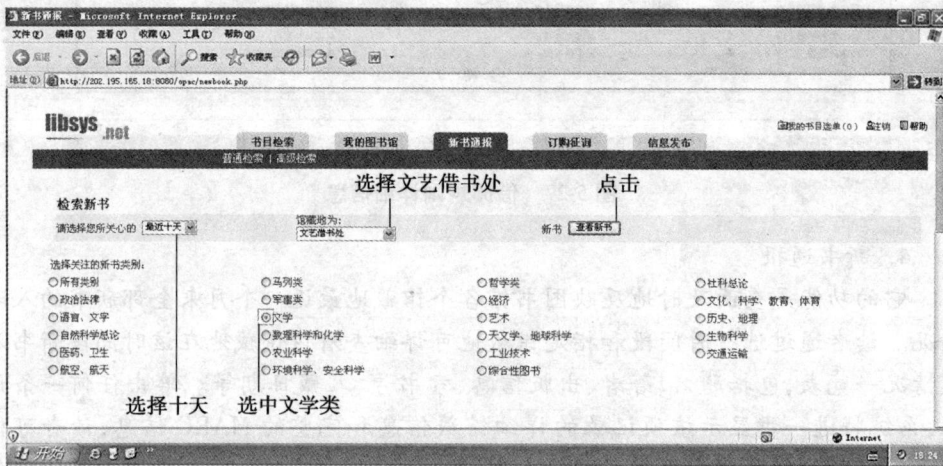

图 5-29　新书通报查询

图 5-30　新书通报查询结果

5. 订购征询

　　该功能模块的利用实现了网上书刊订购征询与读者荐购服务，使图书采访人员与读者之间的联系更直接，能及时得到读者对馆藏文献及其所需文献的信息，对图书馆的藏书建设起到非常重要的作用。图书采访人员拿到书商的供书目录后，即迅速把目录通过数据转换转入到汇文系统中，这样采访目录明细会实时地出现在 OPAC 之中，供广大师生读者选择、荐购。读者在书刊征订列表中选择任一征订目录，点击"书刊征订详细信息"按钮即可展开该征订目录的书刊征订明细，选择想荐购的书刊，然后点击"填写荐购表单"按钮，在所选书刊荐购列表上填上荐购理由、荐购册数等，同时填写本人详细信息，包括姓名、单位、职称、联系方式等，以便图书馆员能与本人取得联系、沟通意见等，最后点击"提交表单"按钮即荐购成功。这些荐购信息通过 OPAC 便能实时地反馈给采访人员，采访人员根据读者荐购信息，便能及时地调整采购计划，有针对性地采购读者所需文献，尽量满足广大师生的文献信息需求，从而更好地为教学科研服务。

1) 征订书目检索

系统默认为"征订书目检索"。所以，读者在信息查询系统主页面点击"订购征订"，直接就进入了"征订书目查询"页面。它提供的查询类型除没有"索书号"外，其余和书目检索的查询类型一样。这是因为读者要查询的是尚未订购的图书，这些图书未经图书馆编目，所以没有索书号。

当读者非常明确地想推荐图书馆购买某本书时，可通过"征订书目检索"来推荐采购该书。例如，某读者想订购"康德哲学"方面的图书，那么首先应进入"征订书目查询"页面；然后，选择"题名"作为查询类型，并在查询内容中输入检索词"康德哲学"；最后点击"确定"。检索操作如图 5-31 所示。

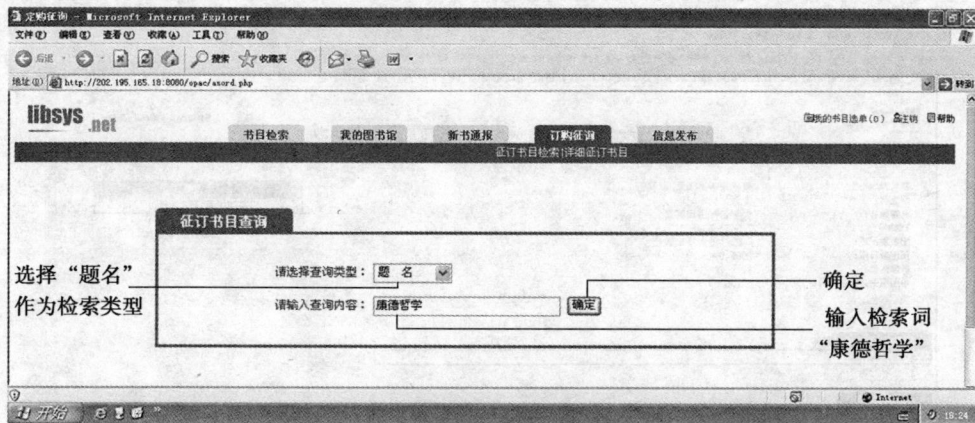

图 5-31 征订书目查询

检索结果如图 5-32 所示。

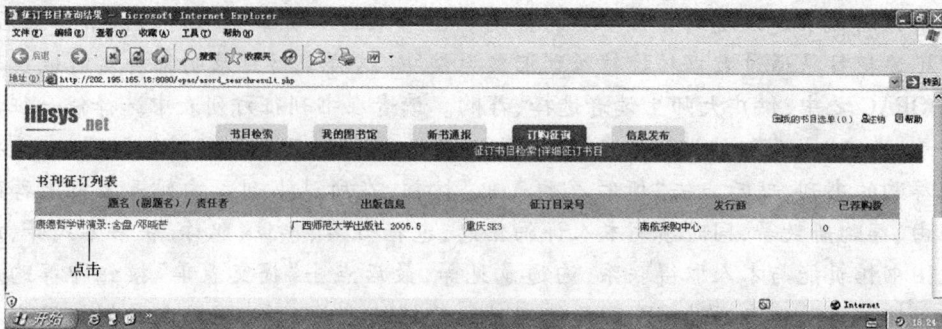

图 5-32　征订书目查询结果

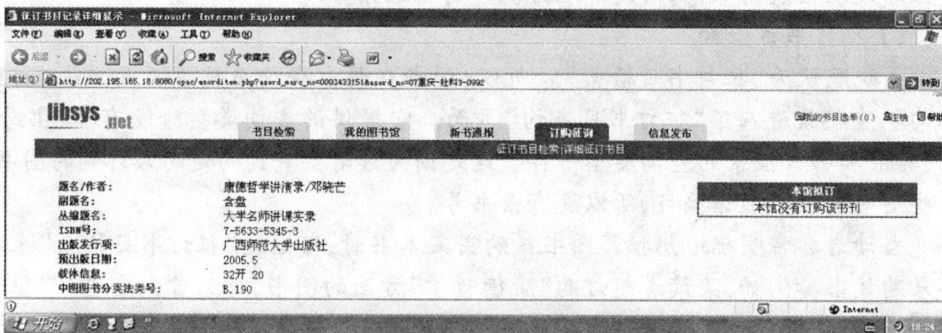

图 5-33　征订书目详细信息

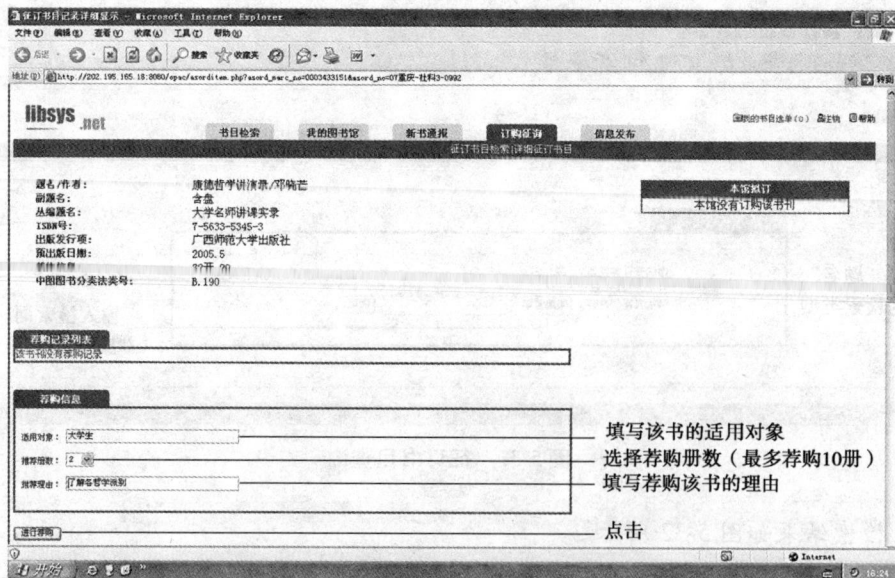

图 5-34　荐购图书

　　检索结果显示有一条"康德哲学"方面的书目信息。而且，当前该书没有任何人荐购。即便已经有其他人荐购了，该读者也可荐购，二者互不影响。这本书到底是不是自己想荐购的呢？这时可以点击该条记录中的"题名(副题名)/责任者"项，查看此书的"征订书目记录详细显示"。如图5-33所示。从显示的书目信息可以判断这本书是不是自己想荐购的那本。如果读者想荐购这本书的话，则需在此页面填写"荐购信息"，并点击"进行荐购"，如图5-34所示，系统会显示荐购成功。随后，可看到荐购记录列表中已有荐购信息，如图5-35所示。

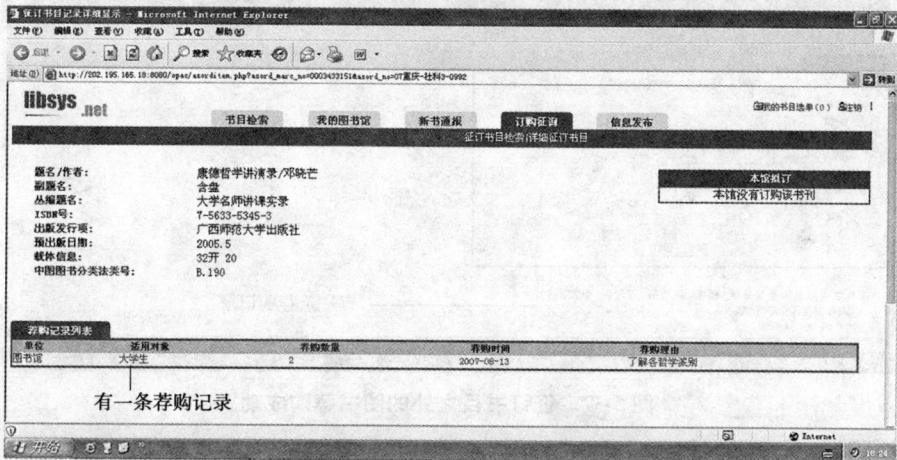

图5-35　荐购图书信息

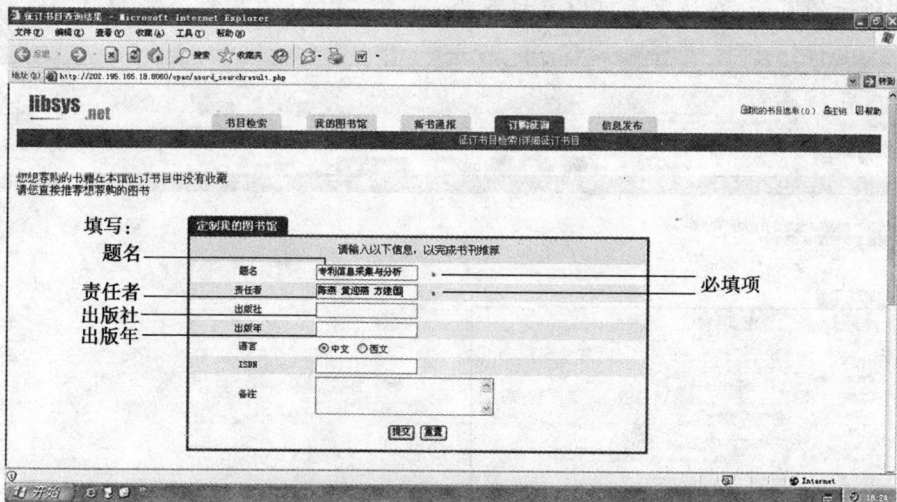

图5-36　荐购征订书目之外的图书

　　如果在"征订书目查询"中未检索到欲荐购的图书，这时系统会提示："您想荐购的书籍在本馆征订书目中没有收藏,请您直接推荐想荐购的图书。"读者在该页面输入图书的题名(必填项)、责任者(必填项)、出版社、出版年、ISBN 号等信息,就可荐购此书,如图 5-36 所示。提交荐购信息后,系统会显示这些荐购信息,如图 5-37 所示。

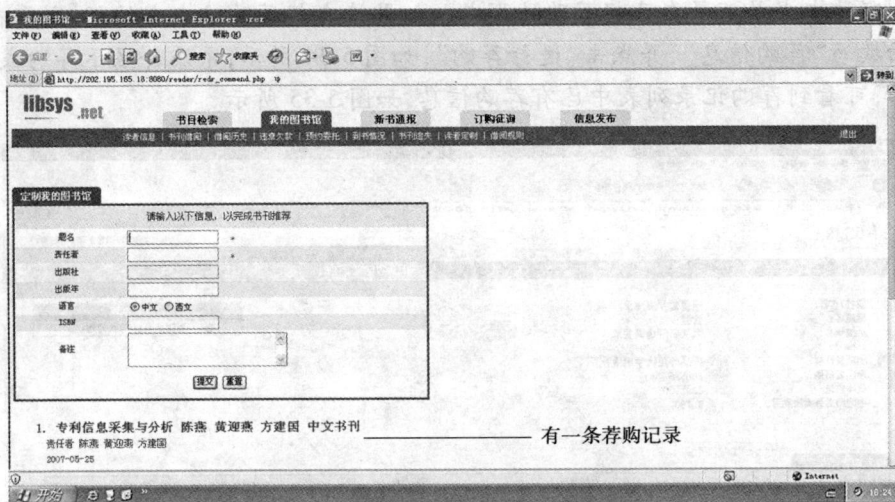

图 5-37 征订书目之外的图书荐购成功

如果读者想直接荐购某图书而不管本馆征订书目中是否包含该书,那么可在"征订书目查询"页面不进行查询而直接点击"确定"按钮。这样,读者就进入了图 5-38 所示的页面,在该页面可以直接荐购。

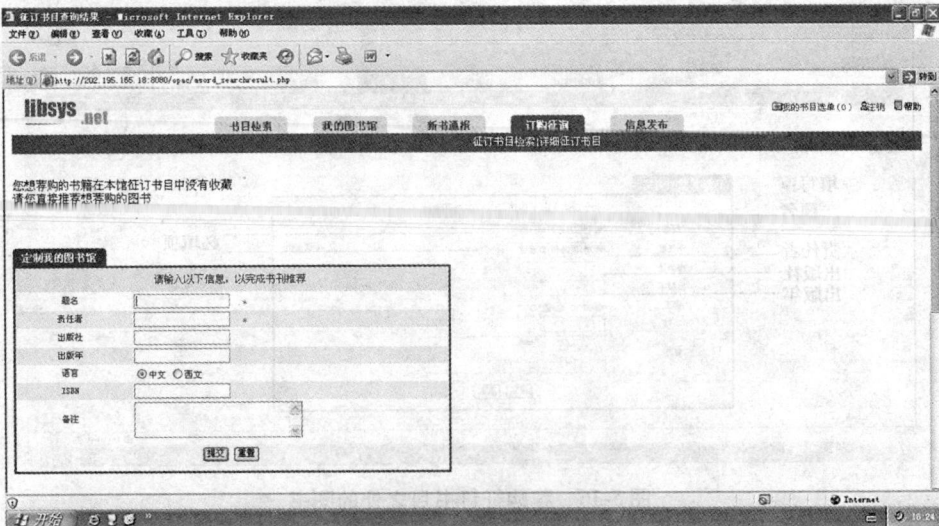

图 5-38 直接荐购图书

2）详细征订书目

当读者没有明确的荐购对象时,可以查看"详细征订书目",以此判断有哪些书刊值得荐购。要进入"详细征订书目"页面时,只需在"订购征询"页面点击"详细征订书目"即可。

图 5-39　详细征订书目

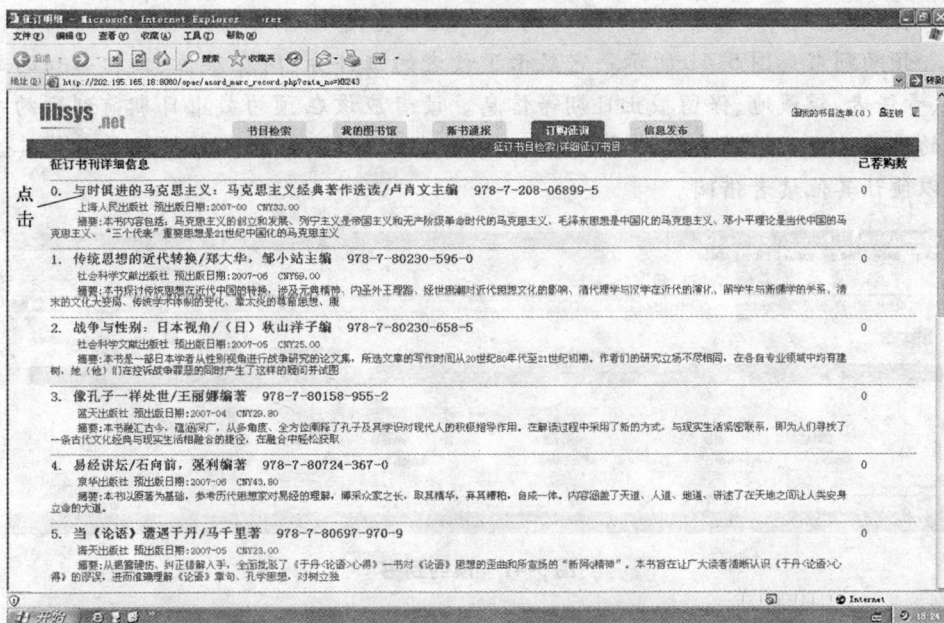

图 5-40　征订书刊详细信息

"详细征订书目"页面如图 5-39 所示。它显示了书刊征订列表,列表中包含了书刊征订目录号、发行商、征订截止日期等信息。已过征订截止日期的书刊不能荐购。接着,读者点击相应的征订目录号就可查看详细的书目信息。例如,点击图5-39 中编号为"4"的征订目录就可进入"征订书刊详细信息",如图 5-40 所示。在此页面上下拉动滚动条可看到 4 999 条图书目录,它们是按《中国图书馆分类法》的22 个大类从上至下排列的。书目信息包括:题名、作者、国际标准书号、出版社、预出版日期、单价、摘要和已荐购数等。如果读者看中了哪本书想荐购的话,点击题名就可进入如图 5-34 所示的页面,在该页面读者就可荐购图书了。

6. 信息发布

信息发布模块能详细显示预约到书、超期罚款、超期催还、委托借阅、无效邮件等内容。预约到书列表是通知读者的预约到书情况一览表,包括预约读者的姓名、单位、证件号以及预约书刊保留截止日期,读者必须在保留截止日期前到相应馆藏地办理借阅手续,否则该预约自动失效。超期催还列表显示所借书刊已经存在超期的读者,这些读者应查询自己的借阅信息,并立即归还超期书刊,否则在书刊存在超期情况下读者不能再借阅书刊,同时书刊滞纳金按日期递增,造成不必要的损失。超期罚款列表显示有超期欠款的读者,这些读者的超期书刊已还,但还未按规定缴纳书刊滞纳金,应主动到书刊外借处缴纳。

1) 预约到书

在"信息发布"页面点击"预约到书",就可查看所有读者预约书刊的到馆情况。预约到书如图 5-41 所示。它显示了读者的证件号、所在单位、预约书刊的题名、责任者、馆藏地、保留截止日期等信息。读者应该在预约截止日期前到预约书刊的馆藏地办理借阅手续。对已过截止日期但仍未被借阅的书刊,馆员会将其上架以便让其他读者借阅。

图 5-41　预约到书

2) 超期罚款

在"信息发布"页面点击"超期罚款",就可查看哪些读者因书刊超期而应缴罚款,如图 5-42 所示。它显示了应缴罚款者的证件号及其单位。

图 5-42　超期罚款

3）超期催还

在"信息发布"页面点击"超期催还"，就可查看哪些读者因所借书刊即将到期而被催还，如图 5-43 所示。它显示了被催还者的证件号及其单位。

图 5-43　超期催还

4）委托借阅

在"信息发布"页面点击"委托借阅"，就可查看读者委托借阅书刊的到馆情况，如图 5-44 所示。它显示了已办理委托借阅手续的读者的证件号、委托借阅书刊的题名、索书号、财产号、馆藏地、到书日期和截止日期。读者应在截止日前办理借阅手续。

图 5-44　委托借阅

5）无效邮件

在"信息发布"页面点击"无效邮件"，就可查看无效邮件列表，如图 5-45 所示。无效邮件是读者在"我的图书馆"中的"读者信息"里填写的本人 E-mail 地址。经图书馆技术部测试，一些无法收到图书馆通知（如催还通知、委托借阅到书通知等）的电子信箱就被列为"无效邮件"。读者若想收到这些通知，就必须在"读者信息"中填写正确的 E-mail。

图 5-45　无效邮件

6   计算机网络与数字图书馆

随着计算机和网络技术日新月异的发展,特别是因特网的普及应用,人类社会已经进入了数字化的信息时代。当代大学生要保持自身知识的不断更新,就必须不断学习。学习过程实际上就是获取信息和使用信息的过程。因此,信息的获取和利用能力显得尤为重要。只有具备了优秀的信息素质,才能提高学习能力。而良好的信息素质离不开计算机的应用能力,大学生只有熟练掌握了计算机的应用技能,才能更好地获取和利用信息,提高个人信息素质。本章将介绍计算机的一些相关知识以及计算机在高校图书馆中的应用。

6.1   计算机基础知识

6.1.1   什么是计算机

电子计算机(Computer)是一种能够对各种信息进行存储和处理的电子装置。它是20世纪科学技术进程中最卓越的成就之一。它的出现为人类社会进入自动化和信息化时代奠定了坚实的基础,有力地推动了其他科学技术的进步和发展,对人类社会的发展产生了极其深刻的影响。

计算机的发展经历了以下四个阶段:

第一代(1946—1957年),以电子管为逻辑部件,以延迟线、磁芯和磁鼓等为存储手段。软件上采用机器语言,后期采用汇编语言;

第二代(1958—1965年),以晶体管为逻辑部件,内存用磁芯,外存用磁盘。软件上广泛采用高级语言,并出现了早期的操作系统;

第三代(1966—1970年),以中小规模集成电路为主要部件,内存用磁芯、半导体,外存用磁盘。软件上广泛使用操作系统,产生了分时、实时等操作系统和计算机网络;

第四代(1971年至今),以大规模、超大规模集成电路为主要部件,以半导体存储器和磁盘为内、外存储器。在软件方法上产生了结构化程序设计和面向对象程序设计的思想。另外,网络操作系统、数据库管理系统得到广泛应用。微处理器和微型计算机也在这一阶段诞生并获得飞速发展。

6.1.2　计算机的特点[1]

计算机的特点主要包括以下几个方面：

1）运算速度快。这是计算机最显著的特点。现在最快的微型机已经达到了每秒数十亿次的运算速度。

2）精确度高。一般的微型机可以达到十几位有效数字，巨型机可以达到更高的精确度。

3）有记忆能力。计算机能够存储数据、程序以及计算处理的结果，在多媒体条件下，计算机还能够存储声音、图片及视频等。

4）有逻辑判断能力。计算机可以进行各种逻辑判断，从而实现自动化。

5）能在程序控制下进行自动工作。计算机内部操作运算都是按照事先编制的程序自动进行的，不需要人们进行干预。

6.1.3　计算机的分类[2]

计算机品种繁多，可从不同角度进行分类。按计算机运算速度、字长、存储容量、软件配置及用途等多项性能指标划分，主要有高性能计算机、微型计算机、工作站、服务器和嵌入式计算机等。

1）高性能计算机

高性能计算机是指运算速度最快，处理能力最强的计算机，过去称为巨型机或大型计算机。目前，高性能计算机的运算速度可达35万亿次/秒，峰值运算速度可达到40万亿次/秒。高性能计算机数量不多，却有着重要和特殊的用途。现代高性能计算机主要用于核物理研究、核武器设计、航天航空飞行器设计、国民经济预测和决策、能源开发、中长期天气预报、卫星图像处理、情报分析等各种科学研究领域，是强有力的模拟和计算工具，对国民经济和科技发展起着重大作用。

2）微型计算机

微型计算机又称个人计算机(Personal Computer,简称 PC)。在各种类型的计算机中，微型计算机发展速度较快，性能/价格比较高，应用最广泛。微型计算机采用先进的微处理器作为 CPU，当今奔腾 P4 的最高主频已达 3.0GHz 以上，运算速度达 20亿次/秒，内存容量主流配置是 512MB，硬盘容量为 160GB。微型计算机主要有台式机和笔记本电脑两种。

3）工作站

工作站是一种介于微型计算机与高性能计算机之间的高档微机系统。它配有高速整数和浮点数运算处理部件，巨大的虚拟存储空间，人机交互接口和网络通信接口以及功能齐全的各类软件。高档工作站 CPU 可多达 20 个。工作站的数据处理、图形图像处理和网络连接能力比台式微型计算机更强,因此广泛应用于科学计算、软件工程、CAD/CAM 和人工智能等领域。

4)服务器

服务器(Server)是一种高性能计算机,用于网络管理、运行应用程序、处理网络工作站成员的信息请求等,并连接一些外部设备,如打印机、CD-ROM、调制解调器等。根据其作用的不同可分为文件服务器、应用程序服务器和数据库服务器等。

广义上,服务器是指向运行在其他计算机上的客户端程序提供特定服务的计算机或软件包。一台单独的服务器计算机上可以同时有多个服务器软件包在运行,也就是说,它可以向网络上的客户提供多种不同的服务。

5)嵌入式计算机

嵌入式计算机是将计算机作为一个信息处理部件嵌入到其他设备中,使其成为智能化和自动化程度更高的设备。软件固化到计算机内部,用户不可修改。为降低成本,人们将单片机作为嵌入式计算机,目前广泛应用于军事医疗设备、汽车和家用电器中。单片机是一种最简单的计算机,它由中央处理器、存储器和输入/输出接口组成,通常将这些部件集成在一个芯片上。

随着处理器技术和并行处理技术的发展,采用多处理器技术研制高性能计算机已成为计算机研究的一个重要方向。目前计算机技术正朝着高性能和微型化两个方向发展。研制高性能计算机是国力的象征和尖端技术的需要,而研制微型计算机则是市场的需求。

6.1.4   计算机系统的构成[2]

一个完整的计算机系统由硬件系统和软件系统两大部分组成。前者是借助电、磁、光、机械等原理构成的各种物理部件的有机组合,是系统赖以工作的基础。后者是为运行、管理和维护计算机而编制的各种程序、数据和文档的总称。

1)计算机硬件

计算机硬件系统结构由存储器、控制器、运算器、输入设备和输出设备五大部分组成。控制器和运算器合在一起成为 CPU(中央处理器)。存储器和中央处理器构成主机。在计算机硬件系统中不属于主机的设备都是外部设备,简称外设。主机和外设合在一起构成计算机硬件系统。通常将一个仅由硬件组成的计算机称为"裸机"。

2)计算机软件

计算机软件是相对硬件而言的。所谓软件是指为运行、维护、管理、应用计算机所编制的所有程序的总和。软件可分为系统软件和应用软件。系统软件是指用于计算机系统内部的使用、管理、维护、控制和运行以及计算机程序编制、翻译、装入、控制和运行的软件,它为应用软件提供运行平台,为开发应用系统提供工具。

系统软件包括操作系统、语言处理系统、数据库管理系统和服务程序四大类。应用软件是针对某一应用目的而开发的软件。应用软件可以分为通用应用软件和专用应用软件两大类。

6.1.5　微型计算机操作系统[2]

操作系统是计算机系统中非常重要的系统软件,其功能是管理和控制计算机软件和硬件资源,使计算机各部分协调工作;合理组织计算机工作流程,为用户使用计算机提供友好的人机界面,方便用户使用计算机系统。

1) 常见操作系统简介

在计算机发展史上,出现了许多著名的操作系统,如 CP/M 系列,MS DOS 系列和 Windows 系列等都是微机操作系统。UNIX 是目前市场上应用比较广泛的操作系统,是笔记本电脑、PC、PC 服务器、中小型机、工作站、大型机机群集、SMP 和 MMP 各系列计算机的通用操作系统。Linux 是 20 世纪 90 年代以来发展最迅速的操作系统。

(1) DOS 操作系统

DOS 是磁盘操作系统,是一种单用户、单任务的微型机操作系统,它由 IBM 公司委托 Microsoft 公司开发,所以早期 PC DOS 又称 IBM DOS。在 20 世纪 80 年代,DOS 操作系统随着微机的迅速普及而风靡世界。

DOS 主要功能是命令处理、文件处理和设备管理。它采用汇编语言编写,系统开销小,运行效率高,但资源管理功能简单,属于字符型用户界面,操作不太方便。随着 Microsoft 图形用户界面操作系统 Windows 的逐步使用,人们逐渐放弃了 DOS。

(2) Windows 操作系统

从 1985 年 11 月 Microsoft 公司发布 Windows 1.0 版本到现在的 Windows 2003 及 Windows Vista,Windows 操作系统的发展经历了 20 多年。比较著名的版本有 Windows 95,Windows 98,Windows 2000 和 Windows XP 等。Windows 的优良性能奠定了 Microsoft 在操作系统上的垄断地位。

Windows 之所以取得成功,主要在于它具有以下优点:

① 直观、易用的面向对象的图形界面:Windows 用户界面和开发环境都是面向对象的。要打开一个文档,只要双击该文档图标即可。

② 用户界面统一:Windows 应用程序拥有相同或相似的基本外观,只要掌握其中之一,就很容易学会使用其他软件。

③ 丰富的与设备无关的图形操作:支持各种设备,支持即插即用技术。

④ 多任务:Windows 允许同时运行多个应用程序,每个应用程序对应一个窗口,关闭窗口就可以终止程序运行。

⑤ 先进的内存管理：Windows 可以根据应用程序的大小适当的分配内存空间。

⑥ 提供各种系统管理工具：如程序管理器、文件管理器和打印管理器等各种实用程序。允许运行部分 DOS 应用程序。

⑦ 内置的网络通信功能：支持多种网络传输协议。

⑧ 出色的多媒体功能：在 Windows 中可以对音频、视频进行编辑和播放，支持高级显卡和声卡。

Windows 2000 基于 Windows NT 技术，充分发挥 32 位高档微机硬件功能，在处理速度、存储能力、多任务和网络支持方面可与小型机媲美。常见版本有 Windows 2000 Professional，Windows 2000 Server，Windows 2000 Advance 和 Windows 2000 Datacenter Server 四个产品。

Windows XP 将消费型和商业型操作系统融为一体，结束了 Windows 两条腿不同步走路的历史，是一个既适合家庭用户也适合商业用户的新型 Windows。

Windows XP 有三个版本，其中 Windows XP Home Edition 有良好的数字媒体平台，适合家庭用户和游戏爱好者；Windows XP Professional 为商业用户设计，可扩展性和可靠性较高；Windows XP 64-Bit Edition 可以满足电影特效制作、3D 动画、工程设计和科学计算等对大内存、高浮点数运算的专业技术需要。

（3）UNIX 操作系统家族

UNIX 操作系统是一个通用的、交互式分时网络操作系统。1969 年美国贝尔实验室在 DEC 公司的小型机 PDP-7 上开发成功，1971 年移植到 PDP-11 上。1973 年用 C 语言重写 UNIX，具有较高的易读性和可移植性，为 UNIX 的迅速推广和普及应用奠定了基础。20 世纪 70 年代中后期，UNIX 源代码的免费扩散引起了许多大学、研究机构和公司的兴趣，大众参与对 UNIX 的改进、完善、传播和普及起了重要作用。

（4）Linux 操作系统

Linux 是芬兰籍科学家 Linux Torvalds 于 1991 年编写的一种操作系统，当时他是赫尔辛基大学的学生。Linux 将这个系统源代码放在 Internet 上，允许免费下载。许多人对这个系统进行了改进、扩充和完善。Linux 操作系统可用于 Intel 386,486 和奔腾处理器等更高档次个人计算机上，具有 UNIX 操作系统的全部功能。目前 Linux 软件包带有多个窗口管理器的 X-Windows 图形用户界面，通过窗口、图标和菜单对系统进行管理。Linux 软件包还包括文本编辑器、高级语言编辑器等许多软件。

2）操作系统的分类

操作系统有多种分类方法，根据操作系统功能特征和使用环境可以将其分为三种基本类型：批处理系统、分时系统和实时系统。随着计算机元器件的更新换代，计算机体系结构不断发展，新类型操作系统也不断出现，如分布式操作系统、微机操作系统、网络操作系统和嵌入式操作系统。

（1）批处理系统

批处理操作系统的主要特征是多道性、成批性。多道性是指在内存中可同时驻留多道程序，并允许它们并发执行，有效地提高了系统资源利用率和吞吐量。成批性是指作业成批进入系统进行处理。作业完成顺序与进入内存顺序没有紧密联系，先进入内存的作业可能后完成。

批处理系统的缺点是缺乏人机交互性，因此这种操作系统适用于成熟程序，尤其是运行时间长，数据运算量大的程序。

（2）分时系统

分时操作系统的特征是多路性、交互性、独占性和及时性。分时操作系统允许一台主机同时连接多台交互终端，每个用户独占一个终端，彼此独立操作，互不干扰。分时系统将 CPU 时间划分成若干个片段，称为"时间片"。操作系统以"时间片"为单位轮流为每个终端用户服务，系统对每个用户提出的请求都能及时响应，用户感觉不到其他用户的存在，以交互方式使用计算机，共享主机资源。

（3）实时系统

实时操作系统的特征是实时性、高可靠性。实时性是指计算机能及时响应外部事件请求，在规定时间内完成事件的处理任务。如果对运算和数据流有严格的时间要求，就需要使用实时系统。在此种系统中，软硬件的任何故障都可能给系统带来严重后果，因此实时系统更加注重稳定性和可靠性。

实时操作系统可分为实时控制系统和实时信息处理系统两大类。实时控制系统用于工业控制和宇航控制等领域；实时信息处理系统用于情报查询、信息检索和航空订票系统等领域。

（4）网络操作系统

网络操作系统基于计算机网络，除具备普通操作系统所具备的功能外，还具有网络管理、通信安全和资源共享等模块。

（5）分布式操作系统

分布式操作系统是网络操作系统的更高形式，它建立在计算机网络基础之上，有效地解决了地域分布广泛的若干台计算机之间的资源共享、并行处理等问题，其特征是统一性、共享性、可靠性和透明性。分布式系统中各计算机使用统一的操作系统，所有资源都用统一方式管理和访问，用户无须知道自己的程序在哪台机器上运行，也无须知道文件存储在哪台机器中，整个系统的负载保持平衡。构成分布式系统的多台主机处于同等地位，没有主从关系，这样就不会因为一台计算机故障影响整个系统。许多现代操作系统都提供了分布处理能力，如 Solaris MC。

（6）微机操作系统

个人计算机操作系统是一种单用户多任务操作系统，主要的设计目的是易用性和响应性。它借鉴了大型计算机的开发成果,如文件保护。早期个人计算机操作系统不支持多用户和多任务处理,如 MS DOS,Palm。随着个人计算机的飞速发展,虚拟内存和多任务处理已成为个人计算机操作系统的新特征。

（7）多处理机操作系统

具有公共内存和时钟的多 CPU 系统称为多处理机系统,它们共享计算机总线和外部设备。建立在多处理机系统上的操作系统称为多处理机操作系统,也称为并行操作系统或紧耦合系统。

如果各个 CPU 之间没有主从关系,则称为对称多处理机系统(Symmetric MultiProcessing,简称 SMP)。Digital UNIX,Linux 和 Windows NT 等操作系统都具有多处理机的管理功能。

（8）嵌入式操作系统

嵌入式计算机是一种有计算机功能的电子设备,它以应用为中心,软硬件可以裁减,如汽车引擎、工业机器人、录像机和微波炉等,嵌入式系统无处不在。

嵌入式操作系统(Embedded Operating System)是一种支持嵌入式计算机的软件,由一个体积很小的内核及一些可以根据需要定制的系统模块组成,能运行在各种不同硬件平台上,提供基本的程序运行环境和接口。

嵌入式操作系统的特点是实时性、多任务、对硬件的依赖性、软件固化和专用性等。著名的嵌入式操作系统有 VxWorks,Palm 和 Windows CE 等。

3）操作系统的作用

操作系统的主要作用是管理系统中的各种资源和提供友好的界面。

（1）管理系统资源

计算机系统资源包括处理机、存储器、输入/输出设备、程序和数据及各种信息等。操作系统负责管理软硬件资源,使它们协调一致地工作,为应用程序分配所需资源,提供基本运行环境。

（2）提供友好界面

用户界面是否友好是衡量现代操作系统是否成功的重要指标。大多数操作系统提供两种操作接口,即命令接口和程序接口。操作系统为用户提供的人机交互界面称为命令接口。程序接口也称为系统调用,用户程序通过系统调用获得操作系统服务。

6.1.6 计算机网络

1）计算机网络的基本概念

计算机网络(Network)是用传输介质和网络互联设备把两台或两台以上的计算机连起来,再配以适当的软件和硬件,以达到在计算机之间交换信息的目的,这是简单的网络概念。进一步的理解是:网络中的计算机一般处在不同地理位置,且相互独立;网络中计算机按照一定的结构连接;网络中计算机之间交流信息遵循统一的规则和约定,也就是协议;网络传输介质可以是有线介质,也可以是无线介质;网络中每台计算机上的资源可以被其他计算机用户所共享。

计算机网络包括三个方面的含义:

(1) 必须有两台或两台以上具有独立功能的计算机相互连接起来,以达到共享资源的目的。

(2) 两台或两台以上的计算机连接,互相通信交换信息,必须有一条通道。这条通道的连接是物理的,由物理介质来实现。

(3) 计算机系统之间的信息交换,必须有某种约定和规则,这就是协议。这些协议可以由硬件或软件来完成。

2) 计算机网络的产生和发展

早期的计算机价格昂贵、体积庞大,并不是每个单位或部门都用得起计算机,为了共享大型机宝贵的资源,采用一台主机连接若干台终端的办法。在这种连接方式下,主机是共享的,终端设备本身没有处理能力,终端需将所处理的任务和相关数据提交到主机进行存储和处理,再将处理结果在终端显示出来。这是一种集中式的网络环境,主机在网络中占绝对的支配地位,人们将这一阶段的网络称作是面向终端的网络。

面向终端的网络只能在终端与主机之间通信,计算机之间无法通信,这不是真正意义上的网络。第二代计算机网络的特点是将多台有独立处理能力的计算机连接在一起,或将多个面向终端的网络的主机连接在一起,各计算机主机之间可以互相通信,实现资源共享,这一阶段的网络称为通信网络。

现代计算机网络已发展到了将全世界大大小小的网络互联起来,形成更大范围的网络,其典型代表就是国际互联网,也就是 Internet。

3) 网络的分类[1]

按作用范围的大小可将网络分为局域网(LAN)、广域网(WAN)和城域网(MAN)三种。

局域网(LAN),通常通过高速通信线路连接电脑,传输速率一般在 10Mb/s 以上,其物理连接的地理范围较小,一般在几百米到几千米。

广域网(WAN),指作用范围通常为几十到几千千米的网络,是一种可跨越国家及地区的遍布全球的计算机网络,它一般采用高速电缆、光缆、微波天线和卫星等远程通信形式进行连接。

城域网(MAN),它是介于局域网和广域网之间的一种网络。城域网的传输速率在 1Mb/s 以上,作用距离约为 5~50 千米。

从实际使用的角度可将网络划分为以太网、令牌环网、FDDI 和 ATM,这些网络结构可以解决特定的网络问题,每种结构都有自身的特点。

（1）以太网

以太网（Ethernet）是开发较早、应用广泛、技术成熟的一种局域网，它使用同轴电缆作为网络传输媒体，以总线型或星型结构为基础，利用带碰撞检测的载波侦听多路（CSMA/CD）机制对网络访问进行仲裁，数据传输速率可以达到10Mb/s。

以太网以其高度灵活、易于实现的特点成为当今最重要的一种局域网组网技术。虽然今后以太网可能被其他网络技术取代，但是目前大多数的网络管理人员仍将以太网作为首选的网络解决方案。

（2）令牌环网

令牌环网是由IBM公司在20世纪70年代初开发的一种可靠性较高的网络技术，现已发展成为除以太网之外最为流行的局域网组网技术。IEEE802.5规范与IBM公司开发的令牌环网几乎完全相同，并且相互兼容。

（3）FDDI

FDDI（Fiber Distributed Data Interface，光纤分布式数据接口）协议是由美国国家标准协会（ANSI）在20世纪80年代中期制定的。由于网络技术的高速发展，一些高速工作站对网络带宽的需求已经逐渐超出了基于以太网和令牌环网技术的局域网的服务能力。FDDI是一种新技术，它可以支持更多的网络设备和最新的分布式网络应用。

（4）ATM

ATM（Asynchronous Transfer Mode）即异步传输模式，它采用了固定长度信元的概念，综合了传输、复用和交换技术，向用户提供高速带宽，使用户可以在网上传送综合业务，以克服已有网络的局限性。它主要用于构造骨干网和广域网。

4）计算机网络的作用

计算机网络的出现，不仅使计算机的作用范围超越了地理位置的限制，方便了用户，而且也增强了计算机本身的功能，更加充分地发挥计算机软硬件资源的能力。计算机网络的主要作用有：

（1）计算机系统资源共享

充分利用计算机系统软硬件资源是组建计算机网络的主要目的之一。网络中的用户可以共享网络中分散在不同地点的各种软硬件资源，如共享大容量硬盘和打印机等昂贵的设备。网络资源共享的功能不仅方便了用户，而且也节省了投资。

（2）集中管理和分布处理

计算机网络提供的资源共享能力，使得在一台或多台服务器上管理其他计算机上的资源成为可能。这一功能在某些部门显得尤为重要，例如银行系统通过计算机网络，可以将分布于各地的计算机上的财务信息传到服务器来实现集中管理。事实上，银行系统之所以能够实现"通存通兑"，就是由于广泛采用了网络技术。

在计算机网络中，还可以将一个比较大的问题或任务分解为若干个子问题或子任务,分散到网络的各个计算机中进行处理。这种分布处理能力对于一些重大课题的研究开发是卓有成效的。

(3) 远程通信

计算机与计算机之间能快速地相互传送信息,这是计算机网络最基本的功能。在一个覆盖范围较大的网络(如广域网)中,即使是相隔很远的计算机用户也可以通过计算机网络互相交换信息。这种通信手段是电话、信件和传真等现有通信方式的补充,而且具有很高的实用价值。一个典型的例子是通过 Internet 可以把信息发送到世界范围内的任何一个用户,而所需的费用却比电话和信件少得多。

6.2　Internet 概述[3]

6.2.1　Internet 的基本概念

Internet,中文译作"因特网",指全球最大的、开放的、由众多网络相互连接而成的计算机网络。组成 Internet 的计算机网络包括小规模的局域网(LAN)、城市规模的区域网(MAN)以及大规模的广域网(WAN)等。这些网络通过普通电话线、高速率专用线、卫星、微波和光缆等线路把不同国家的大学、公司、科研部门以及军事和政府等部门的网络连接起来。Internet 网络互联采用 TCP/IP 协议。Internet 是目前世界上影响最大的国际互联网络,它不只是把很多计算机连起来,更重要的是拥有极丰富的信息资源,它是未来"信息高速公路"的雏形。

Internet 是在美国 1969 年创建的阿帕网(ARPANET)基础上逐步发展而来的,目前已连接 160 多个国家和地区,而且仍在高速发展之中。Internet 上的资源极其丰富,其数据库内容涉及社会、政治、历史、科技、教育、卫生、娱乐、政府决策、金融、商业、旅游、体育、音乐、电影等各个领域、行业,还有新闻组、电子公告牌以及 Internet 工具等。它是知识、信息和概念的巨大集合,已成为人类的资源宝库。Internet 改变了计算机的发展方向,是计算机发展史的重要里程碑。Internet 使任何人在任何时间、地点都可以传递、共享和交流信息,极大地缩短了时空距离,节省了大量的时间、精力和金钱。人们的生活、学习和工作方式将因此而发生巨大变化。

1) Client/Server(客户程序/服务器)

Client/Server 的概念对于 Internet 有着特别重要的意义,因为许多比较普及的 Internet 程序都是根据这一思想设计的。服务器是在网络上给其他工作站提供资源的主机数据站点。有时同一部主机只要执行数个不同的服务器程序,即可提供数种不同的服务。所谓客户程序是指网络用户用来向服务器提出服务请求的应用程序。例如,帮助完成网络操作的软件,是为了使特定的计算平台(如 UNIX,Windows)能够充分地发挥其作用而设计的,它的目的是让用户的工作更加便利,如 Mosaic,Netscape,Internet Explorer 等就是客户程序。

2) DN(域名)与 IP 地址

就像在现实生活中需要一种方法以便向别人说明事物的位置一样,在 Internet 空间中也必须有一种方法以便告知别人如何找到信息,如何查找所需要的有用资源。因此,每一台主机(并不是每一台计算机)都必须有一个地址,而且这个地址应该是唯一的,不允许重复。Internet 上有两种类型的地址:域名(Domain Name)和 IP 地址(IP Address)。

域名是按照机构或地理位置进行描述的,它指明了网络连接所在的国家,拥有网络连接的机构类型等。域名地址是由小数点分隔的英文字母组成,又称网址。例如,rubens. anu. edu. au 是一台计算机的域名,该机器位于澳大利亚(地理域为 au),属于教育机构(edu),在澳大利亚国立大学(anu),宿主计算机的名字为 rubens。

IP 地址是一组数字,它描述了一台计算机与 Internet 上的网络之间精确的物理连接。在某种意义上可将它们比作电话号码。IP 地址一般为四段数字,中间用".".隔开。IP 地址的表示方法为:nnn. hhh. hhh. hhh,第一段用来表示网络类别。若 nnn 取值在 1~126 之间,表示主机所在网络为大型网,即 A 类网。此时,nnn 就是网络的网号,其余三段用来表示主机号。若 nnn 取值在 128~191 之间,表示主机所在网络为中型网,即 B 类网。在这种情况下,第一段和第二段合在一起是该网络的网号,第三段为子网号,第四段是主机号。若 nnn 取值在 192~223 之间,表示主机所在网络为小型网,即 C 类网。此时,第一段至第三段合在一起为网络号,第四段为主机号。

Internet 的每台主机都有一个域名和一个 IP 地址,当用户使用域名时,计算机会将域名翻译为相应的 IP 地址。各级网络服务公司有专门的域名服务器负责完成域名到 IP 地址的转换。

3) HTML(超文本标记语言)

HTML(Hyper Text Markup Language)即超文本标记语言,是 WWW 的描述语言。设计 HTML 语言的目的是为了能把存放在一台电脑中的文本或图形与另一台电脑中的文本或图形方便地联系在一起,形成有机的整体,人们不用考虑具体信息是在当前电脑上还是在网络的其他电脑上。

HTML 文本是由 HTML 命令组成的描述性文本,HTML 命令可以说明文字、图形、动画、声音、表格、链接等。HTML 的结构包括头部(head)、主体(body)两大部分。头部描述浏览器所需的信息,主体包含所要说明的具体内容。

4) URL(网页地址)

URL(Uniform Resource Locator,统一资源定位器)是 WWW 网页的地址,它从左到右由下述部分组成:

URL 地址的排列格式为:URL scheme://host:port/path。

Internet 资源类型(scheme):指出 WWW 客户程序用来操作的工具,同时,它也是互联网应用层的通信协议。例如,"http://"表示 WWW 服务器,"ftp://"表示 FTP 服务器,"gopher://"表示 Gopher 服务器,而"news://"表示 Newsgroup 新闻组。

服务器地址(host):指出 WWW 网页所在的服务器域名。

端口(port):有的时候对某些资源的访问,需给出相应的服务器端口号。

路径(path):指明服务器上某资源的位置(其格式与 DOS 系统中的路径名格式一样,DOS 路径名通常由"目录\子目录\文件名"组成,只是此处必须使用"/"而非 DOS 的"\")。与端口一样,路径并非总是必需的。

例如,http://www.infoseek.com/document/main.html 就是一个典型的 URL 地址。远程主机首先看到的是 http,便知道处理的是 HTML 连接,接下来的 www.infoseek.com 是网站地址(即域名地址),最后是目录和文件名。对于 WWW 网络,在 IE 的地址栏里输入域名地址时有许多"优惠"之处,例如"http://"可以不输入,而且对于 Web 来说,端口号是默认的 80,因此也不必输入端口号。站点前部的 WWW 同时也指明使用该站点的 WWW 服务器。而对于 ftp://ftp.nease.net:8001/pub/win/cm9612.exe,WWW 客户程序需要用 FTP 协议进行文件传输,站点是 ftp.nease.net,使用该站点的 8001 端口,去目录 pub/win 下,下载文件 cm9612.exe(多半是压缩文件,或自解压的文件)。当然,站点 ftp.nease.net 指明该站点是 FTP 服务器。应当注意,有些站点其 URL 必须区分大小写。

5) HomePage(主页与网页)

HomePage 通常译为"主页",也泛指网页、页面。HomePage 是一种用超文本标记语言(描述性语言)将信息组织好,再经过相应的解析器或浏览器翻译出的包括文字、图像、声音、动画等多种信息的组织方式。用户可以把它同报纸、杂志、电视、广播等一样看待。

6.2.2 Internet 的基本功能

1) E-mail(电子邮件)

E-mail(Electronic mail)这种服务可以使 Internet 上某一计算机用户向其他计算机用户发送消息或邮件。

2) FTP(文件传输协议)

FTP(File Transfer Protocal)是计算机网络上主机之间传送文件的一种服务协议。目前 Internet 上有许多大大小小的 FTP 站,用户可使用匿名方式获得文件、信息和软件。大多数的匿名 FTP 站只要求输入 anonymous 作为登录该 FTP

站的用户名,而以用户的 E-mail 地址作密码即可。

3)Telnet(远程登录)

Telnet 允许一个用户登录到另一个远程计算机系统中,一旦登录成功,自己的计算机就成为远程主机的一部终端机,可以享用该主机的所有功能及资源。当然,用户必须先拥有该主机的账号才能合法登录。

4)WWW(万维网)

WWW 是"World Wide Web"的缩写,简称 WWW 或 Web,它是一个方便用户在 Internet 上搜索和浏览信息的信息服务系统,能有效地统一并管理各种网络功能及资源。它可以使同一个画面同时显示文字、图像、声音、动画,已经成为 Internet 上的一颗超级巨星。

5)Gopher(基于菜单驱动的 Internet 信息查询工具)

Gopher 是早期人们访问 Internet 的方法,它起源于 1991 年美国明尼苏达大学,当初的 Gopher 信息系统主要是为了管理该校的校园信息,后来发展成为 Internet 上使用最为广泛的信息查询工具之一。不过由于 Gopher 的"菜单"是文本模式,不像 WWW 的网页具备声光效果,所以在 WWW 出现后,Gopher 的地位便逐渐被五彩缤纷的多媒体网页取代。

6)NetNews(网络新闻)

NetNews 是 Internet 上一个开放的网络讨论区,可视为一个"全球性的网络公告栏"。这个大公告栏又根据讨论主题分为成千上万个专题新闻组,新闻组的新闻内容非常丰富,包括天文、地理、人文、历史、社交、礼仪、文化,甚至包括种花、服装款式、家电维修等。你可以选择一个感兴趣的小组,参加讨论。如果工作上或学习上碰到难解决的问题,也可以在适当的讨论组中发出求助信函,立刻会收到世界各地蜂拥而至的解答。

7)BBS(电子公告牌)

BBS 规模较小,大都是区域性的,仅提供网络族一个信息交流、经验交换的园地。每个讨论主题称为一个公告牌。当前国内各大专院校几乎都有自己的 BBS 站,可从这些 BBS 站获得一些校园信息、公告事项、交通信息、电脑知识等,如 http://bbs.ujs.edu.cn/。

8)IRC(网络聊天)

这是 Internet 上的国际性多人聊天系统(International Relay Chat)。有成百上千个不同的主题频道(Channel)。一旦进入感兴趣的频道,从屏幕上马上会看到来自世界各地的网络迷,正"七嘴八舌"地用键盘聊天。

9)I-Phone(Internet 电话)

I-Phone 是最新的 Internet 应用之一,比 IRC 更受欢迎。你可以不必打字而是通过麦克风直接和聊天对象在线上交谈,或者用来打国际长途电话,只需付当地的市话费。

6.2.3　Internet 检索工具——搜索引擎

　　Internet 的迅猛发展使其所含的信息数量激增,在这样一个无限、无序、浩瀚无边的信息空间里,快速查找并获取所需要的信息已成为人们最迫切的需求。为了帮助人们从网络信息的汪洋大海之中将对自己有价值的部分搜寻、挑选出来,网络信息检索工具——搜索引擎便应运而生了。所谓搜索引擎是指一种利用网络自动搜索技术,对 Internet 各种资源进行标引,并为检索者提供检索的工具。

　　搜索引擎的特点是由自动索引软件生成数据库,收录、加工信息的范围广、速度快,能及时地向用户提供新增信息。检索时直接输入关键词或词组、短语,无需判断类目归属,比较方便。由于标引过程缺乏人工干预,准确性较差,加之检索软件的智能化程度又不很高,导致检索误差较大。一次检索输出的结果可能很多,但会包含许多重复、虚假信息,即检索噪声较大。另外,不同的搜索引擎有不同的检索项选择、检索界面,不同的句法要求和对符号、标识符的处理,因此,检索策略的构造和输入方式也会直接影响检索结果。一般来说,搜索引擎适合于检索特定的信息及较为专、深、具体或类属不明确的课题。

　　1) 搜索引擎分类

　　搜索引擎按其工作方式主要可分为三种,即全文搜索引擎(Full Text Search Engine)、目录索引类搜索引擎(Search Index/Directory)和元搜索引擎(Meta Search Engine)。

　　全文搜索引擎是名副其实的搜索引擎,国外具代表性的有 Google,Fast/All The Web,AltaVista,Inktomi,Teoma,WiseNut 等,国内著名的有百度(Baidu)。它们都是通过从互联网上提取各个网站的信息(以网页文字为主)而建立的数据库中,检索与用户查询条件匹配的相关记录,然后按一定的排列顺序将结果返回给用户,因此它们是真正的搜索引擎。

　　目录索引虽然有搜索功能,但在严格意义上并不是真正的搜索引擎,仅仅是按目录分类的网站链接列表而已。用户可以完全不用关键词(keyword)进行查询,仅靠分类目录即可找到需要的信息。目录索引中最具代表性的莫过于大名鼎鼎的 Yahoo!。其他著名的还有 Open Directory Project,LookSmart,About 等,国内的搜狐、新浪、网易搜索也都属于这一类。

　　元搜索引擎在接受用户查询请求时,同时在其他多个引擎上进行搜索,并将结果返回给用户。著名的元搜索引擎有 InfoSpace,Dogpile,Vivisimo 等,中文元搜索引擎中具代表性的有搜星搜索引擎。在搜索结果排列方面,有的直接按来源引擎排列搜索结果,如 Dogpile,有的则按自定的规则将结果重新排列组合,如 Vivisimo。

　　2) 搜索引擎举例

从 1994 年至今,国内外搜索引擎层出不穷,经检索者使用及专家评估,著名的搜索引擎有 Yahoo!,Alta Vista,Excite,Hotbot,Infoseek,Lycos,Google,百度等。下面将介绍其中几个搜索引擎的功能和检索特色。

(1) Yahoo!(http://www.yahoo.com)

Yahoo! 是世界上最著名的 Internet 信息检索工具,它连接速度快,数据容量大,而且是全免费的。它的界面比较简洁,功能却十分强大,能够查询 Internet 上所有站点、新闻甚至个人信息等资料。它是由美国斯坦福大学电机工程系两位博士生 David Filo 和 Jerry Yang 在 1994 年出于个人兴趣研制开发的检索工具,现在有很多编辑人员维护,质量非常高。它还推出了中文查询站点:http://yahoo.com.cn。

① 检索方式

a) 分类检索。将普通信息分为 12 个大类,即艺术、商业与经济、计算机与 Internet 教育、娱乐、政府、医疗、新闻、图书馆、行政区域、自然科学、社会科学及宗教等。每个大类又分多个小类,可用鼠标点击相关专题链接词浏览。分类检索可以从根链开始,不断深入,最终到达所需的 Web 页、新闻组、FTP 站点和其他可由 Web 访问的资源。这种列表式分层搜寻易于控制,适合浏览性查找,但因层次太多会感到速度太慢,因此采用关键词检索更加方便快捷。

b) 关键词检索。在 Yahoo! 的主页或任一个检索结果返回页都有一个输入框,在此填入关键词,单击右侧的"Search"按钮后,Yahoo! 就会从它四个数据库(Yahoo! 目录链、Yahoo! 网点、Yahoo! 网上事件和谈话、最新新闻)中找出与之相匹配的记录,检索结果返回的是与关键词匹配的记录列表。

② 检索方法

Yahoo! 的搜索不仅可以通过几个简单的单词进行,还可以通过 Yahoo! 搜索页提供对信息寻找的更多控制,其使用方法如下:

a) 单击"Advanced Search"链接(位于"Search"按钮右边,可以在任何 Yahoo! 页的顶部或底部见到),出现"Yahoo! Search"网页。

b) 在文本框中输入一个或几个要搜索的单词(用空格隔开)。

c) 在复选框中表明如何搜索:第一,搜索 Yahoo! 主数据库或 Usenet(包括 Deja News Usenet 档案)。第二,选择搜索方法。搜索方法一般有 Intelligent default(智能缺省方法)、An exact phrase match(精确短语匹配)、Matches on all words(所有搜索字以 and 相连)、Matches on any words(所有搜索字以 or 相连)、A Person's name(寻找朋友的主页或 E-mail 地址)。第三,选择搜索区域。即是 Yahoo! Categories 还是 Web sites。最后,选择搜索回溯的时间(一天到三年)。

d) 单击"Search"按钮,会出现一个页面,显示符合要求的页面清单(以链接形式出现)。

（2）HotBot(http://www.hotbot.com)

HotBot 是 Wired Ventures 公司于 1995 年推出的活跃的、界面友好的 Web 搜索工具。检索服务与特色如下：

① HotBot 每天更新 5 400 万个全文索引的 Web 页和 Usenet 文档。

② 按照日期(周、月、年)、区域或特定文件类型搜索 Web,也可以指定在文章的标题、人名、网址里进行查找。

③ 可以选择 Save My Setting,在个人的设置文件中保存用户的搜索条件以便日后搜索。

④ HotBot 堪称界面最友好的搜索工具。它快速搜索、易于使用的界面提供了众多的选项以缩小搜索的范围。

⑤ 可以选择每个页面要显示多少结果(缺省为 10 个),并选择每个页面上要显示多少说明(Full brief 或 URL only)。

⑥ 如果用户想寻找一个图形或声音文件,HotBot 可以轻松准确地找到所需的文件类型,而不需在只包括文本的页面中费周折。点击相应的标签可以限制用户的搜索为声音文件、视频文件等特定文件。

⑦ 支持布尔逻辑。可在每一字的左边加上运算符,"＋"代表 and,"|"代表 or,"-"代表 not。例如搜索 Robot + Vision,则搜索结果是包含 Robot 和 Vision 二者的页面。

⑧ 通用字符检索。在关键字的后面加上字符"＊",例如 photo＊能查到以 photo 为首的相关信息。

⑨ 高级查询。在主页上点击"Advanced Search"按钮,即进入高级查询页面,提供几个新的搜索选项。

（3）Infoseek(http://www.infoseek.com)

Infoseek 是 Infoseek Corporation Steve Kirsch 研究开发的搜索引擎,其优点在于速度快、使用方便。它支持使用中文作为搜索的关键词,具有很强的中文信息检索能力,简体、繁体均可,是一个比较适合中国人使用的搜索引擎。它不但可以检索 WWW 站点、FTP、Gopher、Usenet Newsgroup 文章检索,还提供报纸、杂志、工商信息,甚至电影、书籍、录影带评论等全文检索,但有些检索服务必须付费。

检索服务与特色：从 10 000 万个页面中删除重复的链接和死链接,提供 2 400 万个页面的搜索索引;仅在一个搜索表格中,可以搜索新闻、地图、电子邮件地址等;可以输入普通的英文,然后得到相关的结果;利用 Smart Info 页的链接,可以容易地找到地图和共享软件。

（4）Excite(http://www.excite.com)

Excite 是由 Architext Software 公司开发的一个检索网点,提供多种功能和服务,通过 Excite 可以搜索 Internet 资源的大型数据库或浏览面向主题的网页目录,也可以阅读当前新闻和专栏文章。Excite 最显著的特性之一是它强大的搜索能力,可搜索 Web 站点数据库并根据搜索主题对用户感兴趣的站点作一简要说明。

Excite 有多达 6 000 万个已被索引好的页面。信息频道包括新闻、黄页、白皮书、股价和航空订票服务,利用频道功能快速地缩小搜索范围。例如,Stock Quotes(股票报价)功能可以使用户轻松地查看与他们经济利益有关的新闻。Excite 采用一个"智能概念抽取"的专用查询软件,允许用户使用自然语言提问,如"How to lay health by eating well"。利用 Web Site 选项可以将结果按网点分组查看。

(5) Google(http://www.google.com)

Google 是目前被公认为全球最大的搜索引擎,它提供了简单易用的免费服务,可以在瞬间返回相关的搜索结果。在访问 Google 主页时,您可以使用多种语言查找信息、查看新闻标题、搜索超过 88 000 万幅的图片,并能够细读全球最大的 Usenet 消息存档,其中提供的帖子超过 84 500 万个,时间可以追溯到 1981 年。

用户不必特意访问 Google 主页,也可以访问所有这些信息。使用 Google 工具栏可以从网上任何一个位置进行 Google 搜索。即使身边没有 PC 机,你也可以通过 WAP 和 i-Mode 手机等无线平台使用 Google。Google 的实用性及便利性赢得了众多用户的青睐,在用户的交口称颂下成为全球最知名的品牌之一。

(6) 百度(http://www.baidu.com)

"众里寻他千百度","百度"二字源自辛弃疾的《青玉案》。1999 年底,李彦宏先生及徐勇先生于美国硅谷创建百度。2000 年,百度落户中国,从此掀开了中文搜索引擎的新篇章。百度一直以开发最符合中国人使用习惯的搜索引擎为己任,经过 7 年多努力,百度已成为世界上最强大的中文搜索引擎。

百度采用的是超链分析核心技术。超链分析技术是新一代搜索引擎的关键技术,已为世界各大搜索引擎普遍采用,百度总裁李彦宏就是超链分析专利的唯一持有人。在学术界,一篇论文被引用得越多就说明其越好,学术价值就越高。超链分析就是通过分析链接网站的多少来评价被链接的网站质量,这保证了用户在百度搜索时,越受用户欢迎的内容排名越靠前。

6.3　数字图书馆概述[4]

6.3.1　数字图书馆的定义

1994 年,美国国家科学基金会(NSF)、美国国防部高级研究计划署(DARPA)、美国国家宇航局(NASA)联合发起了"数字图书馆创始计划"(Digital Library Initia-tive,简称 DLI),领导、组织和资助美国数字图书馆的研究与开发,真正地把建立数字图书馆作为一个研究领域。"数字图书馆"一词由此迅速被计算机科学界、图书馆界以及其他各领域所采用。

对于什么是数字图书馆，目前国内外尚没有形成一致的看法。由于各自出发点不同，如有致力于基础理论和技术研究的，也有致力于应用方面研究的，加之数字图书馆又处于发展变化阶段，凡是参与了数字化信息资源研究与建设的群体和项目团队都各有自己的定义，包括图书馆界、数字图书馆项目建设者、计算机科学界、国际标准组织及其他国际组织（如联合国）等。

定义1：1995年召开的美国联邦信息基础设施技术与应用项目（Information Infrastructure Technology and Applications，简称IITA）数字图书馆专题讨论会所用的定义比较能代表当时官方和研究群体对数字图书馆的理解和期望。会议指出，"数字图书馆是向用户群体提供便于查找利用庞大的、经过组织的信息和知识存储库的手段的系统。这个信息组织的特点是没有预知的关于信息使用的详情。用户进入这个存储库，重新组织和使用之。这种能力由于数字技术的能力而大大增强"。

定义2：在1997年3月由NSF赞助的关于"分散式知识工作环境"专题讨论会上，数字图书馆的概念得到扩充。会议报告指出，"'数字图书馆'的概念并不仅仅是一个有着信息管理工具的数字收藏的等价词。数字图书馆更是一个环境，它将收藏、服务和人带到一起以支持数据、信息乃至知识的全部流程，包括从创造、传播、使用到保存的全过程"。

定义3：William Arms将数字图书馆非正式的定义界定为"有组织的信息馆藏及相关服务，信息以数字化形式保存，并通过网络进行访问"。

定义4：数字图书馆一般而言是指利用当今先进的数字化技术，通过诸如Internet国际互联网等计算机网络，使人数众多且又处在不同地理位置的用户能够方便地利用大量的、分散在不同贮存处的电子物品的全部内容。这些电子物品包括网络化的文本、地图、图表、声频、视频、商品目录以及科学、企业、政府的数据集，还包括超媒体和多媒体等。

定义5：一个数字化的信息系统，它将分散于不同载体、不同地理位置的信息资源以数字化方式贮存，以网络化方式互相连接，提供即时利用，实现资源共享。

定义6：数字图书馆是一个大系统，它具有分布的、大规模的、有组织的数据库和知识库，用户或用户团体可对系统内的数据库和知识库进行一致性的访问，获得自己所需要的最终信息。

定义7：数字图书馆是以数字形式存储和处理信息的图书馆，即对有高度价值的图像、文本、语言、音响、影像、影视、软件和科学数据等多媒体信息进行收集，组织规范性加工，进行高质量保存和管理，实施知识增值，并提供在广域网上高速横向跨库连接的电子存取服务，同时还包括知识产权、存取权限、数字安全管理范畴。

因此准确地说,数字图书馆是超大规模且可跨库检索的海量数字化信息资源库。

定义8:数字图书馆是以统一的标准和规范为基础,将有价值的文本、声音和图像等多媒体信息资源数字化,再实施知识信息增值加工后存储于分布式海量资源库群,并以智能检索技术为手段,以电子商务为管理方式,通过广域高速网络向全世界用户提供存储信息服务。

定义9:数字图书馆是社会信息基础结构中信息资源的基本组织形式,这一形式满足分布式面向对象的信息查询需要。

定义10:美国数字图书馆联盟(Digital Library Federation)的定义广受认同,其认为:"数字图书馆是一种提供信息资源的组织,包括软硬件、网络与专业人员,以一致性、永久性的方式将数字化馆藏进行选择、组织、提供查询、解释、传播与完整保存,以便于这些数字馆藏可以迅速、经济地提供给特定社区与人们使用。"

从以上定义不难看出,随着数字图书馆研究的不断深入,其含义逐渐突破技术层面,涉及的范围越来越广,而信息的组织性以及最大限度地满足用户需求是必不可少的。

6.3.2　数字图书馆与相关术语的辨析

1)数字图书馆与传统图书馆

"数字图书馆"一词是从"Digital Library"翻译过来的,有的学者并不主张这种译法,因为数字图书馆中的"图书馆"不同于传统拥有大型书库、宽敞明亮的阅览室的实体图书馆,最准确的翻译应该是"数字资料库"[5]。当然,数字图书馆与传统图书馆有着不可分割的联系,传统图书馆是数字化的源泉,目前走在数字图书馆研究和开发应用前列的仍旧是图书馆,国内外都是如此。可以从资源和服务模式两方面进行比较。

首先,传统图书馆以印刷文献为对象,重视物理形态的图书和期刊的收藏与保存,实行集中式管理,资料使用受地域限制。通过款目(以分类号或主题词为核心)对文献进行描述,相关书籍都按类排放在一起,读者阅读时以类索取。而数字图书馆收藏以数字化资料为主体,通过数字化减少物理形态资料的储藏和保存,实行分散式管理,使用不受地域限制;通过元数据对资源进行描述,内容比传统图书馆书目体系更加全面和复杂;存储突破空间的限定,相同主题的资料呈分布式状态,在物理意义上不必存放在一起。

其次,传统图书馆以印刷本资源为中心,提供固定模式的信息服务,用户获取信息是被动的,必须知道资料被哪个图书馆收藏以及图书馆的位置与如何获取、利用等问题。数字图书馆以用户为中心,为具体用户提供个性化的信息服务。分布式存储技术的运用使用户不再受时间和空间的限制,无论在家、学校或办公室甚至在汽车里都能访问世界任何地方的数字图书馆,阅读基于超链接、关键词或任意经过定义的方式。

2) 数字图书馆与图书馆自动化

图书馆自动化随着时代的不同而有不同的内涵。早期的图书馆自动化旨在解决从出纳台到书库之间的借阅单和图书的传递问题,大大节省了图书管理人员往返于两地的时间。20世纪90年代,计算机技术和通信技术的发展使海量存储和高速传递成为可能,从此图书馆走向全面自动化的道路,无论是内部管理还是对外服务都实现了自动化。自动化集成系统将文献的采访、编目、流通等联成一体,书目查询、图书借阅、读者信息查询等均可通过计算机完成。

图书馆自动化强调图书馆业务管理的计算机化,而数字图书馆侧重于信息资源的数字化,突出信息的计算机存储处理、网络传输特点。从某种意义上说,图书馆自动化只是数字图书馆实现的前提,或者说数字图书馆是图书馆自动化的高级阶段。

3) 数字图书馆与数据库

数据库是相互关联的数据集合,是知识与信息的数字化集合。数据库方式将某一主题的知识资源以固定的记录格式存储,并提供检索入口。用户通过检索入口,可以方便地找到所需的信息线索,进而通过信息线索直接链接到相应的网站。数据库还能高速处理大量结构化和非结构化的数据。如今的关系数据库增加了对图形、图像、声音、超文本等多媒体数据的存取、处理、管理功能,实现了从数据管理到对象管理的扩展,增加了知识管理的功能,面向对象数据库包含了更多的数据语义信息,对复杂数据对象的表达能力更强了。

数据库技术组织信息资源可极大地提高信息的有序性、完整性、可理解性和安全性。数据库技术与网络技术的融合极大地方便了用户利用和开发信息资源,提高了效率。Web数据库将数据库技术与Web技术很好地融合在一起,使数据库系统成为Web的重要组成部分,能够实现数据库与网络技术的无缝结合。

数字图书馆系统涵盖的数据库种类繁多,这些数据库或以CD-ROM形式存在,或来自因特网,或是由诸如Dialog,STN之类的专业服务商提供。数字图书馆的书目数据、全文数据、特色数据等都以数据库的形式存在着。对于数据库的利用是数字图书馆所提供的众多服务之一。

4) 数字图书馆与网络信息检索系统

网络信息检索系统是指在因特网上提供信息检索服务的计算机系统,其检索的对象是存在于因特网信息空间中各种类型的网络信息资源。网络信息检索系统一般由自动索引程序(Robot)、数据库和搜索引擎三部分组成。Robot自动在网络信息空间中穿行,尽可能多地采集各个网站服务器上新出现的信息并进行标引;将采集和标引的信息汇集成数据库作为提供检索服务的基础;搜索引擎接收并分析用户的查询要求,根据形成的检索策略在数据库中进行检索,最后将结果地址集提交给用户。

在资源的组成方面,数字图书馆的资源是按用户需求挑选的、具有高价值的知识内容,并且经过编辑、整理和加工形成增值有序的知识库。网络信息检索系统的信息不是针对某一特定用户群体加以组织的,未经挑选,内容良莠不齐。

在检索效果方面,数字图书馆对内容进行了深层标引,能够实现无缝连接与跨库检索。网络信息检索系统采用的标引、搜索策略不尽相同,而且目前 Robot 还无法实现信息的准确分类,用户也只能从主页面逐层检索。

5) 数字图书馆与电子图书馆、虚拟图书馆、复合图书馆

同"数字图书馆"一样,"电子图书馆"、"虚拟图书馆"本身都是非常含糊的概念,20 世纪 90 年代中期以前,图书馆学、情报学、计算机科学的文献频繁交替使用这几个术语,我国不少学者试图对这几个概念加以区分,赋予每个概念确切的含义。而 20 世纪中期以后,越来越多的文献使用"数字图书馆"一词,其实它们常被用来寓指同样的事物,只是各自的侧重点不同,电子图书馆强调图书馆使用大量的电子设备,虚拟图书馆则强调信息分布于一个虚拟的无形空间。开始于 1994 年的英国"电子图书馆项目"(The Electronic Libraries Programme,简称 eLib)和美国的DLI 就是性质相同、名称相异的研究项目。有学者认为,英国的 eLib 项目由于更全面地考虑了技术、社会、文化、人性等因素,给数字图书馆的研究提供了很多宝贵的经验,被不少国家视作数字图书馆研究的典范,应该说比美国的"数字图书馆首创计划"的一期研究具有更大的影响。但是,由于试图区分"电子图书馆"和"数字图书馆"的概念,我国不少学者在介绍国外数字图书馆的发展现状时都忽略了英国的"电子图书馆项目"[6]。

1996 年,英国图书馆学专家萨顿(S. Sutton)在他的一篇文章中讨论了从传统图书馆到数字图书馆连续变化中的四种图书馆形态,即传统图书馆、自动化图书馆、复合图书馆和数字图书馆,最早提出了"复合图书馆"一词。复合图书馆(hybrid library)是介于传统图书馆和数字图书馆之间的一种机构形态,在复合图书馆中,数字化资料与印刷文献共存,各种信息技术共存,可以支持用户对各种形式的文献、本馆文献与远程文献实行一体化检索。但是复合图书馆不是从传统图书馆到数字图书馆的临时性过渡,在可以预见的未来,它将是图书馆存在的基本形态。

6.3.3 数字图书馆的特征

与传统的图书馆相比,数字图书馆有一些自己的特点。

1) 信息资源数字化

资源数字化是数字图书馆最本质的特征,"数字化"一词来源于英文"digital",我们可以这样来描述数字化:图像、文本、语音、影像和科学数据等多媒体信息都将用数字来表示;这些数字用 0 和 1 来表达,又被称为比特;通过计算机技术进行存

储,通过网络通信技术进行传播、接收。

很早以前就有未来学家预言:21 世纪将是数字化世纪、网络化世纪、信息化世纪。信息化、网络化的根本点就在于数字化,只有数字化以后才能运用计算机操作和在网络上进行传输。没有数字化的资源,数字图书馆就如同空中楼阁,无法在网络上提供高速横向跨库连接的电子存取服务,更无法实现知识增值服务。

目前,建设数字化资源的最普遍做法是将已有的馆藏资源数字化,尤其是有地方特色、专业特色以及其他确有长久保存价值的文献数字化。随着数字化技术水平的不断提高,用于开发和维护数字化技术的费用也相应增加。

数字化资源的另一个主要来源是电子出版物,包括电子期刊和电子图书两类,是指以数字代码方式将图文声像等信息编辑加工后存储在磁、光、电介质上,通过计算机或者具有类似功能的设备读取使用,用以表达思想、普及知识和积累文化,并可复制发行的大众传播媒体。"第二届全国国民阅读与购买倾向抽样调查(2002)"结果显示:我国国民电子出版物的使用率非常低,只有 4.4% 的人使用过电子出版物。价格过高是主要原因之一,有 58.8% 的使用者认为价格比较贵。尽管如此,电子出版广阔的发展空间将为数字图书馆提供巨大的数字化文献资源。

要创建数字化图书馆需要有大量的数字化信息,可喜的是,随着互联网的飞速发展,我国互联网络信息资源得到了很大的发展。自从 20 世纪 90 年代中期开始,互联网在我国迅猛发展,网上中文信息资源快速增长,到 2002 年 12 月 31 日,全国在线数据库达到 82 929 个,共 15 709 万个网页,2 744G 数据量。只是目前还存在一些需要重视的问题。例如,网络和数据库存在大量低水平重复建设,难以实现互联共享;信息资源的开发滞后于应用,存在大量信息孤岛现象等。

2)信息存取网络化

数字化是基础,网络化是手段。数字化的资源之于网络如同"车"跟"路"的关系,数字图书馆依附于网络而存在,正是网络的分布式、不受时间限制、跨地域的特性才给数字图书馆的信息取用带来了以下特色:

(1)信息存取自由化。随着人们对信息数量与质量要求的不断提高,那种在固定的时间、固定的地点获取信息的方式已经不能满足人们的需要了。用户希望打破时间、空间、语言、数量等的限制,随时随地以自己喜欢的方式任意获取大量的信息,而数字图书馆的出现使这一切成为可能。

(2)信息资源共享化。全球数字图书馆作为网上数字图书馆的虚拟联合体向全世界公众开放,突破了时空(包括国界和语言)的限制,任由读者在知识的海洋里遨游。网络环境下资源共建共享的深度和广度是传统图书馆难以企及的,表现出了跨地域甚至跨国界资源共建的协作化与资源共享的快速化。在数字图书馆时代,图书馆联盟的信息共建共享模式将会日益发展,突破原先的信息壁垒,这有利于缩小不同国家之间或同一国家内不同地区、不同人群之间的"数字鸿沟"。中国数字图书馆联盟本着"资源共享、联合建设、优势互补、互惠互利、自愿参加"的原则,为各文献资源拥有单位直接参与中国数字图书馆建设提供更多机会,同时使数字图书馆技术研发、资源建设以及销售服务形成规模、体系。截至 2002 年底已有 111 家成员单位参与,除公共图书馆、高校图书馆和科研机构图书馆外,还有一些数字图书馆技术相关企业。2002 年 5 月,中国高等学校数字图书馆联盟成立,本着"整体规划、统一标准、联合建设、共享资源"的宗旨,共同规划和联合建设中国高等教育数字图书馆。

(3)信息资源分布化。全球数字图书馆将像现在的 Internet 连接网站一样,把全球的数字化资源联为一体,连接成为一个巨大的图书馆。高效获取分布式资源,实现联合检索是数字图书馆发展的高级阶段。因此,技术标准的选择和制订,对数字图书馆建设至关重要。

当然,网络化的程度也会制约数字图书馆的发展。由于存在技术和功能上的不足,加上用户数量猛增,因特网不堪重负。为此,下一代因特网以及网格等的研究逐渐浮出水面。1996 年,美国的一些研究机构和 34 所大学提出研制和建造新一代因特网的设想,同年 10 月,当时的美国总统克林顿宣布:在今后 5 年内用 5 亿美元的联邦资金实施"下一代因特网计划",即"NGI 计划"。其目标是开发下一代网络结构,提高传输速率,使用更加先进的网络服务技术,开发许多带有革命性的应用,如在教育方面则要通过虚拟图书馆和虚拟实验室提高教学质量。

如今 Internet 已经发展到了第三代,2004 年初,骨干网升级到了 10Gbps。国际著名小提琴家兼指挥家祖克曼(Pinchas Zukerman)利用架构在 Internet 网络上的高清晰视频会议技术,能够以 CD 质量的声音、DVD 画质般的图像对数千公里之遥的学生进行个别指导。网格被认为是继 Internet 和 Web 之后的第三次信息技术浪潮,它的兴起将再次改写计算机应用的历史。具体说来,网格计算是利用互联网把分散在不同地理位置上的多个计算资源通过逻辑关系组成一台"虚拟的超级计算机"。每一位将自己的计算机连接到网格上的用户也就"拥有了"这架超级计算机,可以随时随地调用其中的计算和信息资源,在获得一体化信息服务的同时,最大限度地实现资源共享。

3)信息服务增值化

"信息时代"正在被"信息经济时代"所取代。"信息时代"强调信息本身的价值,认为只要解决信息资源的短缺问题就会带来价值提升;"信息经济时代"则认为信息本身并不稀缺,只有解决了信息的甄别、加工、提纯和挖掘问题,只有从海量的信息中发现真正的知识,才能带来价值的提升。今天,随着网上内容的极大丰富,信息海量化正在导致信息垃圾化,信息本身的价值正在被创造海量信息的网络本身所淹没、减弱。知识发现是一个从数据、信息到知识的过程。人们希望借助智能化技术和专家对信息进行知识挖掘,进一步发现隐藏在信息背后的知识,这是知识时代、知识经济和知识管理对信息服务提出的任务。

图书馆的数字化为拓展知识传播范围、加快信息传递速度、提升信息资源的价值提供了良好的条件。数字图书馆借助自动标引、元数据、内容检索等技术对多媒体信息,如图像、声音等进行多维揭示与非线性组织,并通过智能化的检索系统为用户提供知识服务。DLI 特别项目负责人 Griffin 在 1998 年解释 DLI-2 宗旨时指出,数字图书馆通过创造一种信息环境来提供获取分散存储着的信息的智能途径,这种环境远不止提供通过电子途径去获取原始数据的功能,它提供更高级的智能途径,即更全面地获取电子收藏中所含的知识和意义的途径。

6.3.4 数字图书馆的作用

1) 数字图书馆是图书馆发展的必由之路

信息技术的发展极大地提高了人们生产、处理、传播信息的能力,借助于计算机和网络,全球的信息系统已逐渐连接起来,而传统图书馆的资源和服务已无法适应读者新的信息寻求行为,也无法满足读者新的信息需求。可以从下面几个方面来认识和理解数字图书馆是图书馆发展的必由之路:

(1) 信息科技和因特网的发展导致使用者的需求逐渐发生改变,由传统的"到图书馆借阅馆藏"之"拥有馆藏"观念,演变为"希望能不到图书馆,通过网络就可使用图书馆馆藏"之"取得"的观念。图书馆为满足馆外使用者的需求,数字图书馆数字化信息的收藏已不局限于本馆文献的数字化,还包括购置具有使用权的数字馆藏。

(2) 网络环境下信息数量巨大,更新周期缩短。利用传统图书馆的工作方法进行收集、整理、存储、提取和应用显得力不从心,只有运用新的信息技术将多媒体文献资源数字化,才能为当今出现的海量信息资源找到有序组织、完整保存和高效利用的良方。借助网络技术,数字图书馆能以更快捷的速度向全球用户提供远程服务,使用户尽快获取知识、信息成为现实。

(3) 从古到今,图书馆一直肩负着保存文化遗产的任务,但电子出版物的大量生产,书籍已经无法概括当代文明的全貌,图书馆若不加紧赶上时代发展的步伐,当代文明的某些部分将会流失。因此,不建设数字图书馆,图书馆将难以生存。

(4) 数字图书馆是社会信息基础设施中不可缺少的组成部分,可以说数字图书馆的建设是各国信息基础设施建设的重要策略之一。在信息化带动工业化的今天,国家对发展数字图书馆所给予的高度重视,实际上已为我们指明了图书馆事业今后发展的方向。

数字图书馆是在全球信息化这一大历史背景下产生的,它的产生还基于图书馆自动化技术的日益成熟和图书馆现代化的日益普及。应该说,数字图书馆是图书馆自动化的进一步发展,它使图书馆自动化进入到了一个更高级的阶段。它是世界图书馆的发展方向,也是中国图书馆的发展方向。

2)数字图书馆是用户的电子学习空间

1995年,数字启蒙大师尼葛洛庞帝(Negroponte)在《数字化生存》一书中提出的"美国小孩学地理将不再依靠地球仪和地图"的美妙预言,如今已不再是梦想。数字革命与知识经济的结合,创造了一种全新的学习模式,数字图书馆的出现对普通人而言不仅是"阅读的革命",也是一场"学习的革命"。

通过个人数字图书馆,学习者可将数字化学习资料进行集中、整合和组织,实现个性化自主学习的内容集成,还可以对这些数字化信息资源进行统一科学的组织、管理和维护,并能方便而快捷地查找和利用自己所采集到的数字化信息资源。2000年开始,由美国国家科学基金会资助的美国国家科学数字图书馆(National Science Digital Library,简称NSDL)建成的"全国科学、数学、工程和技术教育数字图书馆"项目支持用户进行个性化定制,可对用户进行信息推送,还可以将具有不同兴趣的用户联系在一起进行交流,真正为用户创造了一个数字化的信息资源存储与服务空间。

3)数字图书馆是对传统文化遗产的保存和弘扬

传统图书馆保存和弘扬文化遗产的功能已人所共知,作为信息产业和文化产业的交汇领域,数字图书馆的出现正在引发一场全球范围内的文化媒介迁移运动。吴基传在为徐文伯所著《中国数字图书馆:数字资源的开发与研究》一书所写的序言中提到:中国数字图书馆工程的一个重要的使命,就是要使中华传统文化重塑辉煌,重新焕发生机。数字图书馆就是运用最新的科学技术开发我国的文化资源,这也可以是一次文化的数字勘探。如同现代信息技术的发展使科学家能够描绘人类的"生物基因图谱"一样,现代信息技术的发展也使现代文化和人类学家能够描绘一个民族的"文化基因图谱"。在一个网络化的虚拟世界中,现代人的文化基因由"比特"所负载。从这个意义上说,数字图书馆是通过文化资源数字化建立的一个国家和民族的"文化基因库"。世界各国,特别是发达国家都在把本国文化遗产大规模转化成数字形态,以便为知识经济时代新的竞争奠定基础。

"美国的记忆"从1994年到2000年实现了500万件文献的数字化,集中反映了美国建国200多年来的历史遗产及文化。许多数据库包括了美国建国以来里程碑式的重要文献,如杰斐逊亲笔修改的《独立宣言》、林肯演说、各族移民的民谣演唱等,成为美国对青年及中小学生进行爱国主义教育的首选教材,取得了良好的社会效益。

4)数字图书馆是国家信息基础设施的重要组成部分

1993年,美国提出了"国家信息基础设施行动动议"(The National Information Infrastructure:Agenda for Action)。与此同时,全世界掀起了讨论信息高速公路的热潮。其实信息基础设施早已存在于每个国家,只不过在规模、先进性、功能完善程度等方面各不相同而已。它要求建成通达全国各地的信息高速公路,也即一个由通信网、计算机、信息资源、用户信息设备与人构成的互联互通、无所不在的信息网络,可以把人、家庭、学校、图书馆、医院、政府与企业都关联起来,可以获得各种各样公用和专用的信息资源,可以传送音频、数据、图文、视频和多媒体等各种形式的信息,同时可以满足不同类型用户所需的不同应用和不同性能要求,如距离、速度、时延、连接频次和保持时间等。一个高水准的 NII 将能够为人类提供随时随地随意的信息服务。西方发达国家政府发布的国家信息基础设施建设计划主要包含两部分内容:一是网络通讯设施,二是高质量的网上信息资源。

如同工业经济离不开交通和能源一样,数字图书馆也是高科技经济的基础设施和必要条件。知识经济是建立在知识和信息的生产、存储、使用和消费之上的,数字图书馆所收藏的各类信息对于知识经济的整个过程都是必不可少的。而数字图书馆的数字化馆藏凭借高新技术,可以经济、快速地传播,方便地被人们所利用,从而不断地激发人们的想像力和创造力,推动全民族文化素质的不断提高。因此可以说,数字图书馆是今后经济和文化的载体和催化剂。数字图书馆的出现对人类知识和信息的收集、加工、存储、传输和开发利用是一场重大变革,并且已经成为评价一个国家信息基础设施水平的重要标志,也是 21 世纪各国高科技竞争的焦点之一。当前世界发达国家无不以国家政策主导数字图书馆建设,以公共资金启动数字图书馆建设。加强数字资源建设,对加速中国信息化的进程,提升国家的核心竞争力,具有极为重要的战略意义。为此,"中国数字图书馆工程"被列为国民经济和社会发展第十个五年计划(2001—2005 年)的重点建设项目。在"十一五"中国家也将继续加大投入,使中国数字图书馆的发展更上一个台阶。

我国数字图书馆的建设和应用对促进资源共享,对科研人员乃至广大公众学习知识、应用知识、创造知识必将发挥重要的积极作用,并将成为建设学习型社会的重要组成部分。

5)数字图书馆能加快全球信息化进程

随着电子信息技术的快速发展和普遍应用、信息高速公路建设热潮的兴起,全球信息化正在向我们发出召唤。各个行业都在加紧准备或正在向网络化方向发展,数字图书馆也在全球信息化的大背景下应运而生。

诸多数字图书馆项目的建成与投入使用,对于社会各个领域利用现代信息技术,充分、有效地开发和利用各种信息资源都将产生积极的影响。在这样的背景之下,社会全体公众能在任何时间、任何地点,通过声音、数据、图像等各种信息媒体,高度共享和相互传递高质量的信息,以发掘社会智能潜力,提高文化素质与生活质量,增强综合国力和国际竞争力,促进经济发展和社会的进步,有利于促进世界各国人民的相互了解和沟通,将对消除世界各国及本国地区之间的"数字鸿沟",促进全球信息化的协调发展作出积极的贡献。

6.4　利用图书馆必备的计算机技能

6.4.1　Windows 操作系统的使用[2]

在 Windows 环境下可以安装和使用各种软件。软件的启动方法有多种,通常单击"开始/程序"菜单即可启动相关软件。

对微型计算机加电后,自动启动 Windows;在使用完系统后,应该立即关机。

1) 启动 Windows

Windows 的启动过程是自动的,这里以 Windows XP 为例说明启动 Windows 的一般步骤:

① 顺序打开外部设备电源开关和主机开关。

② 计算机执行硬件测试,测试无误后开始系统引导。

③ Windows 操作系统正常启动后显示 Windows XP 桌面。

2) 关闭 Windows

在关闭或重新启动计算机之前,一定要先退出 Windows 系统,否则会破坏一些没有保存的文件和正在运行的程序。按以下步骤可安全退出系统:

① 关闭正在运行的应用程序。

② 单击"开始"按钮,从菜单中选择"关闭计算机"命令,此时将出现"关闭计算机"对话框。

③ 单击对话框中的下拉箭头,可以选择"待机"、"关闭"或"重新启动"之一。

④ 若选择"关闭",单击"确定"按钮后,系统会保存设置,自动关闭计算机。

注意:不可在 Windows 仍在运行时直接关闭计算机电源。因为 Windows 2000 是多任务操作系统,不遵照正确步骤关闭系统,可能造成程序、数据和处理信息的丢失,甚至造成系统的损坏。另外,由于 Windows 2000 的多任务特征,运行时占用大量的磁盘空间以保存临时信息,这些保存在特定文件夹中的临时文件在正常退出 Windows 时会被自动清除,释放磁盘空间;若非正常退出,将使系统来不及处理这些临时信息。

6.4.2　常用应用软件的使用

Office 软件(如 Word,Excel,PowerPoint,Access 等)通过 Office DLL 共享代码、共享应用程序工具,在文字、表格、图形、图像和声音等多媒体处理及网络应用方面的基本原理、基本方法有许多相同或相似之处。在信息表达和操作方式、操作技巧方面既有本身特色,又有许多的共同之处。

1）Word 文字处理软件

Word 是 Microsoft 公司推出的 Office 重要组件之一,它集文字编辑和排版、表格和图表制作、图形和图像处理等功能为一体。其图文并茂、高度智能、赏心悦目的操作界面,充分体现了所见即所得的特点。Word 还可以将强大的文字处理功能与 Internet 结合起来,在信息社会中极大地提高了办公效率。目前已经成为广为普及和流行的文字处理软件。

2）Excel 电子表格软件

Excel 是目前普遍应用的电子表格软件,将数据输入到单元格后,可以利用公式进行算术运算,对数据进行分析汇总,输出相关统计图表。Excel 具有强大的数据处理与分析能力,丰富的图表功能,在统计分析中有着广泛的应用。

3）PowerPoint 电子演示文稿软件

PowerPoint 是专门制作幻灯片和演示文稿的应用软件,可以通过计算机播放文字、图形、图像和声音等多媒体信息,具有强有力的表达观点、演示成果和传递信息的功能,广泛应用于演讲、教学和产品介绍等方面。

4）Access 数据库管理软件

数据库技术是计算机科学飞速发展中的一个重要领域,基本功能是对大量数据收集、编辑、保存和高效应用。数据库技术是计算机信息处理的关键技术。

Access 软件是一个功能强大而易于使用的桌面关系型数据库管理系统。它可以创建数据库和数据库表,规范表中字段并确定主键,确定表间关系并根据关系优化表结构,录入数据,创建查询和报表,设置数据库安全措施。Access 对中小规模数据库比较有效。

思 考 题

1. 计算机的发展经过了哪几个阶段? 各有什么特点?

2. 简述计算机系统的构成。

3. 常见的操作系统有哪些? 各有什么特点?

4. 简述操作系统的作用。

5. 简述网络的分类。

6. 简述计算机网络的作用。

7. 简述数字图书馆的特点。

8. 数字图书馆与数据库、网络信息检索系统有哪些异同?

9. 为什么说信息服务增值化是数字图书馆的特征之一?

10. 数字图书馆有什么重要作用?

参 考 文 献

[1] 张磊,张家安,韩浔.计算机应用基础简明实用教程.西安:西安电子科技大学出版社,2003.

[2] 吉林大学公共计算机与研究中心.大学计算机基础.北京:高等教育出版社,2006.

[3] 鲁佩云.互联网技术及应用.武汉:华中科技大学出版社,2004.

[4] 黄如花.数字图书馆原理与技术.武汉:武汉大学出版社,2005.

[5] 高文,刘峰,黄铁军,等.数字图书馆——原理与技术实现.北京:清华大学出版社,2000.

[6] 于良芝.图书馆学导论.北京:科学出版社,2003.

案例5　常用数据库简介

1. 中文数字期刊全文数据库

1) 中国期刊全文数据库

中国知识基础设施工程(China National Knowledge Infrastructure,简称 CNKI 工程)是以实现全社会知识信息资源共享为目标的国家信息化重点工程,由清华大学、中国学术期刊(光盘版)电子杂志社、清华同方知网(北京)技术有限公司等单位共同主办。CNKI 系列数据库是 CNKI 工程的重要组成部分,中国期刊全文数据库就是其中之一。

中国期刊全文数据库是目前世界上最大的连续动态更新的中国期刊全文库,收录1994年以来国内公开出版的7 200多种期刊的全文,现已累积全文文献1 370多万篇,并以每年100万篇的速度递增。文献内容涵盖自然科学、工程技术、人文社科等各个学科领域,共分为九大专辑:理工 A(数学、物理、天文、地质、地理、生物等)、理工 B(化学、化工、能源、材料等)、理工 C(工业技术)、农业、医药卫生、文史哲、经济政治与法律、教育与社会科学、电子技术与信息科学。

2) 中文科技期刊全文数据库

中文科技期刊数据库(全文版)是重庆维普资讯有限公司开发研制的中文电子期刊全文数据库,是国内收录期刊最多、年限最长的中文期刊全文库,收录了1989年至今的9 000余种国内出版的期刊全文1 330多万篇,并以每年180万篇的速度递增。文献内容涵盖自然科学、工程技术、人文社科等各个学科领域,所有文献按照《中国图书馆分类法》进行分类,共分为 8 个专辑:社会科学、自然科学、工程技术、农业科学、医药卫生、经济管理、教育科学和图书情报。

3) 万方数字化期刊全文数据库

数字化期刊全文数据库是万方数据股份有限公司研发的中文电子期刊全文数据库,收录了 1998 年以来 5 000 多种国内公开出版的期刊全文 540 多万篇,收录范围以科技类核心期刊为主,包括医药卫生、工业技术、农业科学、基础科学、社会科学、经济财政、科教文艺、哲学政法等各个学科领域的学术期刊。

2. 中文数字图书全文数据库

1) 超星数字图书馆

超星数字图书馆是国家"863"计划中国数字图书馆示范工程项目,由北京世纪超星信息科技有限责任公司制作,以"全球最大的中文数字图书馆"著称。超星中文电子图书内容丰富,范围广泛,本馆订购了自然科学、社会科学、工业技术、哲学宗教、农业科学、语言文字、医药卫生等共 22 个类目的 40 万种图书。

2) 书生之家数字图书馆

书生之家数字图书馆由北京书生科技有限公司创办,主要提供 1999 年以来中国大陆地区出版的新书的全文电子版。书生之家数字图书馆的图书分以下类别:文学艺术、计算机、通信与互联网、经济金融与工商管理、语言文化教育体育、教材教参与考试、生活百科、少儿图书、综合性图书与工具书、法律、军事、政治外交、社会科学、哲学宗教、历史地理、科普知识、知识信息传媒、自然科学、农业科学、医药卫生、工业技术、建筑、交通运输与环境等。本馆订购了以上所有类别的 19 万多册电子图书。

3) 方正 Apabi 数字图书馆

方正 Apabi 数字图书馆由北大方正电子有限公司制作,收录了全国 400 多家出版社出版的最新中文电子图书。内容涵盖了社会学、哲学、宗教、历史、经济管理、文学、数学、化学、地理、生物、医学、工程、机械等多种学科。目前本馆订购Apabi 电子书 13 000 多种,其中教参电子图书近 6 000 种。

3. 学位论文数据库

1) 中国学位论文文摘数据库

中国学位论文文摘数据库资源由国家法定学位论文收藏机构中国科技信息研究所提供,并委托万方数据股份有限公司加工建库,收录了 1977 年以来我国自然科学和社会科学各领域的博士、博士后及硕士研究生论文文摘信息,总计 58 万多篇,是国内数据量最大的学位论文数据库。

2) 中国学位论文全文数据库

中国学位论文全文数据库资源由国家法定学位论文收藏机构中国科技信息研究所提供,并委托万方数据股份有限公司加工建库,精选相关单位 1977 年以来的硕博学位论文,涵盖自然科学、数理化、天文、地球、生物、医药、卫生、工业技术、航空、环境、社会科学、人文地理等各学科领域。目前本馆该库学位论文全文达 20 万篇。

3）PQDD(B)文摘数据库

博硕士论文数据库（ProQuest Digital Dissertations，简称 PQDD）是目前世界上最大和使用最广泛的学位论文数据库，由世界上最大的硕博论文收藏和供应商美国 ProQuest 公司提供。收录 1861 年至今欧美 1 000 余所大学博士、硕士论文的摘要及索引，共 200 余万篇。该数据库有完全版和两个分册版本（人文社科版、科学及工程版，即 A 版和 B 版），本馆订购的 PQDD(B)包括生物科学、地球及环境科学、健康科学、自然科学、心理学等学科的 170 余万篇论文摘要及索引（其中 1997 年以来的部分论文可以看到原文的前 24 页）。

4）PQDD 全文数据库

为了方便国内用户使用国外学位论文全文，从 2002 年起，CALIS 每年都组织 ProQuest 学位论文全文数据库集团采购，由每个参加的成员馆购买一部分学位论文全文，集团内所有的学位论文放在服务器上共享。几年来，已经有 106 所高校图书馆参加了集团采购，本馆也是其成员馆之一。目前 ProQuest Digital Dissertation 学位论文全文检索系统中主要收录 1998 年以来的欧美国家学位论文近 10 万篇。

5）中国优秀博硕士学位论文全文数据库（CDMD）

CDMD 是 CNKI 系列数据库之一，收录 1999 年以来全国 300 多家博士培养单位的博士硕士学位论文全文，共分 9 辑：理工 A（数、理、化、天、地、生）、理工 B（化学化工能源与材料）、理工 C（工业技术）、农业、医药卫生、文史哲、经济政治与法律、教育与社会科学、电子技术与信息科学。其内部结构与《中国期刊全文数据库》基本一致。本馆购买了该库的 23 000 多篇论文。

4. 外文全文数据库之一——IEEE/IEE Electronic Library(IEL)

IEEE/IEE Electronic Library(IEL)数据库又名美国电气与电子工程师学会和英国电气工程师学会电子图书馆。

美国电气与电子工程师学会（IEEE）和英国电气工程师学会（IEE）是电气电子、计算机、信息技术等领域内国际公认的两大学术机构。由它们编辑出版或与其他学会、协会合作出版的各类文献占世界各国出版的有关电气电子和计算机文献的 32% 以上，它们的出版物几乎都是有关领域的核心文献，是科技工作者的主要参考源。

IEL 提供美国电气与电子工程师学会（IEEE）和英国电气工程师学会（IEE）出版的 229 种期刊、8 739 种会议录、1 646 种标准的全文信息。IEEE 学会下属的文献可以浏览全文，且数据回溯的年限也比较长，其他出版物一般只提供 1988 年以后的全文检索。部分期刊还可以看到预印本（accepted for future publication）全文。

IEL 收录的文献涉及计算机、自动化及控制系统、工程、机器人技术、电信、运输科技、声学、纳米、新材料、应用物理、生物医学工程、能源、教育、核科技、遥感等许多专业领域。

5. 外文全文数据库之二——ScienceDirect OnSite(SDOS)

ScienceDirect OnSite(SDOS)由荷兰 Elsevier Science 出版公司开发研制。Elsevier Science 是一家设在荷兰的历史悠久的跨国科学出版公司,是世界享有盛誉的学术出版商。该公司出版的期刊大多数为核心期刊,被世界上许多著名的二次文献数据库(如 SCI,EI 等)收录。近年来,该公司收购了许多出版公司,包括美国的 EI 公司,其主站点名为 ScienceDirect Online,在中国的镜像站点为 ScienceDirect Onsite。

SDOS 收录了 1995 年以来 Elsevier Science 出版的 1 650 种期刊的文献全文,内容范围涵盖了数学、物理、化学、天文学、医学、生命科学、商业及经济管理、计算机科学、工程技术、能源科学、环境科学、材料科学、社会科学等众多学科。累计文献量已达 2 266 473 篇,期刊期数达 129 577 余册。

以下是 Elsevier Science 的全文电子期刊的学科分布:Chemistry and Chemical Engineering 化学和化工(189 种),Clinical Medicine 临床医学(232 种),Computer Science 计算机科学(102 种),Earth and Planetary Science 地球和行星科学(80 种),Engineering,Energy and Technology 工程、动力和技术(223 种),Environmental Science and Technology 环境科学和技术(68 种),Life Science 生命科学(339 种),Materials Science 材料科学(116 种),Mathematics 数学(45 种),Physics and Astronomy 物理学和天文学(133 种),Economics,Business and Management Science 经济学、商业和管理(115 种),Social Science 社会科学(189 种)。

6. 外文全文数据库之三——SpringerLink 与 EBSCO 系列数据库

1) SpringerLink

德国施普林格(Springer-Verlag)是世界上著名的科技出版集团,通过 SpringerLink 系统提供学术期刊及电子图书的在线服务。

SpringerLink 所提供的全文电子期刊共包含 439 种学术期刊(其中近 400 种为英文期刊),在 2004 年 Kluwer Academic Publishers(KAP)合并入 Springer 后,目前 SpringerLink 中已包含 1 200 多种全文学术期刊(凡是在期刊列表前有 符号,即表示可阅读全文),收录数据年代最早从 1997 年开始。它分为以下 13 个"在线图书馆":行为科学、生命科学、医学、数学、化学、计算机科学、经济、人文与法律、工程学、环境科学、地球科学、物理学与天文学。英文版中国期刊以及英文版俄罗斯期刊是科研人员的重要信息源。

2) EBSCO 系列数据库

EBSCO 数据公司是一个具有 60 多年历史的大型文献服务专业公司,总部在美国,分部遍及全球 19 个国家。

EBSCO 数据公司开发了近 100 多个电子文献数据库,涉及自然科学、社会科学、人文和艺术等多种学术领域。本馆购买的其中两个全文数据库是:

Academic Search Premier(学术资源数据库),简称 ASP。该库包括社会科学、人文科学、教育、工程、计算机、物理学、多文化研究等众多学科领域的近 5 400 种学术期刊,其中包括 3 500 多种同行评审刊的全文,最早可回溯到 1975 年。

Business Source Premier(商业资源数据库),简称 BSP。该库包括商业、管理、经济学、银行业、金融、会计学等学科领域的 7 200 多种商业学术期刊,包括近 1 100 种同行评审刊的全文。此外,提供 4 600 种商业期刊的题录/文摘。某些期刊最早可回溯到 1926 年、1936 年等(首期)。

7. 外文全文数据库之四——ASME 与 ACS

1)美国机械工程师学会全文期刊数据库(ASME)

美国机械工程师学会(American Society of Mechanical Engineers,简称 ASME)主持着世界上最大的技术出版之一,制定各种工业和制造业行业标准。ASME 电子期刊共 20 种,内容涉及基本工程、能量资源、环境与运输、制造业等诸多学科。

本馆用户可下载 2000 年至今的 ASME 期刊论文全文。

2)美国化学学会全文期刊数据库(ACS)

美国化学学会(American Chemical Society,简称 ACS)成立于 1876 年,已成为世界上最大的专业科技学会之一。ACS 的期刊被 ISI 的 Journal Citation Report(JCR)评为"化学领域中被引用次数最多之化学期刊"。

ACS 出版的 34 种期刊,数据库中收录了 30 种电子版的全文,每一种期刊都回溯到了期刊的创刊卷,最早的年代为 1879 年。这些期刊涵盖了 24 个主要的学科领域:生化研究方法、药物化学、有机化学、科学训练、普通化学、环境化学、材料学、燃料与能源、植物学、动物学、食品科学、药理与制药学、物理化学、环境工程学、工程化学、微生物应用生物科技、应用化学、分子生物化学、分析化学、聚合物、无机与原子能化学、资料系统电脑化学、学科应用、农业学。

8. 外文文摘索引数据库

1)EI(工程索引)

美国《工程索引》(EI)于 1884 年创办,由美国工程信息公司编辑出版。EI 是国际著名的工程技术领域重要检索工具,被称为世界三大检索系统之一,是目前全球最全面的工程领域二次文献数据库,侧重提供应用科学和工程领域的文摘题录信息,涉及核技术、生物工程、交通运输、化学和工艺工程、照明和光学技术、农业工程和食品技术、计算机和数据处理、应用物理、电子和通信、控制工程、土木工程、机械工程、材料工程、石油、宇航、汽车工程以及这些领域的子学科。在 EI 中被收录论文的数量还被用于作为评价科研机构或科研人员学术成就的一项客观指标。

EI Compendex Web 是 EI 的网络数据库,简称 Compendex。Compendex 内容包括原来的光盘版(EI Compendex)和后来扩展的部分(EI PageOne)。该数据库包含 1969 年以来的超过 700 万条的工程类期刊、会议论文和技术报告的题录,每年新增 25 万条工程类文献，数据来自 175 个学科的 5 100 多种工程类期刊、会议论文和技术报告，其中 2 600 余种有文摘。数据为每周更新。EI Compendex Web 收录的文献涵盖了所有的工程领域，该数据库侧重提供应用科学和工程领域的文摘索引信息，其中化工和工艺类的期刊文献最多（约占 15%），计算机和数据处理类占 12%，应用物理类占 11%，电子和通信类占 12%，另外还有土木工程类（占 6%）和机械工程类（占 6%）等。大约 22% 的数据是有主题词和摘要的会议论文，90% 的文献是英文文献。

EI 光盘版数据和 PageOne 数据的主要区别在于：数据中是否有分类码（LL）和主题词（MH，CV）；有这两项内容的数据是 EI 光盘版数据，反之是 PageOne 数据。

2）INSPEC（英国科学文摘）

INSPEC 是 International Information Services for the Physics and Engineering Communities 的简称，即国际物理学与工程信息服务部。

INSPEC 由英国电气工程师学会（IEE）编辑出版，它的前身是《科学文摘》（Science Abstract，简称 SA，始于 1898 年）。它收录全球尖端科技信息资料，包括物理、电子工程、电子学、通讯、控制工程、计算机科学以及信息技术等领域的国际性期刊论文、会议论文、技术报告、学位论文及图书资料。

INSPEC 收录自 1969 年以来全球 80 个国家出版的 4 000 多种科技期刊、2 000 种以上会议论文集以及其他出版物的文摘信息，其中期刊约占 73%，会议论文约占 17%。

3）NTIS（美国国家科技报告）

NTIS（National Technical Information Service）是美国国家技术情报社出版的美国政府报告文摘题录数据库，收录美国政府立项研究及开发的项目报告为主，少量收录西欧、日本及世界各国（包括中国）的科学研究报告。它包括项目进展过程中所做的一些初期报告、中期报告、最终报告等，反映最新政府重视的项目进展。该库 75% 的文献是科技报告，其他还包括专利、会议论文、期刊论文、翻译文献；其中 25% 的文献是美国以外的文献，90% 的文献是英文文献。

NTIS 专业内容覆盖材料科学、地理、地质、电子、工程技术、航空航天、化学与化工、环境科学、计算机、矿业、能源、农业、生物、数学、天文、通讯与信息科学、物理、医学、自动化等领域。

9. 中文文摘索引数据库

1）生物医学期刊数据库（CMCC）

CMCC 由解放军医学图书馆研制开发，是国内期刊文献数据库中较权威的生物医学目录摘要型数据库，也是医学信息情报部门科技查新的必查库。该库收录 1994 年以来的 1 400 余种中文医学期刊，累计文献 270 万篇，并以每年 30 万篇的速度递增。

CMCC专业内容覆盖基础医学、临床医学、预防医学、医学生物学、中医药学、药学、医院管理、医学信息学等卫生相关信息。

2）CALIS西文期刊目次数据库（CCC）

CCC是CALIS管理中心在引进EBSCO公司2.3万种学术类期刊篇名目次数据库基础上构建的二次文献数据库。

CCC现已包含近3万种西文学术类期刊，通过对各种数据的深入加工和关联，目前覆盖了世界著名的9种二次文献数据库即AGRICOLA农业文摘、Biological Abstracts生物学文摘、Chemical Abstracts化学文摘、Current Contents现刊篇名目次、Engineering Index工程索引、INSPEC科学文摘、Medline医学文摘索引、Science Citation Index科学引文索引、Social Science Citation Index社会科学引文索引的大部分以及全国三大图书馆系统订购的纸本西文学术期刊的70%以上，并且实现了和国内联合采购的15个电子全文期刊库的链接（覆盖了8 000种以上的电子全文期刊）。CCC收录数据从1999年开始。

10．中文社科类数据库

1）国务院发展研究中心信息网（国研网）

国研网是国务院发展研究中心主管、国务院发展研究中心信息中心主办、北京国研信息有限公司承办的大型经济类专业网站。国研网以国务院发展研究中心丰富的信息资源和强大的专家阵容为依托，并与海内外众多著名的经济研究机构和经济资讯提供商紧密合作，全面整合中国宏观经济、金融研究和行业经济领域的研究成果。数据库收录内容包括研究报告、经济要闻、各种数据等。本馆购买了国研网的以下产品：国研报告数据库、宏观经济数据库、金融中国数据库、行业报告数据库、世界经济与金融评论数据库、财经数据库、高校管理决策参考。

2）人大报刊复印资料

人大复印资料全文数据库选辑1995年至今公开发表的人文科学和社会科学中各学科、专业的重要论文和重要动态资料的全部原文，在国内社会科学领域具有极高的权威性。其信息资源覆盖了人文科学和社会科学领域国内公开出版的3 000多种核心期刊、专业期刊和报纸，分4大类100多个专题。

3）E线图情

E线图情是面向图情界、图情理论界、图情教学界、图情协会界以及图情企业界和个人提供集数据库服务、深度研究、专业咨询于一体的专业网站，囊括了数字图书馆领域中理论、技术、产品、市场、协会等各个方面的内容。它是图情界进行数字图书馆建设不可缺少的智囊。

E线图情下设图情人物、理论技术、企业产品、行业协会、用户市场、会议中心、图情单位、风云人物、馆长论坛、研究报告、图情事业、Chinalibs电子杂志、个人专栏、图情要闻、行业聚焦、Chinalibs动态等频道。

11. 特种文献数据库

1) 中国强制性国家标准全文数据库

中国强制性国家标准全文数据库由国道数据中心出版发行,收集了国家质量监督检验检疫总局确认的全部 2 800 多项强制性国家标准。内容涉及综合、农林、医药、矿业、能源、化工、冶金、机械、电子、通信、建筑、交通、航空航天等类目。

2) 中国学术会议论文全文数据库(中文版)

中国学术会议论文全文数据库由万方数据股份有限公司研发,主要收录 1998 年以来国家级学会、协会、研究会组织召开的全国性学术会议论文近 30 万篇,数据范围覆盖自然科学、工程技术、农林、医学等领域,是了解国内学术动态必不可少的帮手。

3) 中国科技成果数据库

中国科技成果数据库由万方数据股份有限公司研发,是目前国内最具权威性的技术成果数据库,是国家科技部指定的新技术、新成果查新数据库。其数据主要来源于 1980 年以来各省、市、部委鉴定后上报国家科技部的科技成果及星火科技成果,收录范围包括新技术、新产品、新工艺、新材料、新设计,涉及化工、生物、医药、机械、电子、农林、能源、轻纺、建筑、交通、矿冶等十几个专业领域。现有数据 32 万多条,并以每年 2 万条的速度递增。

4) 中国企业、公司及产品数据库

中国企业、公司及产品数据库由万方数据联合国内近百家信息机构共同开发,现已收录我国 96 个行业的近 20 万家企业的详尽信息,是了解中国市场的一条捷径。国际著名的美国 Dialog 联机系统更将该库定为中国首选的经济信息数据库而收进其系统,向全球数百万用户提供联机检索服务。

7 读者利用图书馆的道德规范

读者的信息素质,既包含获取信息、处理信息、创造信息的能力,也包含正确的信息伦理道德修养以及信息管理部门制定的公共道德等内容。图书馆是面向大众的信息服务部门,是一个公共场所,每天要接待成百上千的读者和举办众多培训等活动,必须有一整套规章制度来规范大家的行为举止,以保证全体读者在利用图书馆时能井然有序。因此,当读者办理了图书馆的借书证,成为该图书馆的正式读者之时,必须了解图书馆的规章制度,了解读者应该具备的道德修养和行为规范。

图书馆是为读者服务的,该如何利用好这个服务,这是每一位读者都要考虑和必须解决的问题。如何做一名合格的读者和成为一名文明的读者,不仅是每一位读者的义务,而且也是读者能否利用好图书馆的前提条件。

7.1 读者的权利和义务[1]

7.1.1 读者的权利

1)借阅权

凡持有图书馆合法借书证的读者,均有权根据图书馆的借书规则借出自己需要的书刊资料自由阅读,加深、补充和深化专业知识;

有权使用图书馆阅览室的藏书,阅读有关书刊资料,扩大知识领域,完善知识结构;

有权依据图书馆的有关规定,以集体(班级或组)名义,借阅有关书刊资料,满足教学和读书的需要。

2)利用图书馆读书环境权

凡持有图书馆合法借书证的读者,均有权利用图书馆的阅览室进行自学;

有权利用图书馆的阅览设施进行科学研究、撰写毕业论文和进行毕业设计。

3)向图书馆的采购部门建议购买书刊资料权

凡持有图书馆合法借书证的读者,均可以依据学习、科研、阅读的需要向图书馆的采购部门建议采购所需要的书刊资料。图书馆有义务满足读者的阅读需求。

4)向图书馆工作人员请求帮助权

读者在图书馆查找书刊资料,使用图书馆的阅览设施进行学习和科研活动时,如果遇到疑难问题,有权向图书馆工作人员求助。图书馆工作人员有义务帮助读者解决困难。

5)批评建议权

读者在利用图书馆过程中,如果发现图书馆的某些工作环节、工作方法、规章制度等存在不合理、不方便、不通畅之处,有权建议图书馆改进工作,提高服务质量;

若读者对图书馆工作人员的服务不满意,有权提出批评、投诉。图书馆工作人员应虚心接受合理建议,提高服务质量。

7.1.2 读者应尽的义务

1)爱护公共财产

图书馆属于公共服务部门,每一位读者都有义务爱护属于全体读者所有的藏书和公共设施,不仅要自律,而且有义务监督、制止和举报个别读者的破坏行为。

2)遵守规章制度

图书馆的规章制度是图书馆工作正常开展的重要保证。只有每一位读者都自觉遵守规章制度,才能保证大家顺利使用图书馆。

3)言行举止讲究文明

图书馆是传播文明的场所,每一位走进图书馆的读者,其言谈举止都应该讲究文明,衣着要整齐得体、清洁大方,举止要端庄,谈吐要文雅,自己的活动应以不妨碍别人为前提,杜绝一切不文明的举动。

4)尊重图书馆工作人员的劳动

图书馆的工作人员是为读者服务的,他们的付出理应得到读者的尊重。读者在排列整齐的书架上翻检自己需要的图书,应注意保持书架的排列顺序,不乱扔乱放书刊,不私藏书刊;在打扫干净的阅览室里,不乱扔杂物、随地吐痰或在阅览室吃东西。

5)配合图书馆工作人员,维护图书馆的安全

图书馆的安全直接关乎全体读者和工作人员的人身安全,也关乎图书馆藏书、设备等国家财产的安全,所以读者有义务维护公共安全。

馆舍内的消防设施,在正常状态下不可以随意乱动;图书馆阅览室的电源插口只能用于必要的公用设备。

图书馆内的防火、防盗、防人身伤害也是每个人都必须高度重视的安全问题。

6)维护良好环境和氛围

图书馆有义务为读者创造良好的读书环境,但是仅靠图书馆的努力还不够,还必须有全体读者的共同参与,大家都严格自律,替别人着想,不妨碍别人,共同维护

好学习环境,使每一位读者都从中受益。

7.1.3 读者权利与义务的关系

任何权利和义务都是一个问题的两个方面。在一个法制国度中,人与人的关系、人与社会的关系,正是以权利与义务的相互联系和相互制约为基础来调整的。权利和义务是相互联系、不可分割的整体,是辩证统一的。正确认识权利与义务的关系,是有效履行自己义务、正确行使自己权力的基础。

图书馆是高校教学、科研的重要组成部分,每一位读者履行应尽的义务,都会更充分地实现自己的权利。为了让每一位读者都能够充分、完整地实现自己的权利,就必须使大家都自觉履行应尽的义务。任何有意无意违反图书馆规章制度的人,都应该受到应有的处罚,以维护全体读者的整体利益。一个人作为社会中的一员,总免不了与他人联系和相处,总要履行约定俗成的规范。否则,任何社会组织的活动都将难以有序进行。因此,每个人都应当崇尚道德,遵守法律,维护秩序,也只有每个人经历自我控制的"不自在",方能达到人人"自在"的境界。

7.2 文明读者的品质

7.2.1 良好的公德意识

任何人都希望有一个良好的社会秩序,都希望自己、集体的财物和利益得到保护,都希望有一个安静、舒适、整洁、优雅的生活和工作环境。而要实现这一良好的愿望,就需要每一个公民自觉地遵守社会公德。

社会公德属于道德建设范畴。道德建设是一种文化建设,目的在于提升人的精神境界和品位情操。良好的道德建设,既要靠教育、靠自觉,也要靠法律和制度约束。

社会公德,即社会公共道德,是人们在社会公共生活中应当遵守并用来评价人们行为的准则。社会公德具有以下几方面的特性:从适用范围上讲,具有普遍适用性,每个公民都有遵守公德的责任和义务;从功能上讲,具有公共性,它维护的是社会的公共利益和公民的整体利益;从内容上讲,具有广泛性,涵盖了人与人、人与社会、人与自然的关系。

社会公德的内容很广泛,反映人与人之间关系的社会公德,可称为"公共场所公德",如遵守公共秩序,爱护公共财物,维护公共利益等;反映人与自然之间关系的社会公德,可称为"环境公德",如讲究卫生,保护生态环境,珍爱生命等。因此,社会公德中应着重加强4个方面的修养:维护公共利益,遵守公共秩序,爱护公共财物,讲究公共卫生。

1）维护公共利益

公共利益就是大多数民众的利益。在我们民族历史上,记载着许多仁人志士为了维护民众的利益,不惜牺牲个人利益乃至牺牲个人生命的动人事迹,甚至一些封建社会的开明人士也深谙其理。任何一个合格的公民决不能损害公众利益,而应自觉地维护公众利益。

2）遵守公共秩序

社会如果没有公共秩序,人们就无法进行正常的工作、学习和生活。所以,每一个人都要自觉地遵守公共秩序。在社会生活中,不管你的地位有多高或者多低,在公寓里你就是"房客",就要遵守公寓管理制度;在马路上,你就是"行人",要遵守交通规则,听从交通民警的指挥;在公共汽车、轮船、火车、飞机上,你就是"乘客",要照章购票,顺序上下,文明礼貌,扶老携幼;在阅览室,你就是"读者",要保持肃静,爱护书籍;在因特网上,你就是"网民",要遵守网络公约;在学校里学习,你就是"学生",要遵守学生守则和行为规范。总之,在公共场合要遵守公共秩序,不能干扰、损害他人和公众的利益。

3）爱护公共财物

公共财物属于全民全社会所共有,每一个公民都应该以主人翁的态度爱护公共财物。图书馆的藏书和办公设备等属于全体读者所有,如果个别读者私自损毁或占为己有,那么就损害了其他读者本应该享有的使用权利。要是这样损人利己的事多了,每位读者的权利都必然会受到不同程度的损害。因此,当遇到公共财物受到侵吞和破坏时,每位读者都有义务也有权利进行批评和教育,大家都应当争做爱护公共财物的模范。每个人在维护公共利益的同时,自己的利益也便获得了保障。

4）讲究公共卫生

社会越发展,越重视卫生问题。在搞好个人卫生、家庭卫生的同时,也要树立讲究公共卫生的美德,重视公共卫生建设,增强国民的生态环境意识。在幽雅的校园和图书馆阅览室内如果存在纸屑等杂物,地板上污迹斑斑,干净整洁的阅览台上堆有没吃完的食物或者吃剩下的果皮、包装纸等,相信任何人都会心生厌烦,皱起眉头,以致影响读书的兴致。

7.2.2 良好的文明修养和习惯

1）修养

修养是一个人学习、工作和生活的基本准则。修养也是一个人的自我约束,这个约束并非组织纪律的外部强制,而是发自内心的自觉追求。这种自觉,是建立在一个人的道德和人品基本素质基础上的,需要有极大的克制力。良好的修养是立身之本,是成就事业的基础。提升修养的最基本方法就是多读书。

书籍是人类文明的结晶,读书是提升修养的最好途径。培根说:"读书足以怡情,足以博采,足以长才。"凯勒说:"一本新书像一艘船,带领着我们从狭隘的地方,驶向生活的无限广阔的海洋。"皮罗果夫说:"一本好书就是一个好的社会,它能够陶冶人的感情与气质,使人高尚。"高尔基说:"书是人类进步的阶梯,人踏着这个梯子走向高处,成为大写的人。"

图书馆是人们的精神家园。古往今来,多少人呕心沥血著书立说,藏之名山,传之后世。作为近代文明成果之一的图书馆,成为贮存知识、传承文明的人们心灵的栖息之地。一册又一册、一卷又一卷、一排排、一行行陈列于此,便是知识的渊薮。多读书,读好书,就会使人心明眼亮、知书达礼。懂礼的人必是修养高的人,与懂礼貌、修养品味高的人在一起相处,必会营造出和谐美满的人际关系。香港《公正报》有句名言:"富者有礼高质,贫者有礼免辱;父子有礼慈孝,兄弟有礼和睦;夫妻有礼情长,朋友有礼义笃,社会有礼祥和。"

现代社会,没有书的地方永远是没有阳光的世界,不读书的人也只能是一个没有灵魂的躯壳。让我们捧起那些充满知识的书本,推开智慧的窗户,学习做人的道理! 让贫乏和平庸远离我们,让博学和睿智丰富我们,让中华之精髓永世传承!

2) 习惯

习惯是人们的行为倾向,是稳定的行为。好的习惯是开启成功的钥匙,坏的习惯则通往失败。有一句名言"成功源于习惯,习惯决定命运",说的就是一个人之所以取得了成功,往往是因为他良好的习惯。所以,自觉养成一种良好的生活和学习习惯,对于每一个正在求学,追求未来成功的大学生来说非常重要。

良好的文明习惯,一方面要以思想政治教育为基础,另一方面还要在日常生活、学习工作等一系列环境中,通过科学管理、严格要求来培养。

3) 修养、习惯的重要性

文明素质是一个人乃至一个民族、一个国家文化修养和道德修养的外在表现形式,是做人的基本要求。文明的一切都是由细节构成的,通过这些细节,也可以看出一个民族、一个国家的文明程度。文明习惯的培养应该从小事做起。

很多人都把文化知识的学习放在首位,给予特别的重视,却常常忽略了社会公德、文明习惯的养成。其实,恰恰是一个人的文明修养和习惯从本质上体现了一个人的思想品质、做人的品位,并因此决定其是否能走向事业的成功。良好的行为习惯既是我们取得优异成绩的前提,也是树立健康人格的基础。

现代社会普遍认为:修养和习惯是一个人的第二身份。考取学位和谋得一个好的职位对一个人固然重要,但是待人处事、行为举止有一个良好的修养和习惯同样重要。如果说学位、职位代表了一个人的第一身份的话,那么修养和习惯就代表人的第二身份,人们同样会以此去判断和评价一个人。

大学生是接受高等教育的人,是中国优秀文化的先锋队,应该是社会上最有文明教养的一部分人。让我们从现在做起,从自己做起,从点点滴滴的小事做起,养成良好的文明习惯,做文明人,用我们的努力去营造一个安静、有序、良好的图书馆学习环境。

7.3　读者的行为规范

行为规范是指某一特定人群共同遵守的行为准则。

所谓规范,有三层含义:其一是"约定俗成或明文规定的标准";其二是"合乎规范";其三是"使合乎规范"。由此可见,"规范"一词的实质就在于要对特定行为施加以某种约束或限制。这种约束或限制就是所谓的规范,接受其约束与限制就是合乎规范。当然,规范并不等同于约束,也不等同于限制。从行为科学的角度看,规范是约定俗成或明文规定的各种行为标准的总和。

7.3.1　制定读者行为规范的意义

图书馆对读者的行为作出规范要求,主要是为了给全体读者营造一个良好的学习环境,维护全体读者利用图书馆的正常秩序,保障来图书馆的每一位读者利用图书馆资源的正当权利。图书馆是每一位读者的图书馆,只有每一位读者都遵守共同的规则,才能保证大家正常利用图书馆的权利不受侵犯,保证图书馆正常的秩序不被打乱。任何破坏规范的做法,都可能侵犯了其他读者的正当权利,破坏和打乱图书馆正常运转的秩序。每一位自觉遵守行为规范的人,同时也使自己的正当利益得到了保障。

国学大师季羡林曾经说过:"如果一个人孤身住在深山老林之中,你愿意怎样都行。可是我们处在社会之中,这就要讲究点人际关系。人己自爱而后人爱之。没有礼貌是目中无人的一种表现,是自私自利的一种表现。如果这样的人多了,必然产生与社会不协调的后果。千万不要以为这是个人小事而掉以轻心。"

图书馆是传播知识信息的地方,是收藏人类文明的神圣殿堂,同时也是一个塑造文明儒雅的场所。只要每一位读者都能认真履行读者行为规范,就会使每一位走进图书馆的人感受到儒雅风度,使每一位走出图书馆的朋友变得修养高深、举止端庄,成为继承和传播人类灿烂文明的使者。

7.3.2　读者行为规范的内容

1)要凭本人的借书证进馆

读者进入各借书处、阅览室,要主动出示借书证。图书馆规定借书证、阅览证只限本人使用,不得转借他人,否则对转借他人者和借证人分别予以罚款,并停止该证的借书权。如果捡拾到他人的借书证,应及时交送到图书馆的办证处,以便丢失者认领。不得冒用他人丢失的借书证借书。凡发现冒用他人图书证借书者,按窃书处理,不仅按规定罚款,还要通报所在单位。读者发现自己的借书证丢失,要及时到办证处办理挂失手续,并申请补办新的借书证。如果借书证失而复得,要及时到办证处申请解挂。本人使用自己已经挂失的旧借书证到图书馆借阅者,也按冒用他人丢失的借书证的行为处理。

借书证一律由图书馆的办证处统一制作、备案、发放,任何个人不得随意制作、伪造。凡使用没有经过图书馆办证处备案的借书证,都要按窃书行为处理。对借书证所有人和使用伪造借书证者均按有关规定分别处罚,并通报所在单位。使用来历不明的伪造证件者,不仅要从重处罚,还要交校保卫处处理。

2)着装要整齐、朴素、大方、得体

每一位进入图书馆的读者,着装都应该与图书馆庄重、文雅的阅读环境相符合。图书馆不允许穿背心、裤衩、拖鞋等仅适合在寝室、浴室穿着的服装进入,女同学不可以穿过短或过露的时装或晚礼服来图书馆活动,不允许穿带铁钉底的鞋子进馆,以免走动时产生噪音,影响阅读。

3)保持安静的学习环境

凡进入图书馆的读者,都要保持图书馆"文明、秩序、整洁、安静"的学习环境。在图书馆内不允许大声喧哗或出声朗读。带手机的人,在进馆后要将手机调至振动档,不得已必须接听手机者,要远离阅览区。不允许随地吐痰或乱扔纸屑杂物。严禁在馆内吸烟,阅览室内不可以吃零食。不准用物品强占座位,影响他人学习。

4)按规定时间归还所借文献

图书馆的书刊很丰富,但每一种书刊的复本量有限,为了保证书刊能在更多的读者之间传播、利用,必须规定借阅期限。出现不能按时归还书刊的情况,要自觉按规定接受罚款。

5)爱护图书

爱护图书馆的藏书是每一个读者必须履行的义务,无论是借出的书刊还是在图书馆阅览室临时阅读,均不得在图书馆的书刊上随意圈点、批注、污损、裁割,也不准随意遗失书刊。如果一时疏忽,出现上述情况,要自觉按照规定接受处罚。

6)必须在办理相关手续后,方能带走书刊

凭证进入图书馆各阅览室后,可自由翻阅书架上的书刊,如有借出的意向,就需办理借出手续,然后才可以将书刊带出馆外。没有办理手续的文献,不得携出室外。发生私自携书出室者一般都要按照偷窃处理。

7)讲究文明礼貌,举止得体

应尊重图书馆工作人员的劳动,不可以随意捣乱书架,不乱扔乱放书籍,或者为了自己看书方便私藏书刊。在图书馆遇到困难可向馆员求助,馆员也有义务帮助读者解决困难。当有求助欲望时,请使用文明用语。

8)爱护图书馆的公用设备

图书馆的公用设备可以自由使用,但不得在阅览桌、椅、墙壁、书架等公用设施上随意涂抹刻画。搬动阅览桌、椅时,要轻搬轻放。使用计算机检索文献或阅读电子文献时,要严格按照操作规程行事,不允许擅自超规范使用。造成损失或影响他人使用,要按章赔偿。

9)维护公共安全

每一位读者和图书馆的工作人员都有维护图书馆安全的义务,任何人严禁携带易燃、易爆物品进入图书馆。严禁随意触摸、按动消防设施。一旦发生火警或其他危险情况,切忌慌乱,要听从管理人员指挥,有组织、有秩序地通过安全通道离开大楼。

真诚希望每一位读者都能自觉遵守图书馆的各项规章制度和行为规范,以争做文明读者为荣。

思 考 题

1. 试述制定读者行为规范与读者利用图书馆之间的关系。
2. 在图书馆内,读者享有哪些权利?
3. 在图书馆内,读者应尽哪些义务?
4. 读者的权利与义务之间是怎样的关系?
5. 试述一个文明的读者应具备怎样的品德素质?
6. 简述读者行为规范应包含的内容。
7. 在办理图书馆的借书证,成为图书馆的一名正式读者之时,应该了解该图书馆的哪些信息?
8. 怎样才能在利用图书馆的过程中避免出现违规受罚的尴尬?

参 考 文 献

[1] 王金祥,张志海.怎样利用图书馆.西安:陕西科学技术出版社,1992.

案例6 江苏大学图书馆读者服务规章制度简介

1. 入馆须知

1)入馆者请主动出示本人借书证。

2)入馆需保持个人仪表整洁,不得穿汗衫背心、拖鞋入馆。

3)请保持馆内安静,不得大声喧哗、嬉闹。手机要调至振动,接听手机不得影响他人。

4)请保持环境整洁,不随地吐痰、不随意乱抛纸屑杂物;不在馆内吃零食、抽烟。

5）请尊重工作人员，讲文明、讲礼貌、讲谦让、讲互助，严禁抢占座位。

6）请爱护馆内设备，不得在阅览桌等设备及墙壁上任意刻画；座椅要轻搬轻放；出于图书馆安全的考虑，禁止读者携带充电器到图书馆充电，违者没收充电器。严禁擅自使用馆内插座。

7）请读者严格按照操作规程正确使用计算机设备。

8）对于损坏公物者，将视情节轻重给予相应的处罚。

9）请读者自觉维护图书馆的公共秩序，遵守图书馆相关规章制度，共同营造良好的学习科研环境和氛围。

2. 借书证、阅览证管理暂行办法

1）江苏大学图书馆借书证是读者进入图书馆以及在馆内借书、阅览和进行其他信息检索活动的有效凭证；阅览证是读者入馆并在馆内阅览的凭证。图书馆办证处统一颁发和管理借书证、阅览证，读者在馆内活动时应随身携带此证，并自觉配合馆内工作人员的检查。

2）凡江苏大学正式聘任的工作人员，学校按国家计划招收的研究生、本科生、博士后人员，以及本校离退休职工均为江苏大学图书馆的读者，可以按规定办理本馆借书证。

3）校内各院、系、所等经与图书馆签订协议后，可为各院、系、所正式聘任的兼职教师、招收的进修生、访问学者、外协人员办理临时借书证或阅览证（具体办法同社会读者）。

4）社会读者办理借书证或阅览证，除须持本人身份证并缴纳一定数额的押金外，还须按每证每年50元缴纳服务费。

5）读者必须凭本人证件（工作证、学生证、研究生证、进修生证等）以及所在单位的介绍信领取或补办借书证。

6）每年新入校的本科生、专科生、研究生，根据教务处、研究生处的新生名单，在入校时统一集体办理。

7）新入校本科生在进行"新生入馆教育"的学习并通过考核后，借书证自动生效；研究生、新入校的教职工、博士后等凭学生证、工作证到图书馆办证处领取登记表。

8）借书证、阅览证有一定的有效期，过期即行失效。学生借书证在学习期间有效；受聘人员的借书证在校内受聘期内有效；其他人员的借书证、阅览证在证上规定的期限内有效。使用失效的借书证、阅览证要追究其责任并处以罚款。图书馆可按需要，在适当时候对读者的借书证进行验证，验收合格者方可继续使用。

9）借书证、阅览证只限本人使用，不得转借他人，否则对转借他人者和借证人分别罚款，并停止借书（详见《违规使用借书证的有关处罚标准》）。冒用他人丢失的借书证借书,按窃书处理,除按规定罚款外,还要通知所在单位。本人使用已挂失的旧借书证者,按冒用他人丢失的借书证处理。

10) 伪造借书证,按窃书处理。对借书证所有人和使用伪造借书证者按有关规定同时处罚,并通知所在单位。使用来历不明的伪造证件者,除从重处罚外,交治安派出所处理。

11) 硕士生、博士生、在校教师可于每年5月、10月持本人工作证、一寸照片一张,缴纳15元工本费、50元押金,办理"江苏省普通高校通用借书证"。

12) 本校离退休教职工,可继续使用原有的机读借书证。没有办理过机读借书证者,可凭工作证或离退休证以及一寸近期照片,到图书馆办证处办理。

13) 借书证遗失补办办法

(1) 借书证要妥善保存,不得遗失。遗失后如被他人冒借图书,失证人应负责赔偿所借图书。

(2) 借书证丢失后,应持本人学生证(身份证)立即到图书馆办证处办理挂失、补办手续。补办前须将所借图书及欠款还清。

(3) 补办借书证须缴纳一定工本费和手续费。

第一次补证:5元/证;

第二次补证:10元/证;

第三次补证:20元/证;

第四次以上补证:40元/证,三个月以后领证。

注意:若领到新证后,原证又被找回,应立即到办证处交回旧证,不得继续使用,否则按冒用他人证件处理。

3. 集体借书证使用规则

1) 江苏大学图书馆为方便工科学生专业学习的需要,特为工科院系的学生读者以班级为单位办理集体借书证。

2) 集体借书证由班级指定的图书管理员专人管理和负责使用。使用集体借书证借书时,必须与图书管理员个人的借书证同时使用,方可将图书借出。

3) 集体借书证一次可借书30册,期限60天。

4) 各班级的图书管理员如果因故必须更换,应到图书馆办证处提出变更申请,并同时出具院系的证明信,方可办理变更。

5) 集体借出的图书在使用期间如有损毁、丢失,也同样按照图书馆损毁图书的有关办法处理。

4. 退证手续

1) 借书证持有人离校(毕业、调离、出国、结束借调、工作学习结束等),应由本人来馆办理退证手续,凡欠书未还或有欠款者应按规定赔偿。

2) 办证时曾交押金的读者,在退证后持押金收据退还全部押金。读者在借书证有效期截止后应尽快来馆办理退证及押金手续,三个月内不来办理者,押金不再退还,充作文献购置费。

3) 读者离校时不按规定到图书馆办理还书退证手续的,将追究主管单位和保证人的责任。

4) 借书证持有人去世,由其家属负责来馆办理还书和退证手续。

5. 读者离校手续办理程序

读者因毕业、工作调动等原因离开江苏大学前,应按规定到图书馆办理离校手续。具体办理如下:

1) 还清所有借阅的图书,并取消本人预约的图书。如果尚有未还图书及欠款,请先到借书处办理还书、到办证处办理欠款或失书赔款手续,然后到办证处办理离校手续(交回机读卡,如曾领取旧式借书证及纸卡也应一并交回)。

2) 失书赔款标准参照江苏大学图书馆《遗失、损坏书刊资料赔偿办法》执行。

3) 将在本校继续读研的本科生,应按规定办理离校手续。

4) 为满足在本校继续读研的本科生暑假(秋季入学前)使用图书馆的需求,图书馆允许这部分同学凭各系研究生部介绍信及本人身份证入馆查阅资料(但不能办理借书)。

6. 阅览室外借规则

1) 进入阅览室,须出示证件及登记,不得自带书刊、书包入内;在普通阅览室自习的同学,要自觉遵守各阅览室的有关规定,不得抢占座位。

2) 无论何人,未经办理规定手续不得私自携带室内书刊出阅览室,违者按有关规定给予处罚。

3) 开架借阅区提供借阅合一的服务方式,在借阅区内可任意取书阅览,外借图书一律在出纳台办理外借手续,未办理手续就携书出馆者,按偷窃图书处理。借阅区内不允许带自己的书和书包进入。

4) 综合借书处开架借阅区所管理的中外文图书可借出馆外,新书阅览室内的书刊资料只供读者室内阅览或短期借阅。

5) 本校师生凭借书证借书,借书证只限本人使用,不得转借他人,否则对借出人和借证人分别停止借书。因特殊情况需要办理代借时,应事先征得主管馆长的同意。冒用他人丢失的借书证借书者,按盗窃图书处理。

6) 办理借出手续时,要检查所借图书的损坏状况,如发现图书有被撕页、涂抹、勾画现象,要及时向工作人员申明,做出记录,否则在还书时发现图书损毁,要按照有关规定处理。有的图书附有光盘,光盘中的内容也是图书的组成部分。附有光盘的图书,图书馆在图书的副书名页上印有"附有光盘"字样。如需阅读或复制光盘,可到图书馆数字阅览室办理借阅。光盘一次可以借一张,借期5天。

7) 借出的图书应按期归还,教工和研究生外借图书期限为2个月,到期可续借一次。如果是通过图书馆主页的查询系统办理的续借手续,从续借之日起,计时一个月,也可以持借书证到借书处办理续借手续。每本书对于同一读者只能续借一次。如需同时续借多本图书,可重复以上操作。小说类、TP 类图书不得续借。本、专科生外借图书借期一个月,无续借权。

8) 要爱护、保护好图书,如有涂抹、损坏、遗失图书者,须按规定赔偿。还书日期如果落在长假(寒暑假等),读者可以在假期结束后一周之内还书,系统不做超期处理。如果在一周之内没有还书,那么假期要算做超期处理。

9) 馆藏图书除在新书阅览室的一本外,其他复本均进入借阅流通。如果馆藏复本全部被借出,读者就可以办理预约借书。办理预约借书手续可以在借书处填写"图书预约单"进行登记,也可以通过查询系统在网上登记预约。本科生一次可预约 1 本,教师和研究生一次可预约 2 本。办理过预约手续后,要随时注意查询预约到书信息。被预约的书到馆后,为本科生读者保留的最大天数为 3 天,为教师和研究生读者保留的最大天数为 5 天。逾期不来借走者,图书归回书库上架。预约图书如果一直没有到馆,30 天以后系统自动取消预约信息。

10) 有效借书证如有遗失,须来本馆办证处申明挂失,补办新的借书证。补办证者按《江苏大学图书馆借书证、阅览证管理办法》的"补办"条款办理。

11) 因调离、毕业等原因离校时,须还清欠书,交回借书证。离、退休人员可凭离、退休证重新办理新证。

7. 数字阅览室阅览规则

1) 数字文献阅览室采取有偿服务的形式向全校师生员工开放。

2) 读者凭本人借书证进入数字阅览室。

3) 数字阅览室上机费标准为 1 元/小时。

4) 数字阅览室仅供读者上网浏览、查阅资料,禁止使用未经许可的个人软件和玩游戏。

5) 禁止在网上传播有损于国家荣誉、危害国家安全的言论;禁止浏览、传播、下载不健康的文档或图片。

6) 禁止修改或删除计算机的配置或文件,不得乱动各种设备。如遇到机器故障不得私自处理,应及时告知工作人员。

7) 若阅览室满员,请自觉在室外排队等候。

8) 严禁在室内大声喧哗、吸烟、吐痰、吃零食和乱扔杂物。

9) 不服从工作人员管理、无理取闹及违反上述规定者,图书馆将视情节给予教育、罚款、暂停借书证使用、没收借书证和通报有关部门等处罚。

8. 数字阅览室刷卡须知

读者上机前请通过计算机门禁管理系统自助刷卡。读者刷卡时请注意以下几点:

1）上机前须到办证处往上机卡上充值，方可使用。

2）请依次排队刷卡，前后读者的刷卡时间应间隔3~5秒钟。

3）刷卡时请将借书证的条形码对准激光条形码扫描仪的端口，扫描仪发出鸣响，表示刷卡成功。

4）读者在一天当中只要刷卡一次就可以不受上机次数限制，无须每次上机都刷卡。

5）刷卡时如遇到问题和困难，请与管理员联系。

6）刷卡后当选择某台计算机使用时，还须输入自己的卡号进行登录。

7）请读者爱护数字阅览室的设备，不得私自拆装激光条形码扫描仪。

9. 新书阅览室阅览规则

1）新书阅览室是江苏大学图书馆的特色服务窗口，除收藏最近5年内进馆的社会科学、自然科学、综合类以及外文原版的图书资料外，还安放了40台免费使用的电脑，供读者阅读馆藏电子图书和馆藏数据库。新书阅览室同时也是电子图书阅览室。

2）本室须凭本人借书证登记入内，不得自带书刊、书包进入。

3）本室藏书没有复本，每一种图书只有一册，所以一般只能在本室阅览，不能外借。读者如有复印需求，可办理复印手续，在馆内复印后及时归还。

4）教师、研究生因教学、科研需要，只能短期借出。必须在第二天闭馆之前还回，超期按规定罚款。

5）本科生读者只能在本室阅览，没有借出权限。

6）本室图书开架阅览，读者可自由选择、取阅。建议读者一次取阅图书不要超过2册，以免影响他人阅读。阅后请放在书桌上，或放回书架原处。

7）本室电脑仅供读者阅览电子图书和本馆数据库使用，不支持其他用途，如浏览馆外网页、聊天、打字、拷贝等。下载的电子图书和数据库资料，可发送到本馆打印室输出。

8）读者在使用本室电脑阅读电子图书和数据库过程中，如果遇到电脑主板、鼠标、键盘等设备问题，应及时告知工作人员处理，不得擅自调换、拆卸。违反规定造成损失的，要按照规定赔偿。

附录一　江苏大学图书馆入馆教育
计算机考查系统使用说明

1. 注意事项

1）考试时间：45 分钟；

2）考试内容：主要为《大学生信息素质初级教程》的内容；

3）考试形式：开卷考试；

4）题型与数量：以单项选择为主，试题总量为 50 题，每题 2 分，合格分为 80 分（计算机自动判题，考试合格后新生借书证自动解禁，第二天便可进入正常使用状态）；

5）考试次数：考试次数不限，第一次考试免费（只限图书馆数字阅览室），如不通过，第二次考试 15 天后方可进行，如仍未通过，15 天后进行第三次考试，依此类推，直到合格；

6）考试地点：所有校园网计算机均可上机考试。

（注：新生读者初次领到借书证时，借书证处于待开通状态。通过计算机入馆教育考试并合格者，其借书证自动解禁，进入正常使用状态。）

2. 考试步骤

1）登录江苏大学图书馆主页（网址：http://lib.ujs.edu.cn），点击"入馆教育考查系统"。

2）进入系统后，输入账号、密码（账号为借书证的"证件号"、密码为借书证的"条形码号"），点击登录，进入考试界面，系统自动生成试卷。

3）试卷生成后，请不要按 F5 或"刷新"按钮进行刷新，否则考试机会将被减少一次并且系统将重新抽题进行考试。

4）试卷生成后逐题点选正确答案，做完后点击提交，计算机将自动给出成绩，判断是否合格。

（注：考试过程中不得刷新，在没有做完试题的情况下请不要按键盘上的"Enter"（确认键），否则系统将默认为确认而自动交卷。）

5）考试时间结束，无论是否完成系统将自动交卷。

3. 考试系统图解

1）进入江苏大学图书馆主页，点击"入馆教育考查系统"，如图 1 所示。

点击"入馆教育考查系统"

图1　进入"入馆教育考查系统"

2）输入借书证的证件号和条码号，登录"入馆教育考查系统"，如图2所示。

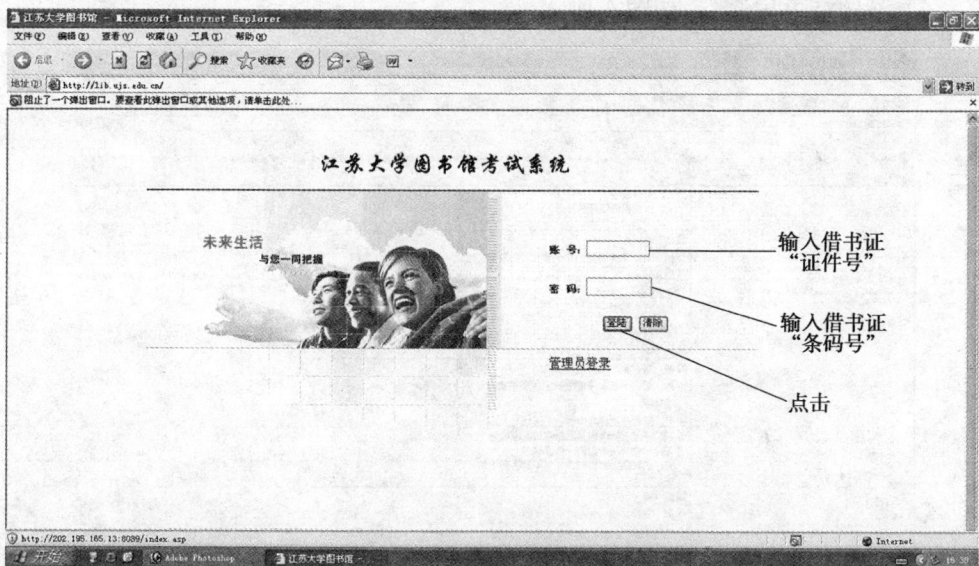

输入借书证"证件号"

输入借书证"条码号"

点击

图2　输入借书证的证件号和条码号登录"入馆教育考查系统"

3）进入考试界面，进行答题，如图3所示。

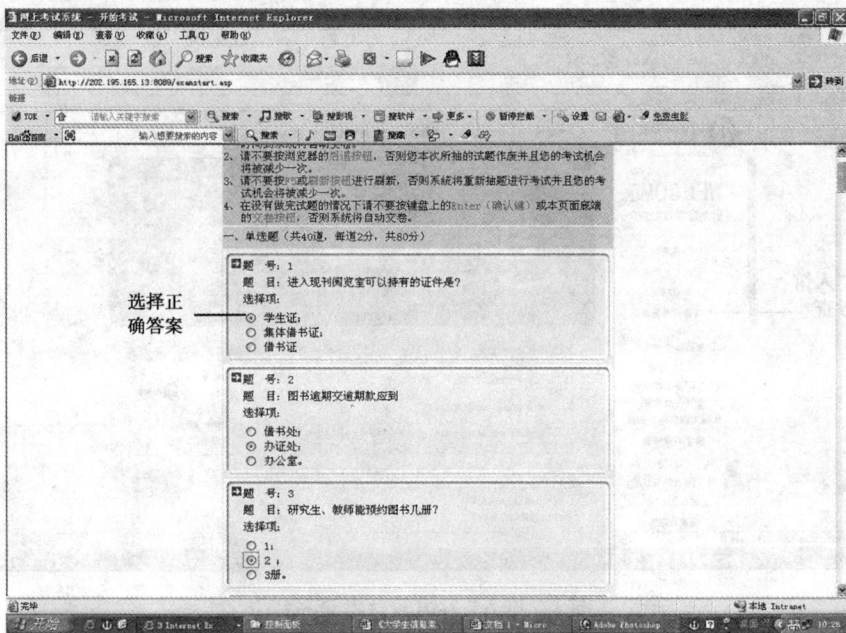

图 3　进入考试界面答题

4）答题结束后交卷，如图 4 所示。

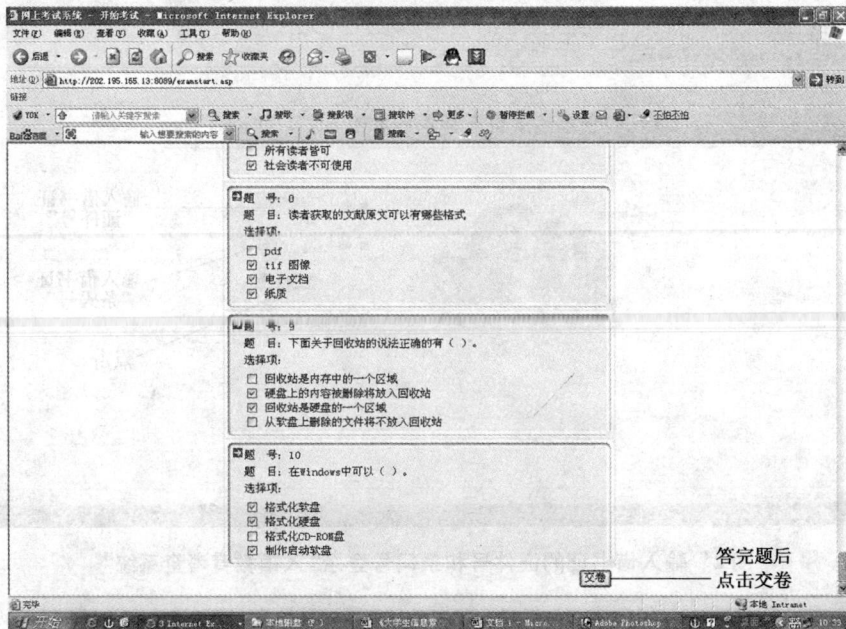

图 4　答题结束后交卷

5）提交后，系统将显示得分及是否合格，如图 5 所示。

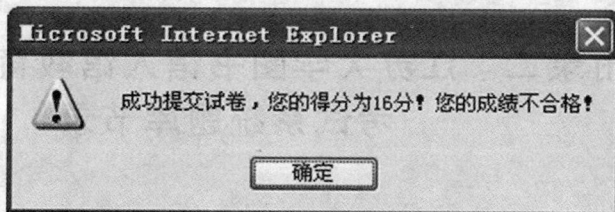

图 5　系统显示考试成绩

附录二　江苏大学图书馆入馆教育
考试系统题库节录

1. 进入图书馆阅览室请主动出示(　　　)
   A. 学生证　　　　　B. 身份证　　　　　C. 借书证
   参考答案：C

2. 进行信息检索活动需凭读者个人的(　　　)
   A. 借书证　　　　　B. 阅览证　　　　　C. 学生证
   参考答案：A

3. 读者遗失借书证后需尽快(　　　)
   A. 补办　　　　　B. 挂失　　　　　C. 注销
   参考答案：B

4. 读者的借书证、阅览证除自己使用外,(　　　)
   A. 还可转借他人　B. 委托他人代借　C. 不得转借他人
   参考答案：C

5. 下列藏书排架方法中是以文献内容特征为标志进行排架的是(　　　)
   A. 登记号排架法　　　　　　　B. 年代排架法
   C. 书型排架法　　　　　　　　D. 分类排架法
   参考答案：D

6. (　　　)是计算机感染病毒的可能途径
   A. 患有传染病的人使用计算机　　B. 运行外来程序
   C. 从键盘上录入不常见的字母　　D. 软盘表面不清洁
   参考答案：B

7. 查找"电动汽车"文献可选用的检索式是(　　　)
   A. 电动 and 汽车　B. 电动 or 汽车　C. 电动 not 汽车
   参考答案：A

8. 计算机的发展过程中使用大规模和超大规模集成电路是第(　　　)个阶段
   A. 一　　　　B. 二　　　　C. 三　　　　D. 四
   参考答案：D

9. 连续出版物的主要类型有(　　　)
   A. 报纸、期刊、年鉴等

B. 多卷本、丛书和资料汇编等

C. 技术标准、专利文献、产品资料等

参考答案：A

10. 利用 CNKI–期刊全文数据库检索有关"馆员信息素质"方面的期刊论文,可以直接在检索框中输入(　　　)检索式进行检索

A. 馆员 * 信息素质

B. 馆员 + 信息素质

C. 馆员 and 信息素质

参考答案：A

11. 图书馆产生的直接原因是(　　　)

A. 人类社会信息交流的需要和为克服人脑记忆功能的局限性

B. 文字和文献的出现

C. 科学技术的发展

参考答案：B

12. 当前管理和规范高校图书馆事业发展的重要法规文件是(　　　)

A. 1987 年 7 月发布的《普通高等学校图书馆规程》

B. 2002 年 2 月发布的《普通高等学校图书馆规程》

C. 1974 年国际标准化组织 ISO 颁布的《ISO2789—1974E 国际图书馆统计标准》

参考答案：B

13. 良好的阅览环境要靠大家共同创造,在阅览室内(　　　)高声谈话

A. 不可以　　　　B. 可以

参考答案：A

14. 所谓"图书馆的正式读者"就是(　　　)

A. 指图书馆的现实读者与潜在读者之和

B. 在图书馆办理相关手续并拥有该馆借阅证的所有成员

C. 来图书馆从事读书活动的所有社会成员

参考答案：B

15. 方正数字图书馆的图书阅览需使用的阅读器是(　　　)

A. 超星阅读器　　　B. 方正阅读器　　　　C. 书生阅读器

参考答案：B

16. 下列(　　　)是合法的 E-mail 地址

A. Online. sh. cn@ wang

B. Wang. online. sh. cn

C. Cn. sh. online. wang

D. Zhang@ online. sh. cn

参考答案：D

17. 特种文献主要收藏范围是(　　　)

A. 标准文献

B. 专利文献

C. 标准、专利和学位论文

参考答案：C

18. 方正 Apabi 数字图书馆属于(　　　)

A. 题录数据库　　　　　　　　　B. 文摘数据库

C. 全文数据库　　　　　　　　　D. 数值数据库

参考答案：C

19. 了解国内有哪些厂家生产步进电机,可选择检索(　　　)

A. 中国科技成果数据库

B. 万方数据库中的数字化期刊

C. 中国专利数据库

D. 中国企业产品数据库或 Internet 搜索引擎

参考答案：D

20. 中文科技期刊数据库属于(　　　)

A. 题录数据库　　　　　　　　　B. 文摘数据库

C. 全文数据库　　　　　　　　　D. 数值数据库

参考答案：C

21. 利用中国学术期刊数据库检索某一作者的文章是否被引用,可点选(　　　),然后输入作者姓名检索

A. 作者　　　　　B. 篇名　　　　　C. 引文　　　　　D. 刊名

参考答案：C

22. (　　　)为描述文献外部特征的检索语言

A. 叙词语言　　　　　　　　　　B. 标题词语言

C. 分类语言　　　　　　　　　　D. 著者

参考答案：D

23. (　　　)组配是具有"不包含某种概念关系"的一种组配,在文献检索中表示一篇文献记录满足检索项 A,不含有检索项 B 的要求,就需用这样的关系才能命中所选记录

A. 逻辑与　　　　　B. 逻辑非　　　　　C. 逻辑或　　　　　D. 模糊

参考答案：B

24. INSPEC 属于(　　　)

A. 题录数据库 　　　　　　　　B. 文摘数据库
C. 全文数据库 　　　　　　　　D. 数值数据库
参考答案：B

25. 1TB 等于(　　　)
　　A. 1 024KB 　　　　　　　　B. 1 024MB
　　C. 1 024PB 　　　　　　　　D. 1 024GB
　　参考答案：D

26. 若要检索我国恢复学位制以来的硕博士论文线索,可选择(　　　)数据库检索
　　A. 中国学位论文文摘数据库
　　B. 中国学术会议论文数据库
　　C. PQDD
　　D. ISTP
　　参考答案：A

27. Compendex 属于(　　　)
　　A. 题录数据库 　　　　　　　　B. 文摘数据库
　　C. 全文数据库 　　　　　　　　D. 数值数据库
　　参考答案：B

28. 超星数字图书馆属于(　　　)
　　A. 题录数据库 　　　　　　　　B. 文摘数据库
　　C. 全文数据库 　　　　　　　　D. 数值数据库
　　参考答案：C

29. (　　　)是记录有关发明创造信息的文献,蕴涵着技术信息、法律信息和经济信息
　　A. 期刊论文 　　　　　　　　B. 专利说明书
　　C. 科技报告 　　　　　　　　D. 标准文献
　　参考答案：B

30. 一般情况下,微机必不可少的 I/O 设备是(　　　)
　　A. 键盘和显示器 　　　　　　　　B. 显示器和鼠标
　　C. 键盘和打印机 　　　　　　　　D. 鼠标和键盘
　　参考答案：A

31. 检索中国学术期刊全文数据库 2000 年收录了某一单位哪些老师的文章,选择了年代和各子库以后,可选(　　　),然后输入检索词检索
　　A. 篇名 　　B. 作者 　　C. 关键词 　　D. 机构
　　参考答案：D

32. Elsevier 电子期刊属于(　　　)

A. 题录数据库   B. 文摘数据库

C. 全文数据库   D. 数值数据库

参考答案：C

33. (　　)用来存放计算机中正在执行的程序和数据,可以随机读写

A. CPU   B. 硬盘   C. ROM   D. RAM

参考答案：D

34. 2003 年 7 月中国自动化学会曾举办过"第 14 届中国过程控制会议暨第 3 届全国技术过程的故障诊断与安全性学术会议",需要参考此次会议上发表的一些论文,可选择(　　)

A. 人大复印资料数据库

B. 馆藏书刊目录数据库

C. 中国学位论文全文数据库

D. 中国学术会议论文库(CACP)

参考答案：D

35. 如果需要查找国内有哪些图书馆订购了某一外文期刊,可用(　　)系统进行查找

A. 中图分类法简表

B. 全国期刊联合目录

C. 超星数字图书馆

参考答案：B

36. 科技查新的主要作用是(　　)

A. 为科研立项提供客观依据

B. 为科技成果的鉴定、评估、验收、转化、奖励等提供客观依据

C. 为科技人员进行研究开发提供可靠而丰富的信息

参考答案：A、B、C

37. 科技查新的特点是(　　)

A. 查新有较严格的年限、范围和程序规定

B. 有查全、查准的严格要求

C. 要求给出明确的结论

D. 查新结论具有客观性和鉴证性,但不是全面的成果评审结论

参考答案：A、B、C、D

38. Windows 98 的初始设置中,图标(　　)不是常见的图标

A. 资源管理器   B. 回收站

C. 我的电脑   D. 收件箱

参考答案：D

39. 定题服务的服务期时间跨度( )

    A. 服务期可从课题立项、开题,直至研究项目结束

    B. 服务期时间跨度依服务对象而定

    C. 服务期时间跨度是固定不变的

    参考答案:A、B

40. EI 的中文名称为( )

    A. 美国工程索引   B. 国际会议录索引

    C. 科学引文索引

    参考答案:A

41. ISTP 的中文名称为( )

    A. 美国工程索引   B. 国际会议录索引

    C. 科学引文索引

    参考答案:B

42. SCI 的中文名称为( )

    A. 美国工程索引   B. 国际会议录索引

    C. 科学引文索引

    参考答案:C

43. 国际三大索引包括( )

    A. SSCI   B. SCI   C. ISTP   D. EI

    E. CSSCI

    参考答案:B、C、D

44. 情报和信息的关系为( )

    A. 完全相同的概念   B. 完全不同的概念

    C. 既有区别又有联系

    参考答案:C

45. 信息可理解为( )

    A. 一切有用的东西   B. 事物的运动状态与方式

    C. 物质的一种属性

    参考答案:B、C

46. 下列中文数据库可以获得全文的是( )

    A. 万方数据/数字化期刊   B. 维普信息资源系统

    C. 人大复印资料   D. 生物医学期刊

    参考答案:A、B、C

47. 中国期刊全文数据库全文文献的格式为( )

    A. CAJ 格式   B. PDF 格式   C. DOC 格式

参考答案：A、B

48. 一个文件的扩展名通常表示(　　　)
   A. 文件大小　　　　　　　　　　B. 创建该文件的日期
   C. 文件类型　　　　　　　　　　D. 文件版本
   参考答案：C

49. 下面是关于 Windows 文件名的叙述,错误的是(　　　)
   A. 文件名允许使用大写英文字母
   B. 文件名允许使用斜线"\"
   C. 文件名允许使用空格
   D. 文件名允许使用汉字
   参考答案：B

50. 从右键快捷菜单中对选定的文件或文件夹执行"删除"命令后,叙述正确的是
   (　　　)
   A. 这个文件或文件夹仍然在原来位置,进入"回收站"的是这些文件或文件夹
      的副本
   B. 不能对进入"回收站"的文件或文件夹使用"删除"命令
   C. 进入"回收站"的文件或文件夹不能恢复
   D. 这些文件或文件夹从原来位置消失,进入了"回收站"
   参考答案：D

51. 退出当前活动窗口可使用组合键(　　　)
   A. Ctrl + F4　　　　　　　　　　B. Ctrl + F5
   C. Alt + F5　　　　　　　　　　D. Alt + F4
   参考答案：D

52. 在 Excel 中,正确选择多个连续单元格的操作是(　　　)
   A. 单击第一个单元格,按住 Ctrl 键不放单击最后一个单元格
   B. 单击第一个单元格,按住 Alt 键不放再单击最后一个单元格
   C. 单击第一个单元格,再单击最后一个单元格
   D. 单击第一个单元格,按住 Shift 键不放再单击最后一个单元格
   参考答案：D

53. 下列指标中,(　　　)是内存的主要性能指标
   A. 存取周期　　　　　　　　　　B. 数据传输速度
   C. 记录密度　　　　　　　　　　D. 寻址时间
   参考答案：A

54. 在 Word 中编辑文档时,将文档的一部分内容拷贝到别处,原位置内容消失,这
   种说法(　　　)

A. 正确   B. 错误

参考答案：B

55. "回收站"中的文件可以恢复到原来位置,这种说法(   )

A. 正确   B. 错误

参考答案：A

56. Word 删除文字的方法是将文字选定后,按 Delete 键,这种说法(   )

A. 正确   B. 错误

参考答案：A

57. 一个 Word 文件的拷贝次数越多,得到的副文件内容与源文件的内容差别越大,这种说法(   )

A. 正确   B. 错误

参考答案：B

58. 防火墙不具有的功能包括(   )

A. 过滤"异"类邮件   B. 身份验证

C. 流量统计   D. 抵御黑客攻击

参考答案：C

59. 计算机内的音频必须是(   )的

A. 数字形式   B. 模拟形式

C. 离散   D. 连续

参考答案：A

60. 文献是记录有(   )的一切载体

A. 知识   B. 内容

C. 记录   D. 元素

参考答案：A

61. 计算机检索系统又可细分为(   )、联机检索系统和网络检索系统

A. 光盘检索系统   B. 数据库检索系统

C. CNKI 检索系统   D. Yahoo! 检索系统

参考答案：A

62. 最早的计算机是用来进行(   )的

A. 科学计算   B. 系统仿真

C. 自动控制   D. 信息处理

参考答案：A

63. "录音机"在 Windows 的(   )组中

A. 管理工具   B. 应用程序

C. 启动   D. 附件

参考答案：D

64. 计算机之所以按人们的意志自动进行工作,最直接的原因是采用了(　　)
    A. 二进制数制　　　　　　　　　B. 高速电子元件
    C. 存储程序控制　　　　　　　　D. 程序设计语言
    参考答案：C

65. 微型计算机主机的主要组成部分是(　　)
    A. 运算器和控制器　　　　　　　B. CPU 和内存储器
    C. CPU 和硬盘存储器　　　　　　D. CPU、内存储器和硬盘
    参考答案：B

66. 计算机软件系统包括(　　)
    A. 系统软件和应用软件　　　　　B. 编译系统和应用系统
    C. 数据库管理系统和数据库　　　D. 程序、相应的数据和文档
    参考答案：A

67. 计算机操作系统的作用是(　　)
    A. 管理计算机系统的全部软、硬件资源,合理组织计算机的工作流程,以达到
       充分发挥计算机资源的效率,为用户提供使用计算机的友好界面
    B. 对用户存储的文件进行管理,方便用户
    C. 执行用户键入的各类命令
    D. 为汉字操作系统提供运行基础
    参考答案：A

68. 计算机的硬件主要包括：中央处理器(CPU)、存储器、(　　)和输出设备
    A. 键盘　　　　　　　　　　　　B. 鼠标
    C. 输入设备　　　　　　　　　　D. 显示器
    参考答案：C

69. 下列各组设备中,完全属于外部设备的一组是(　　)
    A. 内存储器、磁盘和打印机
    B. CPU、软盘驱动器和 RAM
    C. CPU、显示器和键盘
    D. 硬盘、软盘驱动器和键盘
    参考答案：D

70. 微型计算机硬件系统中最核心的部件是(　　)
    A. 硬盘　　　　　　　　　　　　B. I/O 设备
    C. 内存储器　　　　　　　　　　D. CPU
    参考答案：D

71. 计算机病毒破坏的主要对象是(　　)

A. 磁盘片   B. 磁盘驱动器

C. CPU   D. 程序和数据

参考答案：D

72. 下列叙述中,正确的是(　　　)

    A. CPU 能直接读取硬盘上的数据

    B. CPU 能直接存取内存储器中的数据

    C. CPU 由存储器和控制器组成

    D. CPU 主要用来存储程序和数据

    参考答案：B

73. 局域网的英文缩写是(　　　)

    A. WAN   B. LAN

    C. MAN   D. Internet

    参考答案：B

74. 计算机在发展上经历了电子管、晶体管、集成电路、大规模和超大规模集成电路 4 个阶段。此观点是(　　　)的

    A. 正确   B. 错误

    参考答案：A

75. Excel 电子表格文件名隐含(　　　)

    A. . exl   B. . xls   C. . xel   D. . tab

    参考答案：B

76. 下列软件中,(　　　)是一种 WWW 浏览器

    A. Gopher   B. Archie

    C. FTP   D. Explorer

    参考答案：D

77. 下列英文缩写中,(　　　)表示计算机辅助教学

    A. CAT   B. CAM   C. CAI   D. CAE

    参考答案：C

78. CERNET 是指(　　　)

    A. 综合业务数字网   B. 信息高速公路

    C. 中国经济信息通信网   D. 中国教育科研网

    参考答案：D

79. 计算机中最小的信息单位是(　　　)

    A. KB   B. Bit   C. MB   D. Byte

    参考答案：B

80. 下列设备中,属于输入设备的是(　　　)

A. CD-ROM
B. 显示器
C. 软磁盘驱动器
D. 光笔

参考答案：D

81. 在计算机中,硬盘是(　　)

A. 输出设备
B. 外部存储器
C. 输入设备
D. I/O 设备

参考答案：B

82. 热启动计算机的组合键是(　　)

A. Ctrl + Shift + Tab
B. Ctrl + Alt + Del
C. Ctrl + Shift + Del
D. Ctrl + Alt + Shift

参考答案：B

83. 瑞星是(　　)

A. 清除计算机病毒的软件
B. 游戏软件
C. 编辑软件
D. 打字练习软件

参考答案：A

84. 软磁盘的每一个扇区的字节数是(　　)

A. 1 024
B. 256
C. 512
D. 64

参考答案：C

85. "我有一种思想,你也有一种思想,大家彼此交换,我们就有两种思想甚至更多"这体现了(　　)

A. 物物交换
B. 信息的时效性
C. 信息的价值性
D. 信息的共享性

参考答案：D

86. 刘磊计划今天与好友到郊外野营,他从报纸上获知了天气情况良好,于是他们出发了。不料,中午时分狂风暴雨大作,于是他们埋怨天气预报不准确。当他回到家里再拿出报纸核实,原来那是几天前的报纸。经分析,这是由于(　　)造成的

A. 信息的共享性
B. 信息的价值性
C. 信息的时效性
D. 信息的来源

参考答案：C

87. Internet 邮件地址中,不能少的一个字符是(　　)

A. M
B. @
C. *
D. %

参考答案：B

88. 在下列文件中,文件类型为可执行文件的有(　　)

A．.exe 　　　　B．.txt 　　　　C．.com 　　　　D．.doc

参考答案：A、C

89．在 Windows 中运行一个程序,可以(　　　)

A．双击程序图标

B．右击程序图标后选择

C．在"运行"对话框中输入程序名

D．单击程序图标后按回车键

参考答案：A、B、C、D

90．在 Windows 98 中,可以打开"开始"菜单的组合键是(　　　)

A．Shift + Esc 　　　　　　　　B．Alt + Esc

C．Ctrl + Esc 　　　　　　　　D．Tab + Esc

参考答案：C

91．Windows 具有(　　　)等特点

A．友好的用户界面 　　　　　　B．标准化的操作界面

C．多任务处理机制 　　　　　　D．设备无关性

参考答案：A、B、C、D

92．在 Windows 中查找文件时,可以指定(　　　)

A．文件的名称 　　　　　　　　B．文件所处的磁盘和文件夹

C．文件的类型 　　　　　　　　D．文件的日期

参考答案：A、B、C、D

93．下列设备中,既能向主机提供数据又能保存主机输出数据的是(　　　)

A．硬盘 　　　　　　　　　　　B．软盘

C．只读光盘 　　　　　　　　　D．键盘

参考答案：A、B

94．病毒感染电脑的途径通常是通过(　　　)

A．电子邮件 　　　　　　　　　B．外来软盘

C．盗版光盘 　　　　　　　　　D．VCD 盘片

参考答案：A、B、C

95．在 Windows 中可完成的操作有(　　　)

A．格式化软、硬盘 　　　　　　B．播放音乐

C．画图 　　　　　　　　　　　D．编辑文档

参考答案：A、B、C、D

96．多媒体计算机可处理的对象包含(　　　)

A．文字 　　　　　　　　　　　B．图形

C．声音 　　　　　　　　　　　D．影像

参考答案：A、B、C、D

97. 在 Windows 中,关闭窗口的方法有(　　　)

　　A. 双击标题栏左边的控制菜单图标

　　B. 按组合键 Alt + F4

　　C. 单击标题栏右边的关闭按钮

　　D. 按 F1 键

　　参考答案：A、B、C

98. 在 Windows"我的电脑"中能够完成的操作有(　　　)

　　A. 安装打印机驱动程序

　　B. 管理各个磁盘上的文件

　　C. 进入"控制面板"

　　D. 启动"附件"中的所有应用程序

　　参考答案：A、B、C

99. 在下面的描述中,正确的是(　　　)

　　A. 计算机突然断电时,没有存盘的信息将丢失

　　B. 硬盘通常安装在主机箱内,所以硬盘属于内存储器

　　C. CD-ROM 是多媒体电脑必不可少的硬件

　　D. E-mail 是用户之间通过计算机网络收发信息的服务

　　参考答案：A、C、D

100. 当用户打开多个窗口,需要在各个窗口之间进行切换时,可以用(　　　)

　　A. Alt + Esc 组合键　　　　　　　　B. Alt + Tab 组合键

　　C. F1　　　　　　　　　　　　　　　D. F2

　　参考答案：A、B

101. 下面描述正确的有(　　　)

　　A. 硬盘比软盘的容量大,但速度比软盘慢

　　B. 内存储器又称为主存储器

　　C. 声卡是构成多媒体电脑的重要部件

　　D. Del 键可删除光标后的字符

　　参考答案：B、C、D

102. 应用程序窗口可以(　　　)

　　A. 由用户调整大小　　　　　　　　　B. 由用户去掉边框

　　C. 最小化　　　　　　　　　　　　　D. 最大化

　　参考答案：A、C、D

103. 表明计算机可能感染病毒的症状有(　　　)

　　A. 计算机的运行速度明显减慢

B. 文件的字节数无故增大

C. 文件莫名其妙地丢失

D. 屏幕出现异常文字或图形

参考答案：A、B、C、D

104. 属于 CPU 的基本组成部分的有(　　)

A. 运算器　　　　　　　　　B. 存储器

C. 控制器　　　　　　　　　D. 输入输出设备

参考答案：A、C

105. 下面(　　)属于 Word 有的功能

A. 制表　　　　　　　　　　B. 文字处理

C. 图文混排　　　　　　　　D. 语音识别

参考答案：A、B、C

106. 在计算机中,(　　)个字节存放一个 ASCII 码字符

A. 1　　　　　　B. 2　　　　　　C. 3

参考答案：A

107. 在 Word 表格处理中下列说法错误的是(　　)

A. 只能对表格中的数据进行升序排列,不能降序排列

B. 能够平均分布行高和列宽

C. 能够拆分表格,也能合并表格

D. 能够利用公式对表格中的数据进行计算机计算

参考答案：A

108. 如果想在 Word 窗口中显示或关闭某个工具条,应当使用的菜单是(　　)

A. "视图"菜单　　　　　　　B. "格式"菜单

C. "工具"菜单　　　　　　　D. "窗口"菜单

参考答案：A

109. 网络环境下信息咨询的服务产品包括(　　)

A. 定题服务　　　　　　　　B. 原文传递服务

C. 定制服务　　　　　　　　D. 论文收录与引证服务

E. 科技查新

参考答案：A、B、C、D、E

110. 在 Word 的编辑状态下,全部选定整个文档的快捷键是(　　)

A. Ctrl + A　　　　　　　　B. Ctrl + V

C. Alt + A　　　　　　　　D. Alt + V

参考答案：A

111. Word 中通过"页面设置"可进行(　　)操作

A. 设置段落格式
B. 设置行间距
C. 设置分栏
D. 设置纸张大小

参考答案: D

112. 在 Windows 中,选定一种中文输入法后,可以按( )键进行英文全半角输入的切换

A. Shift + 空格
B. Shift + Ctrl
C. Ctrl + Alt
D. Ctrl + 空格

参考答案: A

113. 覆盖全球的互联网又称为( )

A. 因特网
B. 校园网
C. 局域网
D. Novell 网

参考答案: A

114. 在 Windows"资源管理器"的左部窗口中,若显示的文件夹图标前带有加号(+),意味着该文件夹( )

A. 含有下级文件夹
B. 仅含有文件
C. 是空文件夹
D. 不含下级文件夹

参考答案: A

115. 在 Windows 的菜单中,选中末尾带有右三角形的菜单项意味着( )

A. 将弹出级联菜单
B. 将执行该菜单命令
C. 表明该菜单项已被选用
D. 将弹出一个对话框

参考答案: A

116. Windows 的桌面是指( )

A. 整个屏幕
B. 我的电脑图标
C. 应用程序窗口
D. 任务栏

参考答案: A

117. 对任务栏描述正确的是( )

A. 可通过任务栏设置系统日期和时间
B. 可通过任务栏排列桌面图标
C. 任务栏只能放在屏幕的下方
D. 任务栏不能被隐藏

参考答案: A

118. 剪贴板是( )中一块临时存放交换信息的区域

A. 内存
B. 硬盘
C. ROM
D. 软盘

参考答案: A

119. 计算机内部使用( )进制数

    A. 二   B. 八

    C. 十   D. 十六

    参考答案：A

120. 在 Word 中，要取消刚才的误操作，应使用( )

    A. 撤消   B. 恢复

    C. 删除   D. 修订

    参考答案：A

121. 用鼠标左键把选定的文件夹拖动到同一磁盘的另一位置，是实施( )操作

    A. 移动   B. 复制

    C. 删除   D. 运行

    参考答案：A

122. 在 Windows 中，创建快捷方式的对象( )

    A. 可以是任何文件或文件夹   B. 只能是可执行程序

    C. 只能是单个文件   D. 只能是文件夹

    参考答案：A

123. 在 Windows 中，( )可启动桌面上的应用程序

    A. 双击图标   B. 单击图标

    C. 移动鼠标   D. 指向图标

    参考答案：A

124. 用户需要对桌面上的图标进行位置调整时，可选择"排列图标"命令，可采用的排列方式有( )

    A. 名称   B. 大小

    C. 类型   D. 修改时间

    E. 自动排列

    参考答案：A、B、C、D、E

125. 在微型计算机中，一个汉字占( )个字节

    A. 1   B. 2

    C. 3   D. 4

    参考答案：B

126. ( )可以确保含有程序和数据的软盘在使用过程中不感染病毒

    A. 对计算机加防毒卡   B. 软盘写保护

    C. 对软盘使用杀病毒软件   D. 对硬盘使用杀病毒软件

    参考答案：B

127. Word 默认的文档扩展名是( )

A. .txt   B. .doc
C. .bak   D. .wor
参考答案：B

128. 在 Word 中,如果在一个文件中插入另一个文件,应在(　　)
　　A. "文件"菜单中选择"发送"
　　B. "插入"菜单中选择"文件"
　　C. "编辑"菜单中选择"粘贴"
　　D. "插入"菜单中选择"对象"
　　参考答案：B

129. 计算机键盘上的(　　)键只有一个
　　A. 回车   B. 退格
　　C. Shift   D. Alt
　　参考答案：B

130. 你认为图书馆员应具备的最重要的素质是(　　)
　　A. 热爱图书馆事业
　　B. 良好的思想和职业道德精神
　　C. 良好的图书情报专业素养
　　D. 掌握现代技术知识
　　参考答案：A

131. 用于浏览互联网上的信息的图标是(　　)
　　A. 回收站   B. 我的文档
　　C. 网上邻居   D. Internet Explorer
　　参考答案：D

132. 在 Word 中下列快捷键中能够实现粘贴的是(　　)
　　A. Ctrl + A   B. Ctrl + V
　　C. Alt + C   D. Ctrl + C
　　参考答案：B

133. (　　)是一个覆盖全球的互联网
　　A. Chinanet   B. Internet
　　C. LAN   D. IE
　　参考答案：B

134. 互联网的英文拼写是(　　)
　　A. Intel   B. Internet
　　C. Interinside   D. Novell
　　参考答案：B

135. 在"我的电脑"窗口中,如果想一次选定多个分散的文件或文件夹,正确的操作是(   )
    A. 按住 Ctrl 键,用鼠标右键逐个选取
    B. 按住 Ctrl 键,用鼠标左键逐个选取
    C. 按住 Shift 键,用鼠标右键逐个选取
    D. 按住 Shift 键,用鼠标左键逐个选取
    参考答案: B

136. 回收站里存放的是(   )
    A. 被重命名的文件(夹)   B. 被删除的文件(夹)
    C. 被复制的文件(夹)   D. 被移动的文件(夹)
    参考答案: B

137. 在 Word 的编辑状态下,要预览当前编辑文档的打印效果,则可以(   )
    A. 单击"打印"按钮
    B. 单击"打印预览"按钮
    C. 单击文件菜单中的"打印"命令
    D. 单击视图菜单的"普通视图"命令
    参考答案: B

138. "资源管理器"左部窗口中显示的是(   )
    A. 当前打开的文件夹的内容
    B. 系统的文件夹树
    C. 当前打开的文件夹名称及其内容
    D. 当前打开的文件夹名称
    参考答案: B

139. 在 Word 的编辑状态,执行"编辑"菜单中"复制"命令后(   )
    A. 已选择的内容被复制到插入点处
    B. 已选择的内容被复制到剪贴板
    C. 剪贴板上的内容被移动到插入点处
    D. 剪贴板上的内容被复制到插入点处
    参考答案: B

140. 我国国家图书馆的前身是(   )
    A. 古越藏书楼   B. 南京图书馆   C. 京师图书馆
    参考答案: C

141. 在 Windows 中,不能在任务栏内进行的操作是(   )
    A. 设置系统日期和时间   B. 排列桌面图标
    C. 启动开始菜单   D. 排列和切换窗口

参考答案：B

142. 下列诸因素中,对微型计算机工作影响最小的是(　　)

　　A. 尘土　　　　　B. 噪声　　　　　C. 温度　　　　　D. 湿度

　　参考答案：B

143. Windows 菜单中某项的右侧有"…"标记,说明它(　　)

　　A. 有子菜单(级联菜单)　　　　　B. 有对话框

　　C. 当前不能使用　　　　　　　　D. 是快捷菜单

　　参考答案：B

144. 一台微型计算机必须具备的输入设备是(　　)

　　A. 显示器　　　　　　　　　　　B. 键盘

　　C. 扫描仪　　　　　　　　　　　D. 数字化仪

　　参考答案：B

145. 在 Word 中进行字体设置操作后,按新设置的字体显示的文字是(　　)

　　A. 插入点所在段落中的文字　　　B. 文档中被选择的文字

　　C. 插入点所在行中的文字　　　　D. 文档的全部文字

　　参考答案：B

146. 下面(　　)是计算机软件

　　A. 键盘　　　　　　　　　　　　B. Windows

　　C. 打印机　　　　　　　　　　　D. 显示器

　　参考答案：B

147. 在"我的电脑"窗口中,若已选定了文件或文件夹,可以打开属性对话框的操作是(　　)

　　A. 用鼠标右键单击"文件"菜单中的"属性"命令

　　B. 用鼠标右键单击该文件或文件夹,然后从弹出的快捷菜单中选择"属性"项

　　C. 用鼠标右键单击任务栏中的空白处,然后从弹出的快捷菜单中选择"属性"项

　　D. 用鼠标右键单击工具栏上的"属性"图标

　　参考答案：B

148. "开始"菜单中的"设置"作用是(　　)

　　A. 用于查找文件　　　　　　　　B. 用于显示、更改系统设置

　　C. 用于运行程序或打开文件　　　D. 用于启动联机帮助

　　参考答案：B

149. 关闭一台运行 Windows 的计算机应(　　)

　　A. 直接拔下插座　　　　　　　　B. 先关闭 Windows 系统

C. 先断开服务器的连接　　　　　　D. 直接关闭机箱电源

参考答案：B

150. 下列说法中,正确的是( )

　　A. 如果句首为英文,则英文的第一个字母可以为小写,也可以为大写,Word
　　　　并不处理它

　　B. 用户可以用键盘或鼠标执行 Word 的所有操作

　　C. Word 不能够对英文拼写的错误进行自动检查

　　D. 中文 Word 不需要中文平台的支持就可以正常工作

　　参考答案：B

151. 《普通高等学校图书馆规程》明确指出( )

　　A. 普通高等学校图书馆是为教学和科研服务的学术性机构,是学校和社会
　　　　信息化的基地

　　B. 普通高等学校图书馆是为学校教学和科学研究提供服务的机构

　　C. 普通高等学校图书馆是学校信息化和社会信息化的专门机构

　　参考答案：A

152. 用鼠标拖移窗口时,鼠标指针应放在( )

　　A. 菜单栏中　　　　　　　　　　B. 标题栏中

　　C. 工作区中　　　　　　　　　　D. 状态栏中

　　参考答案：B

153. 计算机中"位"的英文名是( )

　　A. word　　　　　　　　　　　　B. unit

　　C. bit　　　　　　　　　　　　　D. byte

　　参考答案：C

154. 在 Windows 中"画图"所产生的图形文件的扩展名为( )

　　A. .gif　　　　　　　　　　　　B. .jpg

　　C. .bmp　　　　　　　　　　　　D. .doc

　　参考答案：C

155. 在 Windows 中,要把整个桌面复制到剪贴板,应按( )

　　A. Alt + F1　　　　　　　　　　B. Alt + PrintScreen

　　C. PrintScreen　　　　　　　　　D. F1

　　参考答案：C

156. 在 Windows 中,窗口的最小化是指( )

　　A. 被另一窗口所完全掩盖

　　B. 窗口尽可能小

　　C. 窗口缩小为任务栏上的一个图标

D. 窗口关闭

参考答案：C

157. 在 Word 的默认状态下可以同时显示水平标尺和垂直标尺的视图方式是（　　）

 A. 普通视图   B. Web 版式视图

 C. 页面视图   D. 大纲视图

 参考答案：C

158. 在 Windows 的"开始／查找／文件或文件夹"菜单中不能完成的操作是（　　）

 A. 查找文件夹、文件

 B. 查找的文件带通配符（＊）

 C. 查找该计算机中的病毒

 D. 根据文档中的一个字串进行查找

 参考答案：C

159. 图书馆读者服务创新,（　　）

 A. 包括理念创新、内容创新、方式方法创新等多方面内容

 B. 是指理念创新与内容创新两方面的内容

 C. 就是指读者服务的方式方法创新

 参考答案：A

160. 在 Word 主窗口的右上角,可以同时显示的按钮是（　　）

 A. 最小化、还原和最大化   B. 还原、最大化和关闭

 C. 最小化、还原和关闭   D. 还原和最大化

 参考答案：C

161. 计算机病毒不能感染（　　）

 A. 硬盘   B. 软盘

 C. CD-ROM   D. 计算机程序

 参考答案：C

162. CPU 又称为（　　）

 A. 运算器   B. 寄存器

 C. 中央处理器   D. 控制器

 参考答案：C

163. Word 文档中,特殊符号是通过（　　）输入的

 A. 专门的符号键

 B. 区位码

 C. "插入"菜单中的"符号"命令

 D. "格式"菜单中的"插入符号"命令

参考答案：C

164. 下列对分栏的描述正确的是(　　)
　　A. 只能对所选的段落进行分栏　　　　B. 最多可分3栏
　　C. 可以根据需要设置栏间距　　　　　D. 栏与栏之间不能加分隔线
　　参考答案：C

165. 在表格处理中,下列说法不正确的是(　　)
　　A. 能够平均分配行高和列宽
　　B. 能够插入行或列
　　C. 表格中文字只能水平居中,不能垂直居中
　　D. 能够画斜线
　　参考答案：C

166. 显示器的分辨率一般用(　　)表示
　　A. 能显示多少个字符　　　　　　　　B. 能显示的信息量
　　C. 横向点数×纵向点数　　　　　　　D. 能显示的颜色数
　　参考答案：C

167. 要将 Word 文档中某一部分文本内容移动到另一个位置,选定内容后首先应进行的操作是(　　)
　　A. 复制　　　　　　　　　　　　　　B. 粘贴
　　C. 剪切　　　　　　　　　　　　　　D. 清除
　　参考答案：C

168. 在 Word 中设定打印纸张大小时,应当使用的命令是(　　)
　　A. "文件"菜单中的"打印预览"命令
　　B. "视图"菜单中的"工具栏"命令
　　C. "文件"菜单中的"页面设置"命令
　　D. "视图"菜单中的"页面视图"命令
　　参考答案：C

169. 对"文本框"描述正确的是(　　)
　　A. 文本框的文字排列不分横竖
　　B. 文本框的大小不能改变
　　C. 文本框的边框可以根据需要进行设置
　　D. 文本框内的文字大小不能改变
　　参考答案：C

170. 在 Windows 中,用"资源管理器"和(　　)都可以对系统资源进行管理
　　A. 回收站　　　　　　　　　　　　　B. 剪贴板
　　C. 我的电脑　　　　　　　　　　　　D. 我的文档

参考答案：C

171. 每次启动 Word 时，Word 会(　　)
    A. 自动打开上次编辑的文档
    B. 提示用户输入要编辑的文件名
    C. 自动打开一个空文档
    D. 显示文档目录,请用户选择
    参考答案：C

172. 在 Windows 中,要更改文件名,应先(　　),然后选择"重命名"
    A. 用鼠标单击文件名　　　　　　B. 用鼠标双击文件名
    C. 用鼠标右击文件名　　　　　　D. 用鼠标双击文件图标
    参考答案：C

173. 个人计算机属于(　　)
    A. 巨型计算机　　　　　　　　　B. 小型计算机
    C. 微型计算机　　　　　　　　　D. 中型计算机
    参考答案：C

174. 图书馆管理是指(　　)
    A. 对图书馆的文献信息、人力、经费、物质资源,通过计划和决策、组织、领导、控制、协调等一系列过程,来有效地实现图书馆的目标的活动
    B. 图书馆对人力和财力进行控制和协调,以达到图书馆的目标的活动
    C. 对图书馆的文献信息和物质资源进行有效控制与协调,以实现图书馆的目标的活动
    参考答案：A

175. 在 Windows 中,活动窗口指的是(　　)
    A. 使用最多的窗口　　　　　　　B. 最大的窗口
    C. 处于激活状态的窗口　　　　　D. 最小的窗口
    参考答案：C

176. 高等学校图书馆书刊阅览每周开放时间应达到(　　)
    A. 70 小时以上　　　B. 63 小时以上　　　C. 77 小时以上
    参考答案：A

177. 现在人们平时使用的是第(　　)代电子计算机
    A. 1　　　　B. 2　　　　　　C. 3　　　　D. 4
    E. 5
    参考答案：D

178. 下列说法正确的是(　　)
    A. 在 Word 的编辑中不能变更文档的显示比例

B. 用户只能用鼠标对 Word 进行操作

C. Word 没有英文拼写错误的检查功能

D. Word 中的表格可以平均分布行和列

参考答案：D

179. 在 Word 中下列快捷键中能够实现复制的是(　　)

A. Ctrl + A
B. Ctrl + V
C. Alt + C
D. Ctrl + C

参考答案：D

180. 在 Windows 中,为了实现中文输入法与英文输入法的切换,应按的键是(　　)

A. Shift + 空格
B. Shift + Ctrl
C. Ctrl + Alt
D. Ctrl + 空格

参考答案：D

181. 在 Word 的编辑状态,按先后顺序依次打开了 d1. doc、d2. doc、d3. doc、d4. doc 四个文档,当前的活动窗口是(　　)

A. d1. doc
B. d2. doc
C. d3. doc
D. d4. doc

参考答案：D

182. 在 Windows 的多任务操作状态下,可以进行窗口切换的操作为(　　)

A. 按 Ctrl + Tab
B. 按 Esc 键
C. 按 Ctrl + 空格
D. 按 Alt + Tab

参考答案：D

183. 在"资源管理器"右边窗口中,如果想一次选定多个连续的文件,正确的操作是先选中第一个文件,再(　　)

A. 按住 Ctrl 键,用鼠标右键选取最后一个所要选择的文件

B. 按住 Ctrl 键,用鼠标左键选取最后一个所要选择的文件

C. 按住 Shift 键,用鼠标右键选取最后一个所要选择的文件

D. 按住 Shift 键,用鼠标左键选取最后一个所要选择的文件

参考答案：D

184. 在 Word 表格处理中,下面说法错误的是(　　)

A. 表格线的类型和宽度可以设置

B. 表格中文字的大小可以改变

C. 表格线可以擦除和添加

D. 表格中的数据不能排序

参考答案：D

185. Windows 中双击一个文件夹,就会( )该文件夹
    A. 删除　　　　　　　　　　　　B. 移动
    C. 复制　　　　　　　　　　　　D. 打开
    参考答案:D

186. 表格的单元格的高度和宽度( )
    A. 固定不变　　　　　　　　　　B. 仅高度可以改变
    C. 仅宽度可以改变　　　　　　　D. 高度和宽度都可以改变
    参考答案:D

187. 关于 Word 的分栏功能,下列说法中正确的是( )
    A. 不能加分隔线　　　　　　　　B. 各栏的宽度必须相同
    C. 各栏的栏间距是固定的　　　　D. 各栏的宽度可以不同
    参考答案:D

188. 下列计算机中,( )的运算速度比微机快,具有很强的图形处理功能和网络通信功能
    A. 工作站　　　　　　　　　　　B. 单片机
    C. 笔记本电脑　　　　　　　　　D. 个人计算机
    参考答案:A

189. 在 Word 的编辑状态,执行编辑命令"粘贴"后( )
    A. 将文档中被选择的内容复制到当前插入点处
    B. 将文档中被选择的内容移到剪贴板
    C. 将剪贴板中的内容移到当前插入点处
    D. 将剪贴板中的内容拷贝到当前插入点处
    参考答案:D

190. Word 中没有的字号是( )
    A. 初号　　　B. 小二　　　C. 五号　　　D. 九号
    参考答案:D

191. 计算机病毒是由( )的
    A. 用户程序有错产生　　　　　　B. 计算机硬件出故障产生
    C. 系统软件出错产生　　　　　　D. 人为编制
    参考答案:D

192. 计算机病毒是指( )
    A. 编制有错误的计算机程序
    B. 设计不完善的计算机程序
    C. 已被破坏的计算机程序
    D. 人为编制的特殊计算机程序

参考答案：D

193. 图书馆资源共享是指（　　　）

A. 各类图书馆的资源共建、相互开放和共享资源的活动

B. 大型图书馆对小型图书馆的读者提供开放服务的活动

C. 高校图书馆的资源为公共图书馆的读者所共享的活动

参考答案：A

194. 用"控制面板"中的"添加/删除程序"，不能（　　　）

A. 添加未安装完整的 Windows 组件

B. 删除已有的程序

C. 制作 Windows 启动软盘

D. 设置显示器的属性

参考答案：D

195. 互联网络用户必须先申请 E-mail 邮箱，才能（　　　）

A. 上网浏览　　　　　　　　　B. 从网上下载文件

C. 上网聊天　　　　　　　　　D. 收发电子邮件

参考答案：D

196. 文献检索的作用包括（　　　）

A. 为科学研究服务　　　　　　B. 为制订政策服务

C. 为地方经济建设服务　　　　D. 为日常生活服务

参考答案：A、B、C、D

197. 操作系统是一种（　　　）软件

A. 实用　　　　B. 应用　　　　C. 编辑　　　　D. 系统

参考答案：D

198. （　　　）是 Excel 工作簿的最小组成单位

A. 字符　　　　B. 工作表　　　　C. 单元格　　　　D. 窗口

参考答案：C

199. 特种文献主要是指（　　　）

A. 电影、唱片、缩微品、录音带、录像带

B. 多卷本、丛书和资料汇编

C. 科技报告、会议录、技术标准、专利文献、产品资料、学位论文等

参考答案：C

200. 不是 Word 的文本对齐方式的是（　　　）

A. 两端对齐　　　　　　　　　B. 分散对齐

C. 右对齐　　　　　　　　　　D. 下对齐

参考答案：D

201. Windows 桌面任务栏中（　　　）
    A. 不会显示所有已打开的窗口的图标
    B. 只显示当前窗口的图标
    C. 显示除当前窗口外的所有已打开窗口的图标
    D. 显示所有已打开窗口的图标
    参考答案：D

202. 应用程序窗口最小化后，该程序（　　　）
    A. 停止运行，但未退出
    B. 结束运行并退出
    C. 被删除
    D. 转到后台运行
    参考答案：D

203. 若要设置段落首字下沉，应该选择（　　　）
    A. 使用"文件"菜单　　　　　　B. 使用"编辑"菜单
    C. 使用"插入"菜单　　　　　　D. 使用"格式"菜单
    参考答案：D

204. Word 当前编辑的是 C 盘中的文档，要将该文档保存到软盘，应当使用（　　　）
    A. "文件"菜单中的"另存为"命令
    B. "文件"菜单中的"保存"命令
    C. "文件"菜单中的"新建"命令
    D. "插入"菜单中的命令
    参考答案：A

205. 在 Windows 中，为了重新排列桌面上的图标，首先应进行的操作是（　　　）
    A. 用鼠标右击桌面空白处
    B. 用鼠标右击任务栏的空白处
    C. 用鼠标右击已打开窗口的空白处
    D. 用鼠标右击"开始"按钮
    参考答案：A

206. 你觉得与读者满意度相关的要素是（　　　）
    A. 馆藏文献资源是否十分丰富与图书馆设备、设施是否一流
    B. 馆藏文献资源质量、馆员的服务态度与服务能力、图书馆环境、设备与设施及其管理水平等
    C. 只取决于馆员的服务态度与服务能力
    参考答案：B

207. 使用计算机书写文章，属于（　　　）方面的应用

A. 数值计算　　　　　　　　　B. 信息处理

C. 过程控制　　　　　　　　　D. 人工智能

参考答案：B

208. 在 Windows 中,通过(　　)操作不能打开资源管理器窗口

　　A. 用鼠标右键单击"开始"按钮

　　B. 用鼠标左键单击"任务栏"空白处

　　C. 用鼠标左键单击"开始/程序/Windows 资源管理器"项

　　D. 用鼠标右键单击"我的电脑"图标

　　参考答案：B

209. 我国图书馆按其领导系统和主管部门分,可将图书馆划分为(　　)

　　A. 国家图书馆、公共图书馆、科学与专业图书馆、高等学校图书馆和其他类型图书馆

　　B. 国家图书馆、公共图书馆、高等学校图书馆和少数民族图书馆

　　C. 国家图书馆、公共图书馆、高等学校图书馆、工会图书馆和军事图书馆

　　参考答案：A

210. 在 Word 中,要将已经设置好了的字符格式复制给其他字符,应选择(　　)

　　A. 插入　　　　　　　　　　B. 格式刷

　　C. 复制　　　　　　　　　　D. 剪贴

　　参考答案：B

211. 在 Word 中"打开"文档的作用是(　　)

　　A. 将指定的文档从内存中读入,并显示在当前窗口

　　B. 为指定的文档打开一个空白窗口

　　C. 将指定的文档从外存中读入,并显示在当前窗口

　　D. 显示并打印指定的文档内容

　　参考答案：C

212. 纸质文献保护的内容包括(　　)

　　A. 书刊装订、修补、防火、防潮、防光、防霉、防虫及防止机械性损伤等

　　B. 文献搜集、书刊装订、修补、防火、防潮、防光、防霉、防虫及防止机械性损伤等

　　C. 组织典藏、书刊装订、修补、防火、防潮、防光、防霉、防虫和防止机械性损伤等

　　参考答案：A

213. 选择 Word 的"格式"菜单中的"段落",可以设置(　　)

　　A. 字体　　　　　　　　　　B. 字符间距

　　C. 首行缩进　　　　　　　　D. 字号

参考答案：C

214. 分类号 TH126-44 中"-44",是表示该书是(　　　)

A. 机械制图方面的实验

B. 机械制图方面的图集

C. 机械制图方面的教学参考书

D. 机械制图方面的习题

参考答案：D

215. "裸机"是指没有配置(　　　)的计算机

A. 机壳　　　　　　　　　　B. 存储系统

C. 外部设备　　　　　　　　D. 软件

参考答案：D

216. 下列域名中,表示教育机构的是(　　　)

A. www. buaa. edu. cn　　　　　B. ftp. cnc. ac. cn

C. www. ioa. ac. cn　　　　　　D. ftp. bta. net. cn

参考答案：A

217. 键盘上的 BackSpace 键的功能是(　　　)

A. 锁定数字　　　　　　　　B. 大小写字母切换

C. 插入空格　　　　　　　　D. 删除光标前的字符

参考答案：D

218. (　　　)主要包括运算器和控制器,它的性能很大程度上决定了微机的性能和档次

A. RAM　　　　　　　　　　B. ROM

C. UPS　　　　　　　　　　D. CPU

参考答案：D

219. 在 Word 中,连续进行了两次"插入"操作后,再单击一次"撤消"按钮,则(　　　)

A. 将两次插入的内容全部取消

B. 将第一次插入的内容全部取消

C. 将第二次插入的内容全部取消

D. 两次插入的内容都不被取消

参考答案：C

220. 单片机是一种最简单的计算机,它由(　　　)组成

A. 中央处理器　　　　　　　B. 存储器

C. 输入/输出接口　　　　　　D. 键盘

参考答案：A、B、C

221. 计算机硬件系统结构由 5 大部分组成(　　)

A. 存储器　　　　　　　　　　　B. 控制器

C. 操作系统　　　　　　　　　　D. 输入设备

E. 输出设备　　　　　　　　　　F. 运算器

参考答案：A、B、D、E、F

222. 以下属于操作系统的是(　　)

A. DOS　　　　　　　　　　　　B. Windows

C. UNIX　　　　　　　　　　　 D. Linux

E. Word　　　　　　　　　　　　F. Access

G. Excel

参考答案：A、B、C、D

223. 操作系统可以分为哪些基本类型(　　)

A. 批处理系统　　　　　　　　　B. 分时系统

C. 实时系统　　　　　　　　　　D. 网络操作系统

参考答案：A、B、C

224. 按作用范围的大小可将网络分为(　　)

A. 局域网　　　　　　　　　　　B. 广域网

C. 以太网　　　　　　　　　　　D. 城域网

参考答案：A、B、D

225. 从实际使用的角度可将网络划分为(　　)

A. 以太网　　　　　　　　　　　B. 令牌环网

C．FDDI　　　　　　　　　　　 D. 局域网

E. ATM

参考答案：A、B、C、E

226. (　　)标志着图书馆已开始了自动化的历程

A. 计算机在图书馆的应用

B. 网络的出现

C. MARC 型书目数据的出现

D. 汇文系统的应用

参考答案：C

227. 以下(　　)模块属于图书馆自动化系统

A. 采访模块　　　　　　　　　　B. 编目模块

C. 流通模块　　　　　　　　　　D. 期刊模块

E. OPAC(联机书目查询)

参考答案：A、B、C、D、E

228. 下列关于数字图书馆的描述正确的是(　　)
    A. 是图书馆自动化、网络化的产物
    B. 是电子出版物和数字化信息的集合体
    C. 信息资源数字化是数字图书馆的基础
    D. 数字图书馆是传统图书馆功能的扩展
    参考答案：A、B、C、D

229. 以下属于网络化图书馆的馆藏信息资源的有(　　)
    A. 本馆的纸质图书
    B. 网络上的信息资源
    C. 电子期刊
    D. 本馆订购的数据库
    参考答案：A、B、C、D

230. Word的"插入"菜单下不能完成的操作是插入(　　)
    A. 图文框　　　　　　　　　　B. 索引和目录
    C. 日期和时间　　　　　　　　D. 页眉和页脚
    参考答案：D

231. 普通高等学校图书馆的读者服务工作的宗旨是(　　)
    A. "读者第一、服务至上"
    B. "读者第一、服务育人"
    C. "读者至上、服务第一"
    参考答案：B

232. (　　)对计算机安全不会造成危害
    A. 黑客攻击　　　　　　　　　B. 盗用别人账户密码
    C. 计算机病毒　　　　　　　　D. 对数据加密
    参考答案：D

233. 对于信息,下列说法错误的是(　　)
    A. 信息是可以处理的
    B. 信息是可以传递的
    C. 信息是可以共享的
    D. 信息可以不依附于某种载体而存在
    参考答案：D

234. 《英国百科全书》解释："图书馆的意思是很多书收藏在一起,这些书是为了(　　)用的。"
    A. 阅读
    B. 研究或参考

C. 阅读、研究或参考

参考答案：C

235. 以下软件可以用来制作图表的有（　　　）

A. Word

B. Excel

C. RealOnePlayer

D. Access

参考答案：A、B

236. 《辞海》对图书馆的解释是"搜集、整理、收藏和流通图书资料,以供读者进行（　　　）的文化机构"

A. 学习

B. 参考

C. 学习和参考研究

参考答案：C

237. 我国出版的《图书情报词典》中,对"图书馆"一词的解释是：通过文献的（　　　）,为一定社会读者服务的文化、科学与教育机构

A. 收集

B. 整理、存储、利用

C. 利用

D. 收集、整理、存储、利用

参考答案：D

238. 世界上的文明古国,如（　　　）都是图书馆的发源地

A. 中国、埃及、巴比伦、希腊、罗马

B. 日本

C. 美国

参考答案：A

239. 图书馆随着（　　　）的产生而出现,又随着文献信息交流方式的变化而不断发展

A. 纸张

B. 情报

C. 文献

参考答案：C

240. 图书馆是通过收集、整理、加工、传递和利用文献信息,为一定社会的（　　　）服务,属于上层建筑的范畴

A. 政治

B. 政治、经济

C. 经济

参考答案：B

241. （　　　）是图书馆最基本的性质

A. 政治性

B. 经济性

C. 教育性

参考答案：C

242. 图书馆一切工作的出发点和归宿都是( )

    A. 读者   B. 教育者   C. 工人

    参考答案：A

243. 图书馆是基本的教育设施,它被誉为学校的( )

    A. 第二课堂   B. 主要课堂   C. 课堂

    参考答案：A

244. 图书馆开发智力资源,是指( )

    A. 开发馆藏文献资源

    B. 开发读者的智力资源

    C. 一是开发馆藏文献资源,二是开发读者的智力资源

    参考答案：C

245. 属于私藏书楼的有( )

    A. 东观   B. 天一阁

    C. 石室   D. 兰台

    参考答案：B

246. 大学图书馆初期的藏书大部分来自( )

    A. 捐赠   B. 购置   C. 征集

    参考答案：A

247. ( )图书馆是当代世界上规模最大的大学图书馆

    A. 牛津大学   B. 剑桥大学   C. 哈佛大学

    参考答案：C

248. 《普通高等学校图书馆规程(修订)》中规定高等学校图书馆是学校的( )

    A. 后勤基地   B. 文献情报中心   C. 报刊中心

    参考答案：B

249. 《普通高等学校图书馆规程(修订)》中规定高等学校图书馆是学校( )的重要基地

    A. 社会信息化   B. 信息化   C. 信息化和社会信息化

    参考答案：C

250. 《普通高等学校图书馆规程(修订)》中规定高等学校图书馆是为教学和科学研究服务的( )机构

    A. 学术性   B. 科学性   C. 工作

    参考答案：A

251. 高校图书馆在促进学生综合素质的提高方面,除做好日常借阅工作以外,还可采用( )形式

    A. 推荐优秀读物

B. 推荐优秀读物、举办图书展览、读书活动等

C. 举办图书展览

参考答案：B

252. 高校图书馆网络建设和数字图书馆建设,是学校(   )建设的重要组成部分

A. 信息化　　　　　B. 无纸化　　　　　　　C. 社会化

参考答案：A

253. 高校图书馆的服务不是一般意义上的后勤服务,而是一种(   )很强的服务

A. 专业性　　　　　B. 专业性、学术性　　　　　C. 学术性

参考答案：B

254. 下列出现过的文献载体是(   )

A. 甲骨　　　　　　　　　　　　B. 金石

C. 简牍　　　　　　　　　　　　D. 纸张

E. 光盘　　　　　　　　　　　　F. 磁盘

G. 磁带

参考答案：A、B、C、D、E、F、G

255. 下列属于外借服务的是(   )

A. 个人外借　　　　　　　　　　B. 集体外借

C. 预约外借　　　　　　　　　　D. 馆际互借

E. 通借通还　　　　　　　　　　F. 邮寄借书

参考答案：A、B、C、D、E、F

256. 下列属于图书馆的内阅服务的是(   )

A. 图书阅览　　　　　　　　　　B. 期刊阅览

C. 报纸阅览　　　　　　　　　　D. 特种文献阅览

E. 数字文献阅览　　　　　　　　F. 教学参考资料阅览

G. 学位论文阅览

参考答案：A、B、C、D、E、F、G

257. 按读者所提问题的性质,信息咨询可分为(   )

A. 事实性咨询　　　　　　　　　B. 方法性咨询

C. 专题咨询　　　　　　　　　　D. 口头咨询

参考答案：A、B、C

258. 信息咨询的方式有(   )

A. 口头咨询　　　B. 电话咨询　　　C. 网上咨询

参考答案：A、B、C

259. 下列属于信息咨询服务的有(   )

A. 科技查新　　　　　　　　　　B. 代查代检

C. 原文传递   D. 定题服务

E. 专题服务   F. 学科导航

参考答案：A、B、C、D、E、F

260. 下列属于文献信息报导服务的有(　　　)

    A. 书刊导读   B. 馆讯报道

    C. 宣传橱窗   D. 展览布置

    E. 代查代检

参考答案：A、B、C、D

261. 下列活动中可能需要出具科技查新报告的有(　　　)

    A. 科研立项   B. 新产品开发

    C. 申请专利   D. 鉴定科技成果

参考答案：A、B、C、D

262. 期刊的特点有(　　　)

    A. 出版周期短   B. 内容新

    C. 连续性强   D. 紧跟时代步伐

参考答案：A、B、C、D

263. 目前,高性能计算机的运算速度可达到(　　　)

    A. 35 万亿次/秒   B. 80 万亿次/秒

    C. 100 万亿次/秒   D. 120 万亿次/秒

参考答案：A

264. 咨询服务的作用包括(　　　)

    A. 向读者揭示文献收藏情况,扩大读者的知识视野

    B. 帮助读者及时了解和掌握最新的学术、科研成果及其动态和趋势

    C. 帮助读者熟悉参考工具书和掌握数据库使用方法

参考答案：A、B、C

265. 虚拟咨询服务可通过(　　　)方式进行

    A. 网络聊天软件   B. 视频会议   C. 网络聊天室

参考答案：A、B、C

266. 图书馆的 FAQ 是(　　　)

    A. 常见问题解答数据库

    B. 目录查询系统

    C. 一种检索工具

    D. 一种网络聊天工具

参考答案：A

267. 定题信息服务的特点有(　　　)

A. 针对性   B. 及时性

C. 连续性   D. 主动性

参考答案：A、B、C、D

268. 定题服务给用户提供的文献信息形式有(　　)

A. 文献题录   B. 文摘

C. 全文   D. 文献述评

参考答案：A、B、C、D

269. 请求代查代检服务时,读者应向图书馆工作人员提供待查文献的相关线索包括(　　)

A. 待查文献的作者姓名

B. 待查文献的作者单位

C. 待查文献发表的刊物或会议录的名称

D. 待查文献的发表日期

参考答案：A、B、C、D

270. 文献信息整合的趋势是(　　)

A. 统一的检索平台

B. 一次性用户认证

C. 不同系统之间的无缝链接

D. 完整的服务体系

参考答案：A、B、C、D

271. 图书馆可提供的展览形式有(　　)

A. 新书展览   B. 陈书展览

C. 综合性展览   D. 专题展览

参考答案：A、B、C、D

272. 缩微文献的优点有(　　)

A. 具有稳定性

B. 具有耐久性

C. 受技术的影响小于电子文献

参考答案：A、B、C

273. 缩微文献的缺点有(　　)

A. 检索速度慢于可随机检索的文献

B. 更改或擦除缩微文献中的内容非常困难

C. 必须借助缩微文献阅读机才能读取

D. 需要冲洗,影响利用效率

参考答案：A、B、C、D

274. 按照信息加工程度,文献信息可分为(　　)

    A. 图书、期刊、报纸、特种文献

    B. 印刷型、缩微型、声像型、电子型

    C. 一次文献、二次文献、三次文献

    D. 白色文献、灰色文献、黑色文献

    参考答案:C

275. 以下(　　)文献类型不属于特种文献

    A. 学位论文   B. 会议文献

    C. 词典   D. 产品技术资料

    参考答案:C

276. 我校图书馆在对图书进行分类时,所采用的分类法是(　　)

    A.《科图法》   B.《人大法》

    C.《中图法》   D.《中国图书资料分类法》

    参考答案:C

277.《中图法》的 5 大部类是(　　)

    A. 马列主义、毛泽东思想、邓小平理论;哲学、宗教;社会科学;自然科学;综合性图书

    B. 哲学;文学;政治、经济学;数理化;电工、电子、计算机

    C. 哲学;社会科学;自然科学;电工、电子、计算机;综合性图书

    D. 哲学;文学、艺术;政治、经济、管理;自然科学;综合性图书

    参考答案:A

278.《中图法》的标记符号系统采用(　　)

    A. 单纯阿拉伯数字

    B. 单纯英文字母

    C. 英文字母与数字混合标记

    D. 大写拉丁字母

    参考答案:C

279. 如果你有看书随手做标记的习惯,不是故意在图书馆的书上做了标记,那么你(　　)

    A. 可以请求原谅

    B. 必须接受处罚

    C. 可以下不为例

    D. 承认错误,赔礼道歉即可

    参考答案:B

280. 在阅览室里下列行为不符合公德的是(　　)

A. 为好朋友占个座

B. 带点零食饿了时吃

C. 发生紧急情况保护好自己

D. 保护好自己的贵重物品

参考答案：A、B

281. 遵守读者行为规范是（   ）

A. 人的素质

B. 大学生行为规范

C. 人的习惯

D. 不足挂齿的小事

参考答案：A、B

282. 计算机可以分为（   ）

A. 高性能计算机   B. 微型计算机

C. 工作站   D. 服务器

E. 嵌入式计算机

参考答案：A、B、C、D、E

283. 下列索书号对应《钢铁是怎样炼成的》这本书的是（   ）

A. O13/G24S＝2-1   B. I512.4/A38G＝1

C. TG115/Z31   D. A751/Z65-1

参考答案：B

284. 下列索书号对应《计算机基础实用教程》这本书的是（   ）

A. TP3/S43＝4   B. TB126/G48L3

C. TM571.2/D52W   D. TN40/W44

参考答案：A

285. 下列索书号对应《大学英语四级考试例析阅读理解100篇》这本书的是（   ）

A. H319.4-44/D14J-1   B. TB126/G48L3

C. J205/B44-1   D. D771.236/Z31

参考答案：A

286. 到图书馆阅览室看书可以（   ）

A. 替同学占一个座位

B. 把看过的书不放回原处

C. 摘录重点记到本子上

D. 看到重点句子做上标记

参考答案：B、C

287. 图书馆的书刊借出后要注意（　　）

    A. 还书日期
    B. 不可以批注、圈点、污损

    C. 包上书皮
    D. 用钢笔做上记号

    参考答案：A、B

288. 索书号的构成部分包括（　　）

    A. 分类号、排架号、书次号

    B. 分类号、书次号、辅助区分号

    C. 分类号、辅助区分号、财产号

    D. 分类号、书次号、财产号

    参考答案：B

289. 索书号的（　　）部分不是必需的

    A. 分类号
    B. 书次号

    C. 辅助区分号
    D. 财产号

    参考答案：C

290. 读者行为规范包括（　　）

    A. 借书证的使用
    B. 着装

    C. 遵守规章制度
    D. 爱护公共财产

    参考答案：A、B、C、D

291. 图书馆制定读者行为规范是为了（　　）

    A. 限制读者使用图书馆

    B. 使全体读者更好地利用图书馆

    C. 保障全体读者的利益

    D. 图书馆自身的利益

    参考答案：B、C

292. 图书馆的规章制度是（　　）

    A. 十分必要的

    B. 图书馆管理的必要手段

    C. 没有必要

    D. 可有可无的

    参考答案：A、B

293. 下列索书号按照由小到大顺序排列正确的是（　　）

    A. R6-62/P97,R394/B97,R551/W57

    B. TP391.41/S98,TP391.41/W17C3-3,TP393.092/W39W3

    C. H31/S28W2-1,H319.4/M27Y,H313-44/Y17

    D. X9/L55,X703/C53,X832/S75Z

参考答案：B

294. 图书目录能够揭示图书的内容特征包括(   )

    A. 学科类别   B. 作者

    C. 书名   D. 主题

    参考答案：A、D

295. 图书目录能够揭示图书的形式特征包括(   )

    A. 国际标准书号   B. 开本

    C. 出版地   D. 题名

    E. 作者

    参考答案：A、B、C、D、E

296. 图书馆目录的作用是(   )

    A. 检索图书的指南

    B. 图书馆开展业务的依据

    C. 文献资源共享的工具

    D. 反映馆藏文献的状况

    参考答案：A、B、C、D

297. 读者一般从(   )途径检索图书

    A. ISBN 号   B. 索书号

    C. 书名   D. 作者

    E. 主题

    参考答案：C、D、E

298. 下列(   )能够满足读者"按类求书"或"连类求书"的要求

    A. 主题目录   B. 分类目录

    C. 著者目录   D. 题名目录

    参考答案：B

299. 关于图书的责任者名称可能是(   )

    A. 人名   B. 机关名称

    C. 团体名称   D. 会议名称

    参考答案：A、B、C、D

300. 20 世纪初至 20 世纪 80 年代之间,世界各地比较盛行的目录是(   )

    A. 机读目录   B. 缩微目录

    C. 卡片式目录   D. 书本式目录

    参考答案：C

301. 机读目录是由(   )研制的

    A. 英国   B. 美国   C. 法国   D. 德国

参考答案：B

302. 机读目录的特点有（　　　）

A. 提供多途径检索

B. 节约存储空间

C. 利于资源共享

D. 随时保持新颖性

E. 便于转化成其他形式的目录

参考答案：A、B、C、D、E

303. 下列检索途径具有唯一性的是（　　　）

A. 分类号　　　　B. ISBN　　　　C. ISSN

参考答案：B、C

304. 一个合格的读者应该具有（　　　）

A. 良好的公德意识　　　　B. 整洁的衣着

C. 文明的习惯　　　　D. 崇高的理想

参考答案：A、C

305. 发现图书馆工作存在问题，可以（　　　）

A. 批评　　　　B. 不予理睬

C. 报复　　　　D. 直接反对

参考答案：A

306. 读者有义务帮助图书馆（　　　）

A. 打扫卫生　　　　B. 整理书架

C. 维护公共安全　　　　D. 维护设备安全

参考答案：C

307. 在图书馆阅览室看书允许读者（　　　）

A. 看到书上的重要处用铅笔标出

B. 自己的借书证排失后又找到了，再继续使用

C. 自由取阅书架上的图书

D. 如果忘记了书的位置，可以随手把书放在阅览桌上

参考答案：C、D

308. 关于"前方一致"和"任意匹配"这两种查询模式，正确的是（　　　）

A. 采用"前方一致"，检索词出现在检索结果的最前面

B. 采用"任意匹配"，检索词出现在检索结果的最前面

C. 采用"任意匹配"，检索词出现在检索结果的任意位置

D. 采用"前方一致"，检索词出现在检索结果的任意位置

参考答案：A、C

309. 在图书馆不允许读者(　　)

　　A. 朗读　　　　　　　　　　B. 给自己的手机充电

　　C. 吃东西　　　　　　　　　D. 上网聊天

　　参考答案：A、B、C

310. 下列行为不正确的是(　　)

　　A. 到图书馆看电视

　　B. 借用同学的借书证

　　C. 在电子阅览室网上聊天

　　参考答案：B

311. 下列不属于读者权利的选项是(　　)

　　A. 借书权

　　B. 自习权

　　C. 要求图书馆为我买书权

　　D. 请图书馆帮助找工作权

　　参考答案：D

312. 高校图书馆的读者在图书馆享有(　　)

　　A. 随意使用图书馆设备权　　B. 随意使用图书馆藏书权

　　C. 要求图书馆为我买书权　　D. 批评图书馆工作权

　　参考答案：C、D

313. 成为高校图书馆的读者的首要条件是(　　)

　　A. 具有本校学籍的学生　　　B. 本校在册的教师、职工

　　C. 在图书馆办理了借书证　　D. 具有一定的社会名望

　　参考答案：C

314. 既是输入设备又是输出设备的是(　　)

　　A. 显示器　　　　　　　　　B. 打印机

　　C. 键盘　　　　　　　　　　D. 磁盘驱动器

　　参考答案：D

315. 鼠标是一种常见的(　　)

　　A. 输入设备　　　　　　　　B. 输出设备

　　C. 既是输入也是输出设备　　D. 以上均不对

　　参考答案：A

316. 微型计算机中,用来执行程序指令,完成各种运算和控制功能的部件是(　　)

　　A. 内存　　　　　　　　　　B. 外存

　　C. 控制器　　　　　　　　　D. 中央处理器

　　参考答案：D